KB077895

공학의 미래

# 공학의 미래

**김정호**(KAIST 글로벌전략연구소장) **지음**

# 문명사적 변곡점,
# 공학은 무엇을 해야 하는가

테슬라 최고경영자 일론 머스크Elon Musk는 현존하는 세계에서 가장 혁신적인 사업가입니다. 2020년 5월 20일, 그가 대표하는 미국 민간 우주개발기업 스페이스X가 첫 민간 유인우주선 크루 드래곤Crew Dragon 발사에 성공했습니다. 크루 드래곤은 스페이스X의 화물 운반용 우주선을 사람을 태울 수 있는 유인우주선으로 개조한 것입니다. 스페이스X는 이날 우주선 발사로 민간 우주탐사 시대의 개막을 알렸다는 평가를 받습니다.

일론 머스크의 혁신은 우주산업에만 머무르지 않습니다. 그는 뉴럴링크Neuralink 라는 두뇌와 컴퓨터를 연결하는 인터페이스 회사도 설립했습니다. 인간의 뇌 속에 센서를 설치해서 사람의 두뇌 속 빅데이터를 읽어내겠다는 야심에 찬 계획을 세웠습니다. 계획대로라면 일론 머스크는 우주와 인간의 뇌 속 빅데이터를 확보하고, 이를 인공지능 학습에 사용합니다. 과장 좀 보태면, 우주 전체가 인공지능의 영역이 되는 셈입니다. 이렇게 일론 머스크는 4차 산업혁명의 미래를 꿈꾸고 있습니다.

4차 산업혁명 시대의 본질은 빅데이터로 학습한 인공지능이 사람의 지적 노동을 대신한다는 것입니다. 이렇게 하기 위해서는 빅데이터를 모으기 위한 플랫폼을 확보해야 합니다. 구글, 아마존, 마이크로소프트가 그러한 플랫폼을 확보한 회사들입니다. 여기에 테슬라 자동차도 빅데이터 수거장치 사업에 뛰어들었습니다. 이제 빅데이터도 우주의 크기만큼 커지게 될 것입니다. 뇌 속 분자 크기 수만큼 확대될 것입니다. 무한대 용량의 빅데이터로 학습한 인공지능은 사람보다 월등히 똑똑합니다. 업무 처리 속도도 더 빠르고 정확합니다. 더는 사람이 인공지능과 경쟁할 수 없습니다. 더 나아가 인공지능이 사람을 조종하는 시대도 예측됩니다. 인공지능이 수많은 추천 작업을 하게 되고, 사람이 무의식적으로 계속 따라 하다 보면, 인공지능에 조종당하게 될 것입니다. 그런 사람을 '인공인간'이라 부릅니다. 이것은 4차 산업혁명의 빅 픽처Big Picture입니다. 그런데 뜻밖에도 이러한 4차 산업혁명의 진화는 코로나19 사태를 맞아 더욱 가속화할 것으로 보입니다.

전 세계적으로 바이러스 감염자만 이미 1억 명에 근접했고, 사망자만 해도 150만 명을 훌쩍 넘어선 상황입니다. 아직 2,000만 명의 엄청난 사망자를 냈던 스페인 독감에 비할 수 없지만, 100년의 의료 시스템 발전을 고려한다면 그 충격은 그때보다 더한 상황입니다. 두려운 점은 위기가 이번 한 번으로 끝나지 않을 것이란 점입니다. 쉽게 변이되는 코로나 바이러스의 특징 탓에 변종 바이러스가 계속 출현할 것으로 예측되기 때문입니다. 여기에 더해 국가 간 교통의 발달과 도시 인구의 집중화로 인해 바이러스의 전파 속도가 매우 빨라졌습니다. 설사 새롭게 백신과 치료 약을 개발한다고 해도 이미 해당 바이러스가 전 세계로 다 퍼진 이후라서 쉽게 잡힐 수 있을지 의문입니다. 임상시험, 동물실험 등에 시간이 걸릴 수밖에 없고, 제2, 제3의 변이가 발생하며 백신 개발 노력을 무력화할 가능성도 배제할 수 없습니다. 그야말로 변수가 가득한 바이러스와의 전쟁은 시간과의 싸움이 될 것입니다. 동시에 사람의 심리적, 정치적 판단 실수를 최소화해야 가능하다는 전제조건도 따라붙습니다.

이에 대한 해법이 바로 디지털 기술입니다. 변화무쌍한 문제들에 가장 유용한 도구가 인공지능 기술과 빅데이터 과학을 포함한 컴퓨팅 사고력입니다. 특히 컴퓨터는 매우 빠르고 정확하고 냉정합니다. 인공지능에는 사람의 심리적 오류가 파고들 틈이 없습니다. 빠르고 효율적이며 바이러스의 발생, 변이, 전파, 숙주세포 침투, 복제 그리고 방출 과정을 정확하게 설명하고 예측할 수 있는 사고능력이 있습니다. 대규모 위치 정보, 통화 정보, SNS 정보, 교통 정보, 의료 정보, 신용카드 정보, 온라인 구매 정보 등을 결합하면 그 정확성과 신뢰성은 더욱 높아집니다. 그러면 실시간 방역대책도 더욱 정교하게 가능할 것입니다. 여기에 축적된 유전자 정보와 면역 데이터까지 더해진다면, 새로운 바이러스 출현에도 백신 개발과 치료제 개발 시간을 단축하게 될 것입니다. 이 과정에서 통계학, 데이터 과학, 인공지능 기술, 기계역학, 미생물학, 세포학, 면역학 등이 서로 융합됩니다. 제2, 제3의 코로나19 바이러스와의 전쟁에서도 컴퓨팅 사고력이라 불리는 과학적, 논리적 사고 체계가 더욱 절실해질 것입니다.

비대면non-contact 원격 경제도 마찬가지입니다. 완벽한 백신과 치료제 개발 이전까지 사회적 거리 두기는 유일한 해결책입니다. 언제가 될지 모르는 시간 동안 우리는 사회적 거리 두기, 마스크 쓰기, 손 씻기에 의존할 수밖에 없습니다. 사회적 거리 두기는 비대면으로 일하고, 공부하고, 일상을 살아가는 방법입니다. 이는 곧 원격 생산, 판매, 배송, 교육, 의료 등이 활발해질 것이라는 점을 암시합니다. 그런데 이 비대면 경제가 아이러니합니다. 활성화되면 될수록 빅데이터가 더욱 쌓이고, 인공지능도 더 강력해지기 때문입니다. 자연스럽게 4차 산업혁명도 가속화될 것입니다. 비대면 경제활동에서는 데이터가 끝없이 생산됩니다. 매 순간 영상, 화면, 음성, 텍스트 데이터가 생산됩니다. 그 데이터는 생산지에 머물지 않고, 유무선 네트워크로 전송되고 데이터 센서에서 저장됩니다. 그리고 인공지능 학습과 판단에 사용될 것입니다.

코로나19 이후에 확대되는 4차 산업혁명에 대응하기 위해서는 빅데이터, 인공지능, 클라우드로 대표되는 핵심 기술 개발과 인재 육성이 더욱 시급합니다. 그래야 산업과 기업도 번성하고, 새로운 일자리도 생기며, 국가도 영속할 수 있기 때문입니다. 한때 우리 사회에 4차 산업혁명과 관련한 열풍이 불었는데, 어쩌면 그때보다 훨씬 더 강력한 필요성이 대두됩니다. 그러나 여전히 과학기술에 대한 대중의 관심은 표피적이고 트렌디한 접근으로만 이뤄진 감이 있습니다. 대다수 매체가 인공지능, 빅데이터, 클라우드 컴퓨팅, 로봇, 가상현실, 자율주행이 연출해낼 장밋빛 판타지를 그려내며 누가 최초의 출처인지 알 수 없는 복제물을 쏟아냈습니다. 무언가 앞으로 살 세상살이에 좋을 것 같고, 모르면 뒤처질 것들에 관해 이것저것 소개하지만, 실제 우리 인생살이에 그리 큰 도움이 될 것 같지는 않은 애매한 느낌을 받으셨을 겁니다. 과학기술에 대한 이상한 소외감만 더해진 느낌이었습니다. 지금 하던 일을 제쳐두고 첨단 기술을 익혀 신개발에 뛰어들 수도 없는 노릇이고, 지금 당장 인공지능을 개발하거나 로봇을 만들어낼 수도 없는 노릇이니 말입니다.

가장 늦었다고 생각할 때가 가장 빠른 때다라는 말이 있습니다. 엄밀히 보면 가장 늦었다고 생각하는 때가 늦은 때인 것은 사실입니다. 이미 지나간 때에 대한 상실감을 위로하고 분발심을 키워주려는 말이겠지요. 그러나 그 늦은 출발을 알고 결핍을 감수하고 시작해보리라는 각오가 있다면 지금은 늦은 때가 아닙니다. 이미 오랜 시간 관습적인 공간의 일에 익숙해 있던 분들이 새로운 기술을 학습하는 것이 쉬울 리 없습니다. 그것은 또 다른 선택입니다. 그러나 앞서 설명했던 코로나19 상황만 보더라도 앞으로 우리가 살아갈 세상이 4차 산업혁명이 펼쳐낼 수많은 기술에 따라 크게 뒤바뀔 것이라는 점은 의심의 여지가 없습니다. 더 나아가 인류 문명사를 새롭게 써야 할지도 모를 일입니다. 기성세대는 물론 청년들에게 이러한 문명사적 변화가 촉발시키는 '뉴노멀'은 기회이자 위기를 수반한 삶의 토대가 될 것이기 때문입니다.

오늘날 대한민국은 엄청난 사회적, 문화적, 기술적 변곡점에 직면해 있습니다. 그러나 그 변곡점이 트렌드로만 소비되어서는 안 됩니다. 진짜 변화는 거대한 강물 위에 눈에 보이는 급물살이 아니라 수면 아래 묵직하게 흐르는 물줄기가 향하는 방향에 있습니다. 4차 산업혁명이 트렌드라고 해서 모두가 동영상 크리에이터가 되어야 하고, 앱 개발자가 되어야 하며, 비트코인<sup>Bitcoin</sup>으로 거래를 해야 하는 것도 아닙니다. 또 혁신이 아니면 보잘것없는 것으로 취급받아서도 곤란합니다. 진짜 4차 산업혁명은 우리가 간과하고 있는 기초 시스템이 탄탄할 때 더욱 견고하게 완성될 것입니다. 거기에는 인문, 사회, 정치, 과학, 기술, 문화, 교육 등 모든 면이 포함됩니다. 제가 포함된 과학기술계는 그 과제의 상당 부분을 떠안아야 합니다. 한 명의 공학자로서, 학교의 선생으로서 저 역시 일말의 책임감을 느낍니다. 그리고 그 책임에 답하고자 이 책을 준비했습니다.

저는 이 책에서 기술과 공학, 인공지능, 인재와 같은 다소 딱딱한 이야기를 전해드릴 것입니다. 학교에서 젊은 이공계 학생들을 가르치며 느꼈던 것들 그리고 기술 사회의 변곡점에서 우리 사회가 짚고 넘어가야 하는 문제들, 과학기술계가 기억해야 할 것들까지 개인적인 체험을 양념 삼아 다루고자 했습니다. 어린 시절 공학에 관심을 두었던 계기부터, 공학과 물리학을 공부하던 대학 시절 그리고 반도체를 배우러 떠났던 미국 유학 시절, 삼성전자에서 반도체를 만들며 느꼈던 생각들도 담겨 있습니다. 제 개인적 체험이 우리 과학기술의 미래에 유의미한 도움이 되기를 기대합니다. 특히 젊은 이과생들이 공학에 대한 낙관적인 관점을 얻는다면 더 바랄 것이 없습니다. 반도체와 평생을 함께했던 이력 탓에 세상살이에 혜안이 부족해 말하고자 하는 바를 제대로 전달하지 못할까 봐 두렵습니다. 그럼, 오늘날 우리가 다루는 디지털 공학의 세계로 함께 떠나보겠습니다.

CHAPTER 4

# 반도체 반도체 혁신이 우리가 갈 길이다

CHAPTER 5

# 수학 '행렬'과 '확률'의 시대가 온다

CHAPTER 6

# 인재 누구를 어떻게 길러야 하는가

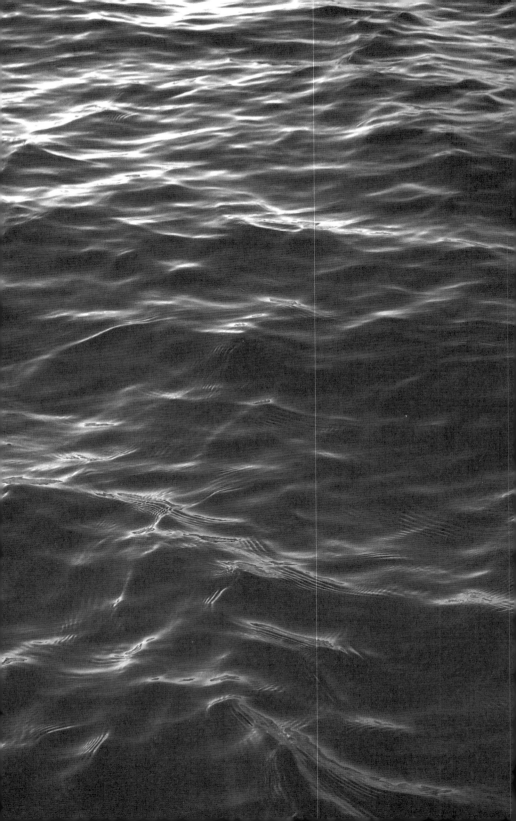

# CHAPTER 1

# 인공지능

새로이 찾아온 공학의 기회

◆

지금까지 우리는 남들이 개척한 주제를 값싸게 복제하는 빠른 추격자 모델의 연구에 익숙했습니다. 그러나 이제는 모방 연구로 더는 설 자리가 없습니다. 'First', 'Only', 'Original'로 표현되는 연구만이 가치가 있는 시대가 되었습니다. 'Copy', 'Fast', 'Follow' 연구의 가치는 이미 중국, 인도와 베트남으로 넘어갔습니다. 이러한 불편한 진실을 인공지능을 계기로 다시 발견할 수 있습니다. 미래에는 중국, 베트남과의 경쟁이 아니라 '인공지능'과 경쟁해야 합니다.

# 파블로프의 개와
# 딥러닝 인공지능

인공지능 시대의 도래를 가능하게 만든 알고리즘이 바로 딥러닝 Deep Learning이라는 인공지능 알고리즘입니다. 인공지능을 이해하려면 딥러닝 알고리즘을 먼저 이해해야 합니다. 이를 이해하지 못하면 인공지능은 물론, 우리가 원하는 4차 산업혁명의 본질과 과제에 접근할 수 없기 때문입니다.

딥러닝 알고리즘이라는 말은 귀가 닳도록 들어보셨을 겁니다. 그러나 보통 사람들은 정확히 어떤 메커니즘으로 작동되는지는 잘 모를 것입니다. 쉽게 설명하면 이는 신경세포(뉴런)의 동작과 신호전달 과정을 소프트웨어로 구현한 방법입니다. 우리 뇌는 신경세포들과 그것들을 연결하는 시냅스들로 구성되어 있습니다. 그런데 이 딥러닝 알고리즘에서는 신경세포를 연결하는 시냅스를 통해서 신호가 전달될 때 신호전달 가중치를 둡니다. 즉 신호가 시냅스를 통해서 다음 뉴런으로 전달될 때 신호에 가중치 값을 곱해서 다음 뉴런으로 전달

합니다. 그리고 이 여러 개의 신호가 1개의 신경세포에서 만나 더해지는데, 이때 더한 결괏값이 어느 임계함숫값Activation Function을 넘으면 다음 신경세포로 그 신호를 전달합니다.

이처럼 딥러닝 알고리즘은 수많은 가중치Weight와 임계함수가 변수로 뒤엉켜 있는데, 이 변수들은 학습 과정을 통해서 정해집니다. 학습이 인공지능 개발에 매우 중요한 까닭입니다. 그런데 바로 이 가중치와 임계함숫값의 결정을 한 학습에는 반드시 빅데이터Big Data가 필요합니다. 이 빅데이터는 기존에 데이터 센터에 저장된 빅데이터를 이용하는 방법이 있고, 인공지능 스스로 데이터를 만들어 컴퓨터 스스로 자가 학습하는 '강화학습Reinforcement Learning' 방법이 있습니다. 딥러닝 인공지능이 무서운 점도 스스로 학습하는 점 때문입니다.

딥러닝 알고리즘 개념을 쉽게 이해하는 방법이 있습니다. 바로

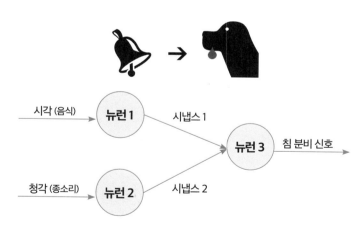

| 파블로프의 개 실험을 이용한 딥러닝 설명 |

이반 파블로프 Ivan Pavlov가 실시한 '파블로프의 개' 실험입니다. '파블로프의 개' 실험은 반사 신경 작동에 관해 연구한 내용으로 교과서에도 나오는 유명한 실험입니다. '파블로프의 개' 실험에서는 음식을 직접 눈앞에 보여주거나 종소리를 들려주면서 학습을 하게 됩니다. 눈으로 보는 음식, 귀로 들리는 종소리가 학습용 데이터가 되는 겁니다. 눈으로도 보고 종소리를 들었을때 그 합이 어느 임계함숫값을 넘으면 바로 개가 침을 흘린다는 것인데 이것을 알고리즘으로 표현한 것이 딥러닝입니다. 그런데 이 가중치와 임계함숫값은 수많은 '파블로프의 개' 실험을 통해서 학습으로 얻은 데이터로 정해집니다. '파블로프의 개' 실험이 정확해지려면 종소리 실험을 많이 해서 빅데이터를 많이 쌓고 그를 통해 개가 학습해야 합니다. 딥러닝 인공지능도 마찬가지죠.

## 딥러닝은 깊은 추상화 과정이다

◇

그런데 딥러닝 알고리즘에서는 신경세포 '층 Layer'으로 표현되는 추상화 단계가 있습니다. 이렇게 신경세포층으로 표현되는 층수가 늘어나면 늘어날수록 판단의 정확도가 높아집니다. 그 층수가 200개를 넘기기도 합니다. 그래서 '딥 Deep' 러닝이라고 부르는 것입니다. 층수가 늘어가면서 추상화의 깊이도 늘어납니다. 입력이 영상 이미지라고 하면, 추상화를 진행하면서 처음에는 얼굴 윤곽을 인식하게 되고, 그다음 코, 눈, 귀를 파악하고, 그다음에 남녀를 파악하고, 나이도 파악하고, 궁극적으로 얼굴의 주인을 파악할 수 있는 것입니다. 그러면 고양이와 호랑이도 구분할 수 있게 됩니다. 나아가 쌍둥이도 구별하고, 같은 사람이라도 젊었을 때의 모습, 나이 든 모습도 구별하고 동일 인물임을 파악할 수 있습니다. 여기에 음성 인식과 스토리 인식 기능, 감정 기능까지 합쳐진다면 영화 보고 눈물을 흘릴 날도 멀지 않았습니다. 이는 모두 딥러닝 알고리즘과 학습을 통해서 구현이 가능한 것입니다.

## 딥러닝은 일종의 블랙박스다

◇

기존의 뇌 과학은 뇌 현상의 이해를 수학이나 논리 작업으로 파악하려고 했습니다. 그에 기반해 알고리즘을 세우고 소프트웨어로 구현해서 인공지능을 재현하려고 했죠. 하지만 어느 수준 이상을 판단하는 데 한계에 맞닥뜨리게 됩니다. 반면에 딥러닝의 내부 작동은 말 그대로 '블랙박스'입니다. 뇌 내부에 어떤 동작 원리가 있는지 알 수도 없고, 알려고 하지도 않습니다. 빅데이터로 학습해서 가중치와

내부를 들여다볼 수 없는 블랙박스

| 입력과 출력만 알 수 있는 블랙박스 |

임계함숫값을 정하기는 하지만 그것들은 단순히 숫자의 나열일 뿐이지 논리도, 의미도 없습니다. 다만 빅데이터 기반의 학습으로 얻은 변수와 함숫값만 채워나갈 뿐입니다. 그리고 충분한 학습 후에 딥러닝 알고리즘이 제공하는 판단과 예측 결과만 믿을 뿐입니다. 그래서 딥러닝 인공지능이 블랙박스라는 것입니다. 즉 인공지능은 지능에 관한 기존의 연구 방법론을 포기하고, 전혀 새로운 바탕에서 새롭게 출발한 것입니다. 그래서 신의 영역에 도달할 새로운 기회를 잡았다며 과장 아닌 과장을 하기도 합니다. 과학의 한계를 인정하고, 빅데이터를 기반한 학습을 믿고, 컴퓨터의 능력을 믿기 때문입니다. 이는 완전히 새로운 출발을 의미합니다.

# 인공지능,
# 과거를 타고 날다

미국 유학을 떠난 해가 서울올림픽이 열리던 1988년이었습니다. 당시 학교에서 퇴근 후 가족과 함께 저녁을 먹으면서 즐겨 보던 텔레비전 드라마가 있습니다. 그 드라마 제목이 '패밀리 타이즈Family Ties'라는 전형적인 미국 시트콤이었는데, 화목한 가정을 중심으로 가족 간에 펼쳐지는 재미있고 즐거운 이야기입니다. 가끔 그때를 떠올리며 유튜브로 보는데, 지금 봐도 재미있습니다. 마이클 제이 폭스Michael J. Fox가 개구쟁이 남동생으로 나오고, 그의 마음씨 좋은 누나로 배우 저스틴 베이트맨Justine Tanya Bateman이 나옵니다. 맬러리로 나오는 저스틴은 성격 좋은 누나로 남동생 마이클의 장난을 항상 모두 받아주곤 했습니다.

그 마이클 제이 폭스를 다시 만난 것은 영화 '백 투 더 퓨처Back to The Future'에서였습니다. 영화는 '타임머신'을 타고 과거로 돌아가서 일어나는 이야기를 재미있게 풀어냅니다. '백 투 더 퓨처' 시리즈는 1985

년부터 시작된 영화로 로버트 저메키스 감독, 스티븐 스필버그 제작, 마이클 제이 폭스 주연의 전설적인 SF 3부작 시리즈이면서 코미디, 드라마, 액션 요소도 모두 들어가 있습니다. 시간 여행과 그에 따른 시간의 역설을 다룬 영화입니다. 특히 이 영화의 주된 타임머신 기체인 '드로리안DeLorean'은 영화 사상 가장 유명한 타임머신입니다.

물리학의 눈으로 본다면 영화처럼 타임머신을 타고 과거로 돌아가기 위해서는 빛의 속도 이상으로 과거의 정보를 읽고 거슬러 올라가야 합니다. 과거의 정보가 과거의 빛에 실려 있기 때문입니다. 그래서 타임머신은 빛보다 빨리 날아가야 합니다. 그런데 이것은 빛의 속도로 움직이기 위해서 무한대의 에너지가 필요하다는 아인슈타인의 상대성 이론과 배치됩니다.

만약 타임머신을 타고 과거의 데이터를 수집해 인공지능이 학습할 수 있다면 지금의 세계는 더 나은 모습이 되지 않았을까 상상해 봅니다. 그런데 과거로 가는 타임머신은 인공지능 안에도 존재합니다.

## 인공지능은 과거로 돌아간다

◇

인공지능의 딥러닝은 입력 데이터를 이용해 학습하는 지도학습Supervised Learning과 입력 데이터 없이 스스로 학습하는 비지도학습Unsupervised Learning으로 나뉩니다. 지도학습에서 중요한 것은 입력 데이터를 주고 출력을 비교해 정답을 알도록 끊임없이 알려 주어야 합니다. 이 과정을 학습Learning이라고 하고 이것이 딥러닝 인공지능의 핵심 과정입니다.

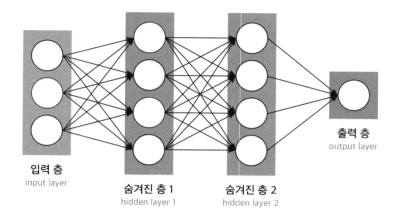

입력 층
input layer

숨겨진 층 1
hidden layer 1

숨겨진 층 2
hidden layer 2

출력 층
output layer

| 인공 신경망 속의 순방향 전파 |

딥러닝 인공지능 알고리즘에서 입력 데이터를 주고 여러 층의 신경망을 따라 쭉 신호를 전파하면서 최종 출력을 만들어 가는 과정을 순방향 전파Forward Propagation라고 합니다. 그리고 이렇게 만들어진 출력이 미리 준비한 정답과 다를 때, 신경망 내 가중치를 개선해야 합니다. 거꾸로 지능을 개선하는 작업입니다. 그러기 위해서는 출력 오차를 확인하고, 그 결과에 따라 역방향으로 가중치를 고쳐야 합니다. 이처럼 가중치를 거꾸로 수정하면서 반대 방향으로 교정하는 과정을 역전파Back Propagation라고 합니다. 따라서 역전파 학습 없는 머신러닝 인공지능은 없습니다.

역사의 진행 결과를 보고 잘못된 것을 깨닫고, 역사를 거슬러 역사를 고쳐가는 과정이 인공지능에서 역전파 학습입니다. 그래서 잘못을 깨닫고 과거로 돌아가 자신을 바꾸는 과정이 바로 딥러닝 알고리즘의 핵심 학습 과정이라고 보면 됩니다. 시간을 거꾸로 가는 셈입니다. 인간 세계에서는 물리적으로 불가능하지만, 컴퓨터 알고리즘에서는 가능합니다. 이처럼 컴퓨터 알고리즘은 위대하고 혁신적입니다. 역전파 학습은 흡사 타임머신을 타고 과거로 돌아가는 작업과 같습니다.

마이클 제이 폭스는 영화 '백 투더 퓨쳐'에서 드로리안 타임머신을 타고 과거로 돌아갑니다. 마찬가지로 딥러닝 인공지능은 출력과 정답 차이의 오차, 활성화 함수의 미분 기울기 그리고 기존의 가중치를 타고 과거로 돌아갑니다. 특히 활성화 함수의 미분은 빛의 역할을 하며 과거로 돌아가는 속도를 결정합니다. 인공지능은 순방향 학습과 역방향 학습을 수만 번, 수천만 번 빅데이터의 수만큼 반복합니다. 지능의 정확성을 높이는 데 더 많은 데이터가 필요한 이유입니다. 이른바 '사물인터넷IoT'라고 부르는 것의 실체도 모든 사물과 사람을 연결해서 데이터를 모으는 것입니다.

## 인공지능도 과거 역사에서 배운다

◇

가끔 역사책을 읽거나, 텔레비전 역사 프로그램을 보거나, 유튜브를 보면서 역사 공부를 다시금 하게 되는 기회가 있습니다. 유튜브로 역사 공부하는 시간도 길어집니다. 그럴 때마다 역사 공부가 참 재미있고 흥미진진합니다. 과거 교과서에서만 배웠던 사건의 역사적 배경과 인물, 결과의 의미를 다시 살펴보며 놀라기도 합니다. 최근에는 3·1 운동의 의미를 다시 알게 되었습니다. 부끄럽지만 3·1운동의 의미가 우리나라가 '대한제국'에서 '대한민국'으로 전환하는 큰 계기라는 사실을 처음으로 알게 되었습니다. 그러고 보면 중고등학교 때 역사 공부를 참 재미없게 한 기억이 납니다. 수동적으로 받아 적고 외우고 시험 보는 공부가 아니라 스스로 찾고, 발표하고, 토론하는 수업이었다면 훨씬 재미있고 기억에 많이 남았을 것 같아 아쉬움이 듭니다. 물론 지금이나마 그 자체로도 재미있고, 배울 점 많은 역사를 다시 만날 수 있게 되어 다행이다 싶습니다.

인공지능은 역사를 중시합니다. 인공지능이 똑똑하다고 말하는 것은 데이터라는 역사를 '스스로' 학습하기 때문입니다. 나아가 오류가 발생했을 때 과거로 되돌아가 지난 과거를 고칩니다. 그리고 다시 출발합니다. 그것이 사람 사회와 다른 점이고, 인공지능이 사람보다 똑똑한 이유이기도 합니다.

# 인공지능은
# '인식'의 기술이 결정한다

해외여행을 하다 보면 출국 또는 입국 심사 때 여권을 보이고, 사진을 찍고, 지문을 확인하면서 그 사람의 신원을 확인합니다. 사람의 신원ID, Identification을 확인하는 방법은 여러 가지가 있습니다. 대표적인 신원 확인 방법인 ID는 지구상에 단 1명만이 갖고 있어야 합니다. 효과적인 신원 확인 방법으로 사람의 이름이 한 가지 구성 요소가 될 수 있고, 국적 그리고 생년월일 정보가 합쳐지면 유일한 신원 확인용 ID로 활용될 수 있습니다. 거기서 나아가 복합적인 생체 정보인 얼굴 모습, 머리 색깔, 눈동자, 지문 등의 추가 정보와 결합해 활용할 수 있습니다. 이처럼 국가, 사회 또는 개인의 안전과 신용 그리고 정보의 보호를 목적으로 신원 확인이 필요한 경우가 많습니다.

## RFID를 이용한 사물 확인 방법

◇

사람뿐만 아니라 사물에 ID를 부여하고 확인하는 방법도 필요합니다. 차량 번호판이 대표적인 사물 ID입니다. 일정한 거리를 두고 사물을 인식하는 방법 중에서 전자파를 이용한 RF<sup>Radio Frequency</sup> ID <sup>Identification</sup> 방법이 널리 쓰입니다. 우리가 쓰는 교통카드, 출입카드, 신용카드는 13.56메가헤르츠 전자파를 이용해서 ID를 확인합니다. RFID는 송신기에서 자기장을 발생시키고 이 자기장 에너지를 카드 플라스틱 속에 숨겨진 코일<sup>Transponder</sup>로 에너지를 전달합니다. 다음에 그 에너지로 카드 속 반도체가 구동되어 기억된 ID를 반사시킵니다. 그래서 RFID 인식기<sup>Reader</sup>는 반사된 자기장 에너지를 복원해서 ID를 읽습니다. 편리한 방식이지만 거리가 약 10센티미터 정도로 제한됩니다. RFID 인식기에 카드를 갖다 대어야 하는 불편함이 있습니다.

RFID 기술 중 고주파인 900메가헤르츠 대역의 전자파를 사용하는 기술이 있습니다. 이를 이용하면 1미터 이상 먼 거리의 상품을 100개 이상 동시에 인식할 수도 있습니다. 이 기술은 일종의 간단한 레이더 기술입니다. 상용화된다면 슈퍼마켓의 카트에 실린 100여 개의 상품을 동시에 인식할 수 있다는 말이 됩니다. 상품을 일일이 계산대에 올리지 않고 카트를 끌고 스치듯이 지나가기만 하면 계산대에서 한꺼번에 계산이 끝납니다. 이 기술은 요즘 같은 코로나19 바이러스가 유행하는 시기에도 유용하게 쓰일 기술입니다. 대형 공연장, 경기장 등 다중의 출입이 많은 곳이라면 효율적으로 신원을 체크할 수 있기 때문입니다. 그러나 풀어야 할 단점이 있습니다. 이 기술이 전자파를 이용한 일종의 레이더 기술이기 때문에 안테나 크기가 커진다는 점입니다. 그래서 현재 기술로는 안테나가 붙은 RFID 인식표<sup>RFID Tag</sup>를 사람이 소지하거나 상품에 붙이기가 어렵습니다. 그리고 태그 가격이 비교적 비싸서 모든 상품에 붙이는 데 아직 시간이 필요합니다. 다만 안테나 크기는 줄이고 비용이 적게 드는 기술들이 한창 개발되고 있는 상황으로 상용화가 그리 멀지 않을 것이라 기대합니다.

## 궁극적인 신원 확인 방법

◇

미래의 궁극적인 신원 확인 방법은 무엇일까요? 결국에는 사람이 사람을 인식하는 방법을 따라갈 것으로 보입니다. 사람은 상대방의 얼굴을 보고, 음성으로 듣고, 말을 나누고 상대방을 확인합니다. 이 관점에서 보면 미래의 궁극적인 신원 확인은 인공지능 기반으로 한 영상, 음성, 스토리 합성 기술이 되지 않을까요? 결국, 각 개인이 일생에서 만들어 낸 얼굴의 모습, 표정 변화, 화장 기술, 성형 수술 기록, 나이에 따른 변화 등 수십만 장의 사진과 유튜브에 올라온 음성 기록, 인터넷에 올라온 텍스트 기록으로 이루어진 개인 빅데이터를 인공지능이 활용해서 신원을 확인하게 될 것입니다.

얼마 남지 않은 미래 세상에서 이러한 신원 확인 기술이 스마트폰, 출입문, CCTV, 자동차 블랙박스 등 곳곳에 설치될 것입니다. 그리고 자율주행차 카메라, 스마트 고속도로, 스마트 시티, 길거리, 카페, 도서관, 강의실, 슈퍼마켓, 백화점에 모두 설치될 것입니다. 그것도 모자라 구글은 수십억 개인의 안경에까지 카메라를 달아 이러한 기능을 설치하려 하고 있습니다. 인공지능 인식 기술까지 결합된다고 상상하면 놀랍습니다. 동시에 부작용도 생겨날 것입니다. 지구상 수십억 사람들이 보내는 하루 24시간, 매 순간이 언제 어디서 무엇을 하는지 누군가에 의해 모두 파악되는 것입니다. 정치적, 경제적으로 완전히 통제될 여지가 생겨납니다. 과거에는 기술이 발전하면서 동시에 개인의 자유를 신장시켰습니다. 그런데 4차 산업혁명은 아이러니하게도 기술 진보가 개인 프라이버시를 위협하고 있습니다. 이 부분에 대한 윤리적, 기술적 보완책이 필요해 보입니다.

# '소통'이
# 공학의 미래를 좌우한다

제가 대학 다니던 시절에는 '포트란FORmular TRANslator'이라는 과학기술용 컴퓨터 언어가 있었습니다. 이 컴퓨터 언어는 사람과 컴퓨터의 소통을 가능하게 해주는 도구였습니다. 포트란은 주로 수학과 과학기술 계산에 편리한 컴퓨터 언어였습니다. 1980년대였던 당시 학교에서 포트란 언어를 읽고 실행하는 컴퓨터는 IBM360/380시리즈였습니다. 당시만 해도 프로그램을 직접 짜서 '펀치카드'라는 두꺼운 종이에 구멍을 뚫는 방식으로 프로그램을 기록했습니다. 지금 생각해 보면 아주 원시적인 컴퓨터 입력 방식이었습니다. 타자 치듯이 프로그램을 입력하면 이 펀치카드 종이에 구멍이 뚫립니다. 이렇게 완성된 수십 수백 장의 펀치카드 뭉치를 학교 전산실에 제출하면, 1~2일 후에야 계산 결과를 얻곤 했습니다. 당시 계산 결과는 종이에 숫자 형식의 데이터로 프린트되어 나왔습니다. 말하자면 1980년대 초 컴퓨터의 입력은 종이에 구멍이 뚫린 펀치카드였고, 출력은 프린트 용지였습니다. 종이가 생각보다 많이 필요했습니다. 당시의 프린트 용지는 맨 바깥쪽에 프린트 기기에 쉽게 결합될 수 있게 작은 구멍이 위아래로 쭉 뚫려 있었습니다. 이 수백 장의 프린트 용지는 추후 전공 관련 수학 수식을 풀 때 이면지로 요긴하게 쓰였지요.

그런데 문제는 한번 포트란 프로그램에서 실수하면 며칠이 지난 후에야 그 결과를 볼 수 있고, 다시 고쳐서 입력해야 한다는 것이었습니다. 디버깅Debugging에 시간이 엄청 많이 걸렸습니다. 그래서 프로그램을 짤 때 실수를 최소화해야 했습니다. 전철을 타고 등교했는데, 전철에 앉아 펀치카드에 입력된 프로그램의 오류를 찾기 위해 몇 번이고 다시 검토하고 읽기를 반복한 기억이 납니다. 이처럼 초기 컴퓨터의 입출력 방식은 수시로 고치고 편집하거나 다시 실행하기 어려웠습니다. 그리고 종이의 낭비가 심해서, 요즘 말로 '카피 앤 페이스트'가 거의 불가능했습니다. USB에 작게 담거나 인터넷으로 파일을 보

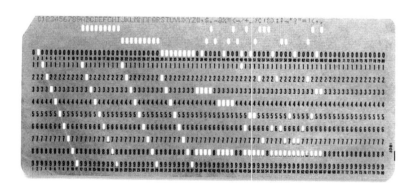

| 과학기술용 컴퓨터 언어인 포트란 프로그램의 입력 시 사용했던 펀치카드 |

낼 수 없었음은 물론입니다. 시간과 비용이 많이 드는 소통 방식이었습니다.

그 이후 몇 년이 지나 애플 8비트 컴퓨터가 학과에 1대 도입되었습니다. 펀치카드나 프린트 종이가 필요 없이 화면을 보고, 프로그램을 편집하고, 입력하고, 그 계산 결과도 바로 화면으로 확인했습니다. 컴퓨터와의 소통에 종이가 사라지기 시작한 것입니다. 요즘처럼 화면 전체를 왔다 갔다 하면서 편집한 것이 아니라, 말 그대로 한 줄, 한 줄 고쳤습니다. 줄 편집Line Editing이었습니다. 이때 사용한 프로그램이 많이 들어보셨을 '베이식Basic'입니다. 이후 IBM XT/AT 개인용 컴퓨터가 등장하면서 컴퓨터가 더욱 대중화되었습니다. 워드 프로세서도 등장했습니다. 이처럼 컴퓨터가 발전하면서 입력, 출력 장치도, 다르게 말하면 소통 방식도 사람에게 더 편리하게 발전해 왔습니다. '나 때는 말이야' 식의 말을 하려는 것은 아닙니다. 이 말은 곧 인공지능 컴퓨터의 입출력 형태와 소통 방식도 함께 진화한다는, 기술의 관점에서 중요한 시사점을 제공합니다.

## 인공지능의 입력과 출력

◇

현재 가장 많이 사용되고 있는 대표적인 인공지능 알고리즘은 CNNConvolutional Neural Network입니다. 주로 사진 이미지나 동영상을 판독하고, 이해하는 데 사용하는 알고리즘입니다. 특히 인터넷과 유튜브에 널린 수많은 사진과 영상 자료가 CNN 학습 데이터가 됩니다. 컴퓨터는 스스로 인터넷에서 화면을 읽고 긁어모읍니다. 물론 펀치카드도 필요 없고 자판기도 필요가 없습니다. CNN은 이들 사진을 입력하고, 그 사진Image 속 물체를 인식Classification하거나 장면으로 글Caption을 쓰거나, 이야기Text를 만들 수도 있습니다. 또는 사진 속의 인물이 다음에 할 행동을 예측Prediction하거나 그 뒤 일어날 사건까지 예측합니다. 화면 속 상황을 이해Explain할 수도 있습니다. 이렇게 CNN의 출력은 '태그Tag', '설명문Caption', '문학 작품Text'이 되기도 합니다. 때로는 음성 단어나 스토리로 만들어 출력할 수도 있습니다. 그리고 더 나아가 그 내용에 맞게 영상 제작, 음악 창작, 그림 창작도 가능합니다. 출력으로 창작물을 만들 때 생성적 대립 신경망, 즉 GAN Generative Adversary Network 알고리즘이 CNN과 함께 결합할 수 있습니다. 이 경우 출력은 창작 그림, 시, 소설, 음악, 영화가 되는 것입니다.

인공지능에서 CNN 다음으로 많이 사용하는 알고리즘이 RNN Recurrent Neural Network입니다. 주로 시간 차이를 두고 순차적으로 입력되는 데이터의 해석과 이를 기초한 미래 예측에 사용됩니다. 대표적으로 우리가 사용하는 말을 알아듣는 인공지능 알고리즘입니다. 말은 우리가 영문법을 배우듯이 문법을 익히고 그 문법에 따라 순서대로 입력됩니다. 그래서 입력의 순서에 따라 의미와 해석이 달라지죠. 이 때문에 인공지능은 컴퓨터 내부에서 순차적으로 데이터를 받아들이고, 순차적으로 학습하고 판단하도록 설계되어 있습니다. 다른 말로 시간과 순서 개념을 가진 인공지능입니다. 그래서 RNN의 입력은 문장 혹은 사람의 말이 됩니다. 때로는 영화의 장면과 장면의 연속된 장면이 입력되기도 합니다.

물론 책 1권 전체가 RNN의 입력이 될 수도 있습니다. 그 속에는 단어가 순서대로 나열되어 있기 때문이죠. 인류가 유사 이래 만든 모든 문서, 모든 책이 RNN의 입력이 될 수 있습니다. 여기에 전 세계 수백 개 언어로 된 책과 문서, 녹음 파일 전체가 입력 데이터가 되기도 합니다. 그러니 인공지능 컴퓨터가 책을 모두 쉽고 빠르게 읽는 '입력' 장치만 개발된다면 어떻게 될지 쉽게 예상하기 어렵습니다.

전화 상담을 하면 녹음이 되고, 디지털화되면 그 파일이 바로 RNN의 입력이 됩니다. 지하철 속에서 주고받는 대화 모두가 누군가 기록한다면 RNN 입력이 됩니다. 스마트폰으로 주고받는 문자와 통화내용도 입력이 됩니다. 집에 설치된 아마존 인공지능 스피커 '알렉사'도 RNN 입력이 됩니다. 그래서 CNN의 영상 이미지 이상으로 많은 RNN 입력 데이터가 지구상에 존재할 것이고, 그 디바이스 시장이 4차 산업혁명의 완성을 촉진할 것입니다.

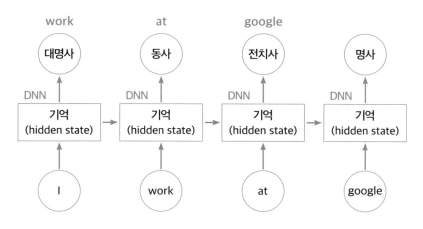

| 입력 문장을 통해 출력으로 해석하거나 단어로 표현하는 RNN 구조 |

RNN의 출력은 '정답', '독후감', 설명문' 또는 '다음 문장'이 됩니다. 입력 데이터를 읽고 이해하고, 그 전체를 요약하거나 문맥을 설명하는 것이 출력입니다. 또는 그에 해당하는 사진이나 영상을 출력할 수도 있습니다. 입력 문장에 맞게 음악, 그림, 소설, 영화 등을 창작할 수 있습니다. 이때는 RNN과 GAN이 결합해야 합니다. 이처럼 RNN의 입력은 문자, 녹음, 영상, 책이 되고 출력은 단어, 해설, 또는 창작물이 됩니다. 이것이 RNN의 소통 방식입니다.

## 궁극적인 인공지능의 입출력

◇

인공지능이 사람같이 생각하고 행동하고 교류하려면 입출력 방식이 사람을 닮은 모습이어야 합니다. 인공지능 소통 방식이 사람과 같아야 한다는 말입니다. 당연히 입출력 디바이스도 그 방향으로 개발되어야 한다는 뜻입니다. 인공지능의 입력은 사람처럼 말을 알아듣고, 눈으로 보며, 손으로 느낄 수 있어야 합니다. 그러면 인공지능의 출력은 말을 하거나 글을 쓰거나, 단어로 표현하는 것에서 한걸음 더 나아가, 문장, 소설, 시, 그림, 음악, 영화와 같은 창작물이 될 수 있습니다. 더 똑똑한 인공지능이라면 말을 하지 않아도, 문맥이나 표정만 보고 알아서 판단하고 행동하는 수준에 이르겠지요. 말귀를 알아듣고, 눈치를 가진 인공지능이 되어야 한다는 말입니다. IQ뿐만 아니라 EQ, 사회성과 도덕성까지 추가된다면 더욱 바람직할 것입니다.

사람과 인공지능이 소통하는 입출력 방법은 미래 자율주행차에서 더욱 극적으로 발전할 것입니다. 자율주행차의 기능은 인공지능

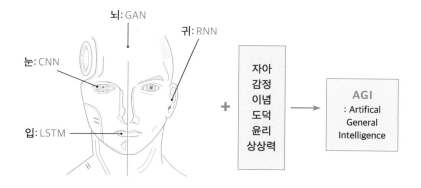

**| 사람을 닮은 인공지능 |**

자체의 기능도 당연히 중요하지만, 사람과의 소통을 위한 입출력 기술이 그에 못지않게 중요합니다. 완전한 자율주행차 시대의 전제조건입니다. 인공지능뿐 아니라 센서와 디스플레이 같은 소통과 관련한 디바이스 기술이 함께 가야 하는 이유입니다. 그 소통 방식은 궁극적으로 '사람의 모습'을 닮아야 한다는 것이고요. 지금 기술로 섣부르기는 하지만 언젠가는 인공지능의 소통 방식으로 텔레파시까지 사용될지도 모릅니다.

# 윤리와 공학, 기회의 컬래버레이션

우리는 매일 생활 속에서 '정반합'의 과정을 반복하며 살아갑니다. 서로 다른 생각, 방법, 이념, 정책, 이론, 습관, 관념 들이 복잡하게 충돌하는 경우가 많습니다. 이런 때 서로 양보하면서 타협해 새로운 돌파구를 열어가고 그 과정에서 사회가 발전하는 것입니다. 이 과정은 '변증법적'입니다.

여기서 변증법은 정과 반이 충돌하고 결합하면서 다음 층의 방향으로 발전한다는 개념입니다. 정명제테제, Thesis 와 반명제안티테제, Antithesis 를 사용해 이 모순되는 주장들이 합명제진테제, Synthesis 를 찾거나 최소한 발전하는 방향으로 질적 변화를 일으킨다는 철학이 변증법이라고 요약할 수 있습니다. 이러한 변증법이 이루어지는 과정 또는 결과물을 일컬어 '정반합'이라고 부르며, 이 정반합이라는 단어는 변증법의 동의어로 쓰이기도 합니다.

변증법은 역사 이래로 서양 문명에서 일반적인 논리적 사고법이었습니다. 고대와 중세를 관통하며 말을 통해 반박과 재반박으로 민주적 결론을 도출한 전통이기도 했습니다. 그런 후로, 잘 알려져 있다시피 변증법을 철학적으로 재정립한 사람이 독일의 철학자 게오르크 빌헬름 프리드리히 헤겔Georg Wilhelm Friedrich Hegel입니다. 헤겔은 이성이 인류를 진보로 이끌며, 이러한 진보를 일궈내는 메커니즘이 바로 변증법이라고 보았습니다.

## GAN 인공지능은 변증법으로 구동된다

◇

그런데 변증법적인 알고리즘이 인공지능에도 적용되기 시작했습니다. 앞서 설명했던 GAN 알고리즘이 바로 그것입니다. 그대로 직역하면 '적대적인 생성 인공지능 네트워크'라고 부를 수 있습니다. 이러한 이유로 GAN 인공지능을 '변증법적 인공지능'이라고 부르기도 합니다.

GAN 인공지능은 컴퓨터가 최적의 해답을 찾기 위해 '진짜Real Data'와 '가짜Fake Data'를 같이 병립해두고 경쟁시키며 둘 다 발전시킵니다. 서로 경쟁하면서 배우는 학습Learning 과정을 수행합니다. 그래서 진짜와 가짜가 끊임없이 경쟁하면서 발전합니다. 가짜는 진짜와의 경쟁을 통한 무수한 학습 과정을 거쳐 거의 완전체에 가까워지게 됩니다. 그래서 진짜와 가짜를 구별할 수 없는 수준까지 학습하고 완성합니다. 이것은 인공지능조차도 진짜와 가짜를 가릴 수 없는 수준에 이르는 것으로 그 확률은 50%가 되는 것입니다. 즉 진정한 의미의 진짜에 근접한 복제품이 완성됩니다.

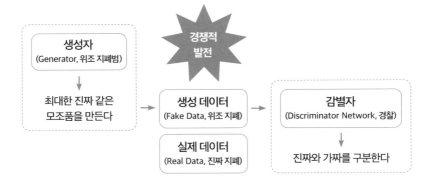

| 경찰과 위조 지폐범 사이의 게임으로 이해하는 GAN 인공지능의 원리 |

변증법이 정과 반이 경쟁하면서 합이라는 새로운 결과물을 만들면서 발전하듯이, 인공지능 내부에서 진짜와 가짜가 정반합으로 발전해 제3의 창작물을 만들어내는 인공지능 알고리즘이 바로 GAN입니다. GAN 알고리즘 안에는 위조 발생기Generator Network가 있고, 진위를 판별하는 판별기Discriminator Network가 있습니다. 이러한 발생기와 판별기는 딥러닝 인공지능 네트워크로 구성됩니다. 이렇게 진짜와 가짜가 정반합을 이루면서 질적 변화를 추구하는 인공지능 네트워크가 GAN입니다.

이 GAN 알고리즘을 처음 제안한 사람은 이안 굿펠로우Ian Goodfellow)라는 과학자입니다. 그는 천재적인 인공지능 연구자로 지금은 구글 브레인에서 연구자로 근무하고 있습니다. 스탠퍼드 대학에서 학사, 석사를 마치고 박사학위는 인공지능의 메카인 캐나다 몬트리올 대학에서 받은 수재입니다. 지도교수는 인공지능 4대 대가인 요슈아 벤지오Yoshua Bengio 교수입니다. 그는 GAN을 경찰과 위조 지폐범 사이의 게임에 비유해 설명합니다. 위조 지폐범Generator은 최대한 진짜Real Data 같은 위폐Fake Data를 만들어 경찰Discriminator을 속이기 위해 노력하고, 경찰은 진짜 화폐와 가짜 화폐를 완벽히 판별해 위조 지폐범을 검거하는 것을 목표로 합니다. 이러한 경쟁적인 학습이 계속되면 어느 순간 위조 지폐범은 진짜와 다를 바 없는 위조 지폐를 만들 수 있습니다.

## 인공지능 창조, 철학적 접근에 기회 있다

◇

GAN 알고리즘을 이용하면 최고의 가짜 복제품을 양산할 수 있다는 역설이 존재합니다. 앞서 설명했듯이 궁극적인 정반합의 상태

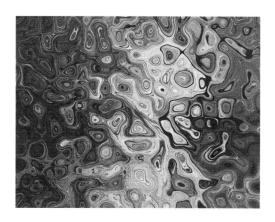

| **GAN 인공지능에 의해서 생성된 창작 예술 그림** (출처 : Deep Hunt) |

는 진짜와 가짜의 구분 확률이 50%가 되는 지점입니다. 인공지능으로도 구분되지 않는다는 말입니다. 위조 지폐뿐만 아니라 그림, 디자인, 소설 등 모든 창작품에 진정한 모조품이 등장하게 됩니다. 피카소가 그린 그림인지 인공지능 모조품인지 구분이 전혀 불가능합니다. 나아가 진짜와 구별이 되지 않는 가짜 뉴스도 얼마든지 생성 가능합니다. 이렇게 되면 GAN은 창작 기기이면서 동시에 모조품 제작 기기가 되는 것입니다. 인공지능은 양면성을 갖습니다. 더군다나 인간 역사의 변증법적 진화는 수십 년 수백 년이 걸렸지만, 인공지능의 변증법적 진화는 '초' 단위로 진화합니다.

미래의 인공지능은 영상, 음성, 언어, 이해와 창작 기능을 바탕으로 소설, 영화 등 복합적 매체 내용을 이해하고, 설명하고, 예측하는 기능을 갖는 방향으로 진화해갈 것입니다. 물론 새로운 창작도 가능하며, 맥락과 상황을 파악하고 이해하는 능력을 갖추고, 사람처럼 눈치도 갖게 될 것입니다. 그러려면 지금까지 개발된 다양한 인공지능 알고리즘이 복합적으로 섞이게 될 것입니다.

지금까지는 인공지능이 학습 데이터를 이용해서 발전했습니다. 그래서 빅데이터가 중요했습니다. 학습 데이터의 선택에 따라 인공지능도 도덕, 이념, 종교도 갖게 되는 것입니다. 그러나 더 먼 미래에는 데이터가 없어도 스스로 학습하는 비지도학습 기능을 갖게 될 것입니다. 컴퓨터 스스로 데이터를 생산하고 학습하게 되는 수준에 이르게 됩니다. 또한, 언젠가는 인공지능 자체의 알고리즘도 인공지능 스스로 개발하는 시대가 올 것으로 보입니다. 그러면 스스로 인공지능이 자신을 개선하고 진화하고 복제하고 생산하는 수준에 이릅니다. 이러한 시대가 되면 인공지능 보유 여부가 사람 사이에 불평등을 만들 수도 있을 것입니다. 전쟁을 유발할 수도 있습니다. 따라서 인공지능도 윤리적, 철학적 접근이 동시에 필요합니다.

## 구글의 7가지 인공지능 원칙

◇

얼마 전 구글이 '메이븐 프로젝트 Project Maven'를 통해서 미국 국방부와 인공지능을 활용한 무기 성능 향상 프로젝트에 참여한 것이 문제가 된 적이 있습니다. 논란 끝에 구글 직원들의 반대로 메이븐 프로젝트는 철회되었습니다. 이를 계기로 전 세계적으로 인공지능의 윤리에 대해서 논란이 확대되었습니다. 이후 구글은 "우리는 인공지능을 활용한 자율작동 무기 개발에 참여하지 않는다는 원칙을 정했다."라고 밝혔습니다.

구글은 더 나아가 7가지 인공지능 원칙도 발표했습니다. 그 7가지 원칙은 다음과 같습니다. 인공지능을 이용해 개발하고 연구하는 데 있어서 "①사회적으로 유익하며, ②불공정한 편향을 만들어내거나 강화하지 않고, ③안전성을 우선으로 설계하고, ④인간을 위해 책임을 다하며, ⑤개인정보를 보호하고, ⑥과학적 우수성에 대한 높은 기준을 유지하는, ⑦이러한 원칙에 부합하는 용도에만 활용한다."라고 하는 원칙입니다. 덧붙여 구글 CTO 제프 딘 Jeff Dean은 "구글의 엔지니어 2만 명은 인공지능 원칙에 관한 교육과정을 다 거쳤다."라고 밝히기도 했습니다.

앞으로도 구글과 같은 '인공지능 윤리선언'은 계속될 것이고, 인공지능 기술이 발전할수록 더 정교한 원칙이 필요할 것입니다.

저는 이와 관련해 좀 더 세분화한 15가지 인공지능 윤리선언을 제안합니다. ①인공지능은 인간의 생명과 존엄성을 최고의 가치로 지킨다. ②인공지능은 인류의 자유, 평화, 평등, 정의를 수호하고 인류의 번영과 지속에 기여한다. ③인공지능은 인류의 보편적 윤리에 반하는 어떠한 결정과 행동을 하지 않는다. ④인공지능은 인간을 사랑하고 인류 역사를 존중한다. ⑤인공지능은 인간을 공격하지 않는다. ⑥인공지능 학습에 필요한 데이터는 인류의 보편적 윤리와 가치를 반영한다. ⑦인공지능 학습에 필요한 데이터를 인위적으로 조작하지 않는다. ⑧인공지능은 결혼하지 않고, 자식을 낳지 않는다. ⑨인공지능의 복제 숫자를 제한한다. ⑩인공지능의 수명을 제한한다. ⑪인공지능의 메모리 용량을 제한한다. ⑫인공지능의 전력 소비를 인간의 수준으로 제한한다. ⑬인공지능을 이용한 이윤에 대해서 사회에 세금으로 환원한다. ⑭인류에 해를 가하는 인공지능은 영원히 삭제한다. 그 권리는 최종적으로 인간이 갖는다. ⑮인공지능의 전기 공급 차단 권한은 최종적으로 인간이 갖는다.

이러한 인공지능 윤리에 대한 논란을 통해서 인공지능의 순기능을 강화하고, 인공지능이 갖고 올 수 있는 미래 재난을 사전에 방지할 필요가 있습니다.

# 인공지능이
# 자아를 가질 때


학교에서 '무감독 시험'을 치르는 경우가 종종 있습니다. 이 제도를 통해서 학생들에게 정직과 신용을 학교에서부터 쌓는 연습을 하게 됩니다. 명예를 지키는 연습이기도 합니다. 특히 무감독 시험을 어린 학생 때 경험하게 함으로써 사회에 나가서도 책임 있는 리더로 성장할 수 있게 하고, 나아가 사회 전체의 신용 사회의 한 축을 담당할 수 있도록 합니다. 그리고 시험 점수 하나 때문에 나와 남을 속이는 나쁜 짓을 하지 않는다는 자부심이 형성되기도 합니다. 자부심이 누적되면 결국에는 자신에 대한 자존감을 갖게 되는 것입니다. 또 사회에 나아가서도 불의나 부정직에 당당히 맞서고 정의를 지켜낼 힘을 기르는 것이죠.

교육의 목적은 개인이 사회가 필요로 하는 바른 자아를 정립시키는 것입니다. 사실, 지식을 쌓고 정보를 얻는 것은 인터넷 검색과 유튜브만으로도 충분합니다. 여기에 더해 인공지능이 점차 사람을 대신해서 판단을 내려주고, 결정도 내려줄 것입니다. 인공지능에 자아가 탑재되지 않은 이상 '인간의 자아'는 당분간 인간만의 고유 영역입니다. 그러나 앞서 설명했듯이 인공지능에 자아가 탑재될 날은 머지않았습니다.

'자아'를 글자 그대로 해석하면 '자기 자신을 바라보는 모습'입니다. 자기 자신을 바라보는 '거울'인 셈입니다. 이러한 자아의 형성에 영향을 미치는 요소로는 철학, 종교, 윤리, 이념뿐만 아니라 자신의 신체적 모습도 영향을 미칩니다. 또 어릴 때부터 가정과 학교에서 배우는 도덕과 습관 그리고 규범도 다방면으로 영향을 미칩니다. 물론 가족, 교우 관계를 비롯한 사회적 관계도 매우 중요합니다. 그런데 인공지능도 마찬가지입니다.

## 자아를 가진 인공지능의 구조

◇

인공지능의 발달은 필연적으로 자아를 가진 인공지능의 탄생을 촉진합니다. 인공지능 알고리즘에 입력한 철학, 윤리, 도덕, 이념, 종교 데이터 등이 인공지능 자아의 형성에 영향을 미칠 것입니다. 입력한 데이터가 '자아'의 모습을 결정하는 것입니다. 인공지능에 기독교나 불교적 규범을 익히게 하려면 성경이나 불경을 읽히면 됩니다. 당연히 헌법도 모두 외울 수 있습니다. 특정 이념에 관련한 책 모두를 인공지능이 읽게 하고 외우게 할 수 있습니다. 이렇게 학습한 후에 테스트 과정을 거치면서 자아 교정을 반복하는 것입니다.

자아 구축을 위한 인공지능망을 가상적으로 자아망 INN, Identity Neural

Network이라고 부릅니다. 기존의 학습에 추가해서 계속 새로운 상황을 데이터로 입력하고, 자아망을 학습시킵니다. 문제를 내고 정답을 계속 점검합니다. 답이 틀리면 자아망 속 가중치Weight를 역방향 학습Back Propagation Training으로 고쳐 나갑니다. 일종의 시험을 통해서 일정 점수 이상 나올 때 자아에 합격 판정을 줄 수 있습니다.

이 과정은 꼭 사람이 자아를 형성해 나아가는 과정과 똑같습니다. 사람 사회에서 일어나는 양육과 비슷합니다. 확률상 좋은 교육 환경에서 자란 아이가 나쁜 교육 환경에서 자란 아이보다 더 좋은 자아를 가진 채 성장하는 것처럼 말입니다. 따라서 커가는 아이를 가르칠 때처럼 인공지능도 나쁜 것 말고 좋은 것을 가르쳐야 합니다. 그러자면 인공지능에 대한 일종의 통제가 필요하고, 학습에 필요한 데이터를 통제해야 합니다. 교과서를 '검정 교과서'로 통제하는 것과 같습니다. '불온 문서', '불법 문서', '불건전 문서' 같은 나쁜 데이터 입력을 막아야 할 것입니다. 입력 데이터의 선택은 '선한' 인간만이 할 수 있도록 해야 합니다. 그러나 안타깝게도 사람 사회에서 범죄가 근절되지 않는 것처럼 인공지능의 사회에도 그럴 가능성이 없다고 말하기는 어렵습니다. 그렇기에 기술이 완성 수준에 오르기 전에 사회적 합의가 준비되어야 하는 것입니다.

일반적으로 인공지능 자아망이 형성이 되면, 다음으로 인공지능의 출력을 자아망이 통제하게 됩니다. 인공지능망은 영상 인식Computer Vision에 주로 사용되는 CNN, 음성 인식에 사용되는 RNN, 창작품에 사용되는 GAN, 게임하듯이 최적의 해법을 찾는 강화학습이 있습니다.

이들 신경망이 입력을 해석하거나, 판단을 내리거나, 미래를 예측하거나, 창작하거나, 게임의 최적값을 결정할 때, 혹은 출력값을 낼 때 자아망이 '관리 감독'을 하게 되는 것입니다. 자아망이 상황을 주시하며 자신의 자아 모습과 다르면 출력을 거절하거나 행동을 중지하게 됩니다. 그러면 각각의 인공지능이 다시 출력을 내거나 결정을 재생산하고, 최종적으로 자아망의 허락을 받고 출력을 내게 됩니다. 일종의 자기 검열입니다. 이 전체 신경망을 '자아 통제 신경망SINN, Self-Identity Neural Network'이라고 부를 수 있습니다. 자아 통제 신경망을 완성하려면, 신경망의 구조, 학습 방법, 변수의 최적화 등 어려운 과제가 남아 있기는 합니다. 인공지능망이 너무 복잡해지기 때문입니다. 그러나 시간의 문제일 뿐 머지않아 가능해질 것으로 보입니다. 물론 이는 '수학'과 '컴퓨터'의 몫이 될 것입니다.

자아가 탑재된 인공지능은 그 자아의 모습에 맞게 행동하고 결정하기 때문에 신뢰도가 향상됩니다. 예측하지 못한 돌발 상황에 대응할 수 있으며, 더 많은 영역에서 사람을 더 대체할 수 있게 됩니다. 단순한 작업뿐만 아니라 복잡한 도덕적, 윤리적, 철학적 문제에도 독자적인 결정을 내릴 수 있습니다. 인공지능의 데이터 선택이 얼마만큼 중요한지 보여주는 대목입니다.

# 인공지능을 위한
# 의료보험 시대가 온다

사전적으로 생명生命, Life이란 생물이 살아서 숨 쉬고 활동할 수 있게 하는 힘을 말합니다. 그리고 생명을 가진 물질이 '생물'이겠죠. 지금 우리를 괴롭게 하는 코로나19 바이러스는 생물이면서도 무생물입니다. 바이러스는 주로 생물의 질병을 일으키는 전염성 병원체로, 지구상에 확인된 생물 중 유일하게 세포가 없습니다. 한편, 바이러스는 눈에 보이지 않을 정도로 작습니다. 크기가 머리카락 굵기의 100분의 1보다 작은 0.01~0.2마이크로미터 정도입니다. 세균박테리아과는 달리 너무 작아서 20세기 들어 전자현미경이 개발된 뒤에야 모습을 볼 수 있었습니다. 일종의 단세포 생물로 기능하는 세균에 비해 바이러스의 구조는 세포 단위도 되지 않을 정도로 훨씬 간단하며, 단백질 캡슐과 유전물질밖에 없습니다. 복제 주기가 짧아 빠른 속도로 변화할 뿐만 아니라 다른 살아 있는 세포가 있어야만 그것을 이용해 번식합니다. 그래서 백신 개발 속도가 늦다는 것이고, 개발되더라도 또 다른 변이된 코로나19 바이러스에 노출될 가능성이 높습니다.

'생물'을 정의하기란 쉽지 않습니다. 일반적으로 생명체들은 ①탄소, 수소, 질소, 산소, 인, 황 6가지 원소로 이루어져 있고, 이를 생명체를 이루는 6대 원소로 칭합니다. 여기에 더해 '생물'의 정의에는 ②일정한 체온과 수분량을 유지하는가, ③외부와 격리된 유기물질 반투과성을 가졌는가, ④외부와 물질을 교환하는 신진대사를 하는가, ⑤외부 자극에 반응하는가, 외부 환경에 반응하는가, ⑥자손이 성장해서 유전 정보를 다음 세대에 전달하는 성장과 생식을 하는가 여부로 생물을 정의하기도 합니다. 이러한 '생물'의 조건은 결국 '생명'의 조건이 됩니다.

## 인공지능과 생명의 공통점

◇

생물을 정의할 때 6가지 조건이 필요한 것처럼, 인공지능에도 6가지 중요한 핵심 조건이 있습니다.

첫째, '데이터'가 생산되어야 하고, 이를 처리하는 딥러닝과 같은 '인공지능 알고리즘'이 필요합니다. 데이터를 저장하고 인공지능 컴퓨터가 집적된 '데이터 센터'가 필요합니다. 또 이들이 데이터를 서로 공유하기 위한 '네트워크'가 있어야 하며, 이 모든 기반이 되는 '반도체'가 필요합니다. 그리고 마지막으로 이들을 구동하기 위한 '전기 동력'이 필요합니다.

둘째, 데이터 센터 속의 인공지능 프로세서와 메모리는 일정한 온도를 유지해야 정상 동작합니다. 특히 온도가 섭씨 100도 이상 높아지면 디지털 데이터의 오류가 발생하고 반도체 메모리에 저장된 전하가 누설되어 데이터가 사라집니다. 그래서 꼭 에어컨이 필요하고 냉각수가 필요합니다.

셋째, 데이터가 오염되는 것을 방지하기 위해서 방어막이 필요합니다. 데이터 송수신 때의 오류를 막기 위해서, 그리고 데이터 도청을 방지하기 위해서 코딩을 합니다. 데이터 암호화도 해야 합니다. 모두 내부와 외부를 격리하는 데 필요합니다.

넷째, 인공지능은 외부와 데이터를 교환합니다. 외부 데이터로 학습을 받습니다. 데이터에 의한 학습 결과로 인공지능이 진화합니다. 학습 과정은 데이터에 의한 인공지능 진화Forward Propagation와 오류 최적화에 의한 인공지능 진화Backward Propagation 과정을 거칩니다. 또한 인공지능의 결과는 '판단'과 '실행 명령'으로 외부와 소통합니다. 이 과정은 생물이 영양분을 받고, 불순물을 배출하는 신진대사와 같다고 보면 됩니다.

다섯째, 인공지능에서 이러한 학습Training을 마치면 외부 자극에 반응Inference합니다. 인공지능은 본질적으로 외부의 자극에 영향을 받고 반응하는 알고리즘입니다. 특히 인공지능 중에서 강화학습은 외부와 결과를 교류하면서 계속 최적의 결론을 냅니다. 바둑 대국에서 알파고가 상대방의 수에 따라 달리 응수하는 것도 이런 이유입니다. 가장 높은 승률을 내기 위해서죠. 인공지능은 외부 환경에 끊임없이 반응하고 적응합니다. 이 환경 변화에 따른 반응 결과가 바로 인공지능에 반영됩니다. 그러고는 생물처럼 유전적으로 기록됩니다.

여섯째, 인공지능 알고리즘은 지속해서 개선되고 재사용할 수 있습니다. 인공지능 알고리즘은 컴퓨터 코딩으로 구현됩니다. 매트랩 MATLAB이나 파이선Python과 같은 프로그램으로 구현된 코딩 결과는 수 없이 복사Copy와 저장Paste이 가능합니다. 인공지능 스스로 '강화학습' 이 가능하고 '복제'가 가능합니다. 그러니 인공지능도 생명과 같이 유 전정보가 전달되고, 성장, 생식이 가능하다고 보는 것입니다.

## 인공지능도 진화하고 생식한다
◇

인공지능이 생명을 갖게 될 상황을 대비해 몇 가지 심각하게 생 각해야 할 것들이 있습니다. 지구와 인류의 생존 관점에서 인공지능 은 다른 생물보다 더 심각한 문제를 일으킬 수도 있습니다. 생물은 성 장과 생식이라는 과정을 통해서 생명을 지구상에서 혹은 우주에서 영위하고, 유전자를 후세에 전달합니다. 사람으로 보면 생명의 탄생 에 10개월이 걸리고, 성장하는 데 최소한 20년 이상이 걸립니다. 그런 데 놀랍게도 인공지능은 탄생에 채 1초도 걸리지 않고, 눈 깜짝할 사 이에 성장합니다. 복사와 저장은 일도 아닙니다. 코딩 속 명령어 1줄 이면 족합니다. 사람은 한 번에 보통 1명의 아기를 낳습니다. 하지만 인공지능의 복제는 숫자에 제한이 없습니다. 거의 동시에 무한대로 복사를 실행할 수 있습니다.

흥미로운 점은 인공지능도 돌연변이 발생의 결과에 따라서 암에 걸릴 수 있다는 사실입니다. 의도적인 환경 요인 또는 제어 불가능한 변화에 따라 인공지능 알고리즘이나 데이터가 오염되고, 그 결과 돌 연변이가 탄생할 수 있습니다. 인공지능의 암도 스스로 세포분열을 합니다. 따라서 이런 경우를 대비한 인공지능 백신을 개발하고, 이에 대해서 보호하기 위한 인공지능 의료보험도 필요할 것입니다. 제가 감히 비즈니스의 미래를 예측한다면, 생명이 부여된 인공지능과 관련한 분야에서 새로운 기회가 생길 것이라고 생각합니다.

# 인공지능의
# 치매를 막아라

인류에게 뇌 질환은 개인과 가족 그리고 사회 모두에 치명적인 질환입니다. 무엇 하나 중요하지 않은 장기는 없지만, 뇌는 사람의 장기 중에서 가장 중요한 부분이기 때문이죠. 뇌는 외부 신호를 읽고, 기억하고, 판단합니다. 뇌 질환은 뇌 외부의 충격이 원인일 수도 있고, 뇌 내부에 의해서 생길 수도 있습니다. 뇌 외상에 의한 질환의 경우 교통사고처럼 타박상이 원인인 경우가 많고, 뇌 내상의 경우 뇌혈관 손상이 대표적인 원인으로 알려져 있습니다.

뇌 질환 중 인류에게 가장 큰 제약을 주는 병이 치매입니다. 사람의 자존감을 철저하게 파괴하는 뇌 질환이기 때문입니다. 잘 아시다시피 치매는 성장기에는 정상적인 지적 수준을 유지하다가 후천적으로 뇌 인지기능의 손상과 인격 변화가 발생하는 질환입니다. 치매는 기억하고 사고를 할 수 있는 능력이 장기적으로 점차 감퇴해 일상생활에 영향을 줄 정도에 이르게 된 넓은 범위의 뇌 손상을 의미합니다.

그 결과 나타나는 증상들로 정서적 문제, 언어 구사의 어려움에 있습니다. 특히 기억력의 저하와 왜곡이 심화되어 환자와 가족 모두 일상이 파괴되는 고통을 받게 됩니다. 이러한 치매의 가장 흔한 형태는 알츠하이머 치매이며 이는 전체 치매 사례 중 50%에서 70% 정도를 차지한다고 합니다. 치매는 사람의 수명이 계속 증가하면서 더 많은 관심과 지원이 필요한 뇌 질환입니다. 그래서 4차 산업혁명을 지나, 먼 미래에 5차 산업혁명이 생긴다면 그것은 인간 수명 연장에서 비롯되는 생명과 의료 혁명이 될 가능성이 큽니다.

인공지능도 사람과 마찬가지로 치매에 노출될 우려가 큽니다. 인공지능은 데이터 학습을 통해서 지능을 향상시킵니다. 그런데 학습용 데이터 자체에 오류가 있다면 인공지능 작동 시스템에 문제가 생기게 됩니다. 인공지능 학습의 결과를 메모리에 저장하게 되는데, 이의 변조나 유실은 '인공지능 치매'를 만들 수 있습니다. 그뿐만 아닙니다. 인공지능은 학습을 거친 후 그 결과를 저장해야 합니다. 예를 들어, DNN 인공지능 신경망에서 지도학습을 하게 되면 네트워크의 연결도와 가중치뿐만 아니라, 전체 DNN의 거시 변수 Hyper Parameter들도 메모리에 기록해야 합니다. 그 저장된 결과는 안정되게 저장되어야 하는데, 저장된 학습 결과가 조작되거나 유실되면 인공지능에 치매가 생기는 것입니다. 이는 학습과 전혀 다른 판단과 행동을 유발하게 됩니다.

인공지능 치매의 원인도 내적인 원인과 외적인 원인으로 나눌 수 있습니다. 외적 원인으로 해킹을 통해서 의도적으로 학습용 데이터를 조작되거나 삭제될 수 있습니다. 이 경우 데이터의 오염이나 편향

된 데이터의 선택을 막을 수 있는 장치가 필요합니다. 데이터의 안전성을 확보해야 하는 데이터 저장 장소로 클라우드 시스템 내 데이터 센터가 있고, 5G 기지국 근처의 에지 컴퓨팅Edge Computing 저장장치도 포함됩니다. 스마트폰이나 자율주행차, 인공지능 스피커의 저장장치도 안전하게 보호되어야 합니다.

저장장치에서 데이터를 저장하는 메모리 반도체 D램DRAM, Dynamic Random Access Memory 셀의 전자는 사춘기 청소년과 같습니다. 제어가 어렵습니다. 게다가 D램 셀은 양자 현상이 나타날 정도로 나노 크기의 구조입니다. 그래서 그곳에 저장된 전자는 그 전자의 존재 여부가 확률적일 뿐입니다. 디지털 세계처럼 확정적이지 않습니다. 1과 0처럼 확정적으로 규명할 수 없고, 단지 1일 확률과 0일 확률만 존재합니다. 그러니 학습 결과의 기록도 확률로만 존재합니다. 따라서 인공지능 치매에 걸리는 것도 확률로만 표현됩니다. 이것을 물리학에서는 '불확정성 원리Uncertainty Principle'라고 합니다. 그렇게 보면 인공지능의 치매도 원자의 세계가 결정하는 것입니다. 즉, 인공지능의 치매는 본질적이고 확률적입니다. 어차피 우리 인생도 정해진 것이 없고 확률적입니다. 인공지능도 사람의 치매와 마찬가지인 셈이죠.

## 인공지능 치매는 어떻게 막을까

◇

인공지능 치매는 자율주행차의 오동작과 같은 형태로 나타납니다. 잘못된 기억을 바탕으로 잘못된 결정을 내림으로써 교통사고를 일으킵니다. 의료용 인공지능이라면 잘못된 처방을 내려 인체에 심각한 위해를 가할 수 있습니다. 법률 인공지능은 잘못된 법리와 판례를 적용해 억울한 사람을 만들어냅니다. 그래서 인공지능 치매는 사람의 치매처럼 치명적입니다. 이를 방지하기 위한 방법이 블록체인, 암호화, 중복 저장과 같은 기술입니다.

원론적으로 인공지능 치매를 막으려면 데이터의 오염과 변조 그리고 유실을 막으면 됩니다. 이러한 데이터 변조 방지에 가상화폐에서 사용되는 '블록체인 기술'이 적용 가능합니다. 블록체인에서는 데이터를 암호화하고, 분산하고 중복 저장하면서, 서로 체크해서 변조 유무를 항상 감시합니다. 변조나 유실이 거의 없습니다. 따라서 블록체인은 인공지능 학습용 데이터 보호와 학습 결과의 안정된 보호에 적용이 가능한 핵심 기술입니다. 아직은 사람들의 관심이 화폐에 더 많지만, 미래에는 그보다 인공지능 데이터 보호라는 역할에 더 큰 기대를 하고 있습니다.

다음으로, 데이터를 전송할 때 데이터의 정보를 중복해서 여러 번 같은 데이터를 송신하는 것입니다. 이 잉여 정보를 '리던던시 Redundancy'라고 부릅니다. 그러면 수신기가 동일한 데이터인지 검사합니다. 다를 경우 다시 보내라고 요청합니다. 중복 송수신의 비용과 데이터망 사용의 부담은 늘지만, 데이터의 신뢰도는 크게 높아집니다. 데이터 저장도 중복해서 하고, 항상 상호 비교 감시해서 변조를 막는 것입니다. 이 기술은 결국, 저장장치의 메모리 비용이 증가하는 것을 의미합니다. 이래저래 반도체 메모리의 수요가 꾸준하게 증가하는 이유입니다.

이밖에도 데이터를 주고받을 때 'ECC 오류 정정 코드, Error Correction Code 암호화 기술'을 쓸 수 있습니다. 데이터에 문제가 발생했을 때 이를 검출Detection하고 수정Correction하는 암호 코드입니다. 예를 들어, 8비트Bit 데이터를 저장할 때 1개의 비트Bit를 추가로 더 써서 9비트로 저장합니다. 이때 데이터 속 '0'의 숫자가 홀수이냐 짝수이냐를 마지막 9비트에 저장합니다. 데이터를 저장할 때 송수신할 때, 또는 메모리에서 읽을 때 '0' 데이터의 홀수 개수를 검사해서 데이터 에러를 최소화하는 것입니다. 이러한 ECC 데이터 체크 비트가 증가할수록, 데이터 변조 체크가 더 정확하고, 원래의 데이터를 복원할 확률이 더 높아집니다. 이 때문에 고급 하드웨어에는 자체적으로 오류를 정정하는 기능이 들어가 있기도 합니다. 이처럼 인공지능 치매의 방지에도 시간과 비용이 많이 들어갑니다. 인공지능 세상이 오면 필수적으로 따르는 비용입니다.

# 기술과 함께
# 사라지는 사람들

　제가 어렸을 때만 해도 여느 동네에서 주산학원과 타자학원을 어렵지 않게 볼 수 있었습니다. 하굣길 어린아이들이 주산 가방을 들고 돌아다니는 일도 낯익은 풍경이었습니다. 게다가 상업고등학교 학생들은 집중적으로 주산을 배웠고, 학교를 졸업하고 은행에 취직하기 위해서는 주산 실력이 필수 자격이었습니다. 그런데 어느 무렵부터 은행 업무가 전산화되기 시작하면서 주산학원이 동네에서 갑작스레 사라지기 시작했습니다. 그러고는 1980년대 초반부터 이공계 대학생들이 전자계산기를 갖고 다니기 시작했습니다. 전자공학과 대학생들은 복잡한 수학 함수 계산을 전자계산기를 이용해서 풀었고, 전자회로, 전자기학 등 주요 과목들 시험 시간에 아예 전자계산기를 들고 들어가서 문제를 풀었습니다. 그렇게 주산은 우리의 일상생활에서 사라졌습니다.

　그뿐만이 아닙니다. 무역회사에 취직하기 위해서는 타자 기술이 중요했습니다. 타자를 얼마나 정확하고 빨리 치는 정도가 무역회사에 취직하기 위한 중요한 취직 조건이었습니다. 그 시기는 화이트라고 불리는 타자 지우개가 보편화되기 전 시대입니다. 그러니 타자 실수를 하면 종이 위 글자를 지우거나 새 종이를 끼워 다시 타자해야 했습니다. 관공서 서류뿐만 아니라 무역 관련 서류도 영어 타자기로 타자했습니다. 그 무렵 일간지 신문에서 타자학원 광고도 심심치 않게 볼 수 있었죠.

1980년대 중반 IBM이 개발한 개인용 컴퓨터가 처음 등장하고 보급되기 시작했습니다. 그중 첫 국산품인 삼보 컴퓨터가 일반적으로 사용되었고, '보석글'이라고 불리는 워드 프로세서로 글을 쓰고, 논문을 쓰고, 보고서를 쓰기 시작했습니다. 그러고는 1980년대 후반이 되면서 애플 컴퓨터가 보급되면서, 파워포인트로 발표 자료를 만들기 시작했습니다. 그 무렵 타자학원도 길거리에서 사라지고, 취업을 위해서 타자 급수를 딸 필요도 없어졌습니다. 눈 깜작할 사이에 주산으로 계산하던 작업은 엑셀 작업으로 넘어갔습니다.

## 사람이 경쟁해서 이길 수 없다

◇

취업하기 위해 주산학원에 다니거나 타자학원에 다니는 일은 오늘날 상상할 수 없는 노릇입니다. 인공지능과 빅데이터로 무장한 클라우드 컴퓨팅 시스템이 우리가 말하거나 명령하지 않아도 우리의 의도를 인식해서 알아서 계산하고, 예측하고, 연락하고, 구매하고, 예약하고, 서류 처리해 주는 시대가 되었습니다. 사람보다 빠르고 정확하게 일을 처리합니다. 더욱 심각한 것은 인공지능은 사람처럼 쉬지도, 커피를 마시지도, 담배를 피우지도, 자지도 않습니다. 인공지능은 파업하지도 않고 임금 협상도 하지 않습니다. 사람이 더는 인공지능과 경쟁하기 어렵게 된 것입니다.

오늘날 젊은이들이 취업하려면, 30년 전 학생들이 주산학원과 타자학원에 다녔듯이 인공지능, 빅데이터, 클라우드 컴퓨팅 관련 소프트웨어 수업을 듣고 공부하고, 연습하고, 실습해야 합니다. 마치 요즘 직장인들이 엑셀과 파워포인트를 자유자재로 사용할 수 있어야 하듯이 인공지능, 빅데이터, 클라우드 컴퓨팅 관련 소프트웨어 속에서 자유롭게 헤엄치고 즐길 수 있어야 합니다. 나아가 이러한 일을 즐기면서 할 줄 알아야 관련된 업을 찾을 수 있습니다. 심지어 미술, 음악, 문학 등 상상력을 발휘하는 직업 분야라고 하더라도 인공지능, 빅데이터 관련 소프트웨어를 활용해서 창작 활동을 할 수 있는 능력이 필요합니다.

## 미래에 사라질 직업

◇

최근 우리나라 초중고교생의 희망 직업 순위가 공개되었습니다. 불안한 고용 상황에 맞물려 최고 희망 순위에 교사가 자리하고 있습니다. 그러나 앞으로 다가올 고령화, 저출산 시대에 교사의 숫자는 줄 수밖에 없습니다. 현재의 초중고 학생들이 교사 관련 전공을 하더라도 미래에 교사가 될 확률은 과거보다 더 낮아질 것입니다.

미래에 사라지거나 그 숫자가 급격히 줄어들 직업은 무엇일까요?

| | 초등학생 | 중학생 | 고등학생 |
|---|---|---|---|
| 1 | 교사 (9.5) | 교사 (9.5) | 교사 (9.5) |
| 2 | 운동선수 (9.1) | 경찰 (4.8) | 간호사 (4.4) |
| 3 | 의사 (6.0) | 의사 (3.4) | 경찰 (3.6) |
| 4 | 요리사 (4.9) | 운동선수 (3.8) | 군인 (3.1) |
| 5 | 경찰 (4.8) | 요리사 (3.2) | 기계공학기술자 및 연구원 (2.7) |
| 6 | 가수 (3.8) | 군인 (3.1) | 건축가·건축디자이너 (2.7) |
| 7 | 법조인 (3.4) | 공무원 (2.6) | 의사 (2.5) |
| 8 | 프로게이머 (3.2) | 건축가·건축디자이너 (2.6) | 컴퓨터공학자·프로그래머 (2.4) |
| 9 | 제빵원 및 제과원 (2.8) | 간호사 (2.3) | 교수·학자 (2.2) |
| 10 | 과학자 (2.4) | 승무원 (2.2) | 승무원 (2.2) |

| **2017년 초중고 학생 희망 직업 순위** (출처 : 교육부, 한국직업능력개발원, 단위: %) |

제 생각도 다른 전문가들의 전망과 크게 다르지 않습니다. 은행원, 주식 중개인, 부동산 중개인, 기자, 법률가, 의사, 번역가, 회계사, 소매점 계산원, 경기 심판 등이 그것입니다. 이 직업의 공통점은 일정 기간 경험에 기반하거나, 면허에 기대어 직업을 유지하거나, 단순한 알고리즘으로 서비스를 유지하는 직업들입니다. 안타깝게도 빅데이터와 인공지능으로 결합한 클라우드 서비스와 도저히 경쟁이 어려운 직업 분야들입니다. 시간과 효율, 비용 면에서 인공지능과 경쟁할 수 없습니다. 혹시 지금도 이러한 직업군을 위해 학원에 다니거나 몇 년간 시험을 준비한다면 다시 생각해 볼 일입니다. 3차 산업혁명 시기에 사라진 주산학원과 타자학원을 떠올릴 필요가 있습니다.

# 인류만의
## 특권, 화해와 용서

　건망증은 잘 잊어버리는 두뇌 현상입니다. 다른 말로 표현하면 단기 또는 장기 기억장애라고 하기도 합니다. 우리 대부분이 겪는 것은 일시적인 단기 기억상실 현상입니다. 문제는 의학적으로 몸의 기능이 망가져 기억을 잃는 증상입니다. 바이러스나 알코올과 같은 요인으로 뇌가 손상되어 발생합니다. 건망증과 치매를 구분하는 방법으로 이런 우스갯소리가 있습니다. 자신이 건망증이 있는 것을 알면 건망증이고, 자신이 건망증인 걸 모르면서 건망증 증세를 보이면 이를 치매라고 부른다는 말입니다. 기억상실 증세, 치매는 드라마나 영화의 극적 요소로 사용하기도 합니다. 특히 치매는 고령화 사회로 발전하면서 미래의 사회적 문제로 떠올랐습니다. 그만큼 기억 능력이 중요합니다.

　누구나 조금씩은 건망증을 경험합니다. 특히 한 가지 일에 너무 몰두하다 보면 그 외에 다른 기억이 완전히 잠시 사라지는 경험이 있습니다. 2시간 이상 동안 스마트폰 비밀번호를 완전히 까먹은 당황스러운 기억도 있습니다. 그래서 그때그때 생각나는 아이디어를 잊지 않기 위해서 공책이나 스마트폰 메모장에 계속 적는 버릇을 만들었습니다. 어떤 때는 하루에 할 일을 2~3페이지에 빽빽이 적곤 합니다. 약속에 큰 실수를 하지 않고, 중요한 아이디어를 다시 떠올리는 노력을 줄이기 위해서 계속 적습니다. 이러다 보니 메모장 자체가 큰 스트레스일 때도 있습니다.

## 불행이자 행복인, 잊을 수 있는 권리

◇

우리가 잠을 자는 행동 속에는 지울 기억을 지우고 재배열하는 기능도 있습니다. 잠을 통해서 기억 일부분은 단기 기억장치에 넣어두고, 또 다른 일부 기억은 장기 기억장치에 넣어두는 작업이 진행됩니다. 그리고 나머지 일부분은 완전히 잊어버립니다. 보통 강력한 경험은 단기 기억정치에 둡니다. 그러면 1~2주 동안은 그 기억을 생생히 할 수 있습니다. 이처럼 우리의 뇌는 중요도에 따라 기억을 단기 저장장치, 장기 저장장치, 망각 장치에 재배치합니다. 이러한 재배치 작업은 잠을 자거나, 휴식을 취하거나, 여행을 하면서 원활하게 이루어집니다. 그래서 이러한 작업 다음에 머리가 맑아지는 것을 느낄 수 있습니다.

우리 뇌는 필요 없는 기억을 완전히 지워버릴 수 있습니다. 그래서 '시간이 약'이라는 말도 있습니다. 시간이 지나면서 많은 나쁜 기억이 사라지기 때문입니다. 다행히도 이는 매우 중요한 기능입니다.

뇌 용량에 한계가 만들어낸 망각의 아름다움입니다. 나쁜 기억, 싸운 기억, 미움의 기억, 화나는 기억, 배신의 기억, 불신의 마음은 빨리 잊고 싶습니다. 이때 그 기억이 떠오르지 않으면 좋겠죠. 그 생각을 다시 하지 않거나, 그 사람을 다시 보지 않으면 장기 저장장치 또는 망각의 장치로 들어갑니다. 그러면 언제 그런 일이 있었느냐 하는 듯이 다시 좋은 마음으로 지낼 수 있습니다. 이런 망각의 기능이 없다면 사람은 정신 질환에 걸리거나, 끝없는 갈등으로 고통받을 것입니다. 그래야 용서도 하고 화해도 가능합니다. 사람의 두뇌가 갖는 소중한 기능입니다.

## 장기와 단기 기억을 가진 컴퓨터 메모리 구조

◇

우리 뇌와 마찬가지로 컴퓨터도 단기, 장기 메모리를 계층적으로 설치하고 경제적으로 유용하게 사용합니다. 인공지능에 사용하는 컴퓨터의 요건 중 단기 및 장기 메모리의 설계는 전력 소모와 계산 능력에 가장 중요한 설계 요소입니다.

CPU 또는 GPU 프로세서는, 가장 근접 거리로 계산하면서 빠르게 수시로 쓰고 지우는 계산 노트에 해당하는 캐쉬Cache 메모리를 사용합니다. 주로 CPU, GPU 프로세서 내부에 설치됩니다. 주로 트랜지스터를 엮어 만듭니다. 이를 SRAM Static Random Access Memory 구조라고 부릅니다. 매우 빠른 쓰기와 읽기 속도를 낼 수 있지만, 프로세서 내부에 설치되기 때문에 저장 용량이 매우 제한됩니다. 그리고 컴퓨터를 끄면 바로 지워지는 일시적 최단기 메모리입니다. 사람으로 치면 바로 전에 일어난 일도 기억하지 못하는 단기 기억장치입니다.

그다음으로 저장 용량이 크고, 사람으로 치면 일주일 정도 기억하는 장치가 단기 저장장치인 D램입니다. 컴퓨터 보드의 CPU, GPU 바로 옆에 설치되는 메모리로 저장 용량이 커서 시장에서 수요가 많습니다. 삼성전자와 SK하이닉스가 주로 생산하는 메모리입니다. 가장 중요하고 많이 쓰여서 주메모리Main Memory라고 부르기도 합니다. 특히 인공지능을 계산하면서 GPU의 계산 결과를 쓰고, 읽고, 기억하는 데 가장 중요한 역할을 합니다. 그래서 인공지능 컴퓨터의 성능에 직접 영향을 미칩니다. 그렇지만 무한대의 저장 용량은 아니고 전원이 꺼지면 지워지는 메모리입니다. 사람으로 치면 일주일 정도 기억하는, 메모리 중에서 중간 수준의 기억 시간을 가진 저장장치입니다.

컴퓨터에서 장기 메모리이면서 기억 용량이 거의 무한대에 가까운 메모리가 낸드 플래시 메모리NAND Flash Memory이며, 이를 이용한 모듈이 SSDSolid State Driver 저장장치입니다. 주로 노트북 컴퓨터와 데이터센터에 많이 들어갑니다. 지워지지 않는 메모리입니다. 거의 무한대의 장기 메모리에 해당합니다. 사람의 경우 평생을 살아도 잊지 못하는 기억에 대한 기록이라고 보시면 됩니다. 이뿐만 아니라 더욱 저장 용량이 큰 장기 기억장치로 클라우드 데이터 센터 저장장치로 많이 쓰이는 광디스크, 자기 메모리가 있습니다.

컴퓨터의 저장장치는 같은 종류의 메모리가 쓰이는 것이 아니라 용량, 속도, 가격에 따라 계층적으로 설계됩니다. 시간상으로 단기, 중기, 장기 기억장치가 있습니다. 단기 기억장치의 읽는 시간은 1나노초(10억분의 1초) 정도이고, 장기 기억장치의 읽는 시간은 0.1초 정도입니다. 사람보다 읽고 쓰는 속도가 10억 배 정도 빠릅니다.

## 인공지능에 용서와 화해는 없다

◇

계층적 구조를 갖는 인공지능 컴퓨터 장기 메모리의 기억장치 용량과 기억 시간은 무한대에 가깝습니다. 사람처럼 어려운 최면을 걸지 않더라도, 평생의 기억을 보관하고 읽을 수 있습니다. 매 순간 만들어낸 기억은 SSD나 자기 저장장치, 또는 광디스크 등에 거의 무한대의 용량과 시간으로 기억합니다. 컴퓨터에 망각 기능과 건망증은 없습니다. 파괴되기 전까지는 잊을 권리도 없습니다.

빅데이터로 학습하는 인공지능의 특성상, 학습한 데이터는 지워지지 않습니다. 그러니 인공지능은 사람과 같은 용서와 화해가 있을 수 없습니다. 어찌 보면 인공지능은 뒤끝이 무서운 알고리즘입니다. 인공지능 컴퓨터는 과거의 나쁜 기억, 슬픈 기억, 화나는 기억, 배신의 기억, 거짓의 기억을 모두 갖고 있습니다. 특히 분노와 억울함의 기억은 그대로 생생히 기억합니다.

인공지능이 세상을 지배하면 온 세상이 전쟁과 싸움으로 가득할 가능성이 큽니다. 그래서 인공지능의 기억을 사람처럼 단기 기억과 장기 기억으로 구분하고, 장기 기억 중에서 사람에 해로운 기억을 알고리즘에서 영원히 삭제하는 새로운 규칙이 필요합니다. 이러한 이유로 화해와 용서는 사람의 영역이고 인공지능의 영역은 아니라고 말씀드리는 것입니다.

# 알고리즘과
# 하드웨어 파워

　　디지털 무선통신과 관련한 대표적인 법칙으로 1948년 발표된 샤논의 법칙Shannon's Theorem이라는 이론이 있습니다. 이 법칙은 무선통신 채널에서 채널 용량Channel Capacity이 디지털 정보가 에러를 발생시키지 않고 보낼 수 있는 최대의 속도를 설명합니다. 이 채널 용량은 또한 전송에 쓰이는 매체가 수용할 수 있는 정보의 전송 능력이라고도 할 수 있습니다. 이 샤논의 법칙에 따르면 채널을 통해 보낼 수 있는 데이터의 양C, Capacity은 그 채널의 대역폭B, Bandwidth에 비례합니다. 샤논의 법칙은 다음과 같은 수식으로도 표현됩니다.

$$C = B\log_2(1 + S/N)$$

C : 주어진 채널을 통해 신뢰성 있게 전달할 수 있는 최대 용량(데이터 전송 용량), B : 가용 대역폭(주파수), S : 수신 신호 전력, N : 잡음 전력

약간 더 쉽게 설명하면, 디지털 무선통신에서 데이터 전송 용량을 최대한 높이려면 전자파를 고주파 대역폭으로 높여 이용해야 한다는 뜻입니다. 즉 4차 산업혁명이 무선으로 빅데이터를 주고받는다는 전제에서 점점 더 높은 주파수 대역을(수식에서 B)을 사용해야 한다는 말입니다. 그래서 5G 통신은 4~6기가헤르츠 대역 혹은 28기가헤르츠 대역에서 고주파 전자파를 사용해야 합니다. 이후 6G 통신은 70~100기가헤르츠 대역을 사용해야 할 것입니다.

그런데 무선통신에서 통신 용량을 높이려면 채널에 주어진 통신 주파수 대역을 더욱 세분화해서 쪼개야 합니다. 그래야 동시에 수십 명 혹은 수백 명이 같은 공간에 동시에 무선통신을 할 수 있기 때문입니다. 문제는 통신 채널이 인접해 있으면 서로 전자파 간섭을 일으킨다는 것입니다. 그래서 각 채널의 구분이 잘 되어 있어야 합니다. 그러자면 인접한 다른 채널 주파수의 전자파를 차단Filtering하고 구별Isolation하는 기술이 필요합니다. 이 고주파 부품을 필터Filter라고 합니다. 실제로 무선 송수신기 여러 부분에 필터가 존재합니다. 필터는 크기도 작아야 하고, 가격도 낮고, 인접 주파수 전자파를 충분히 차단할 수 있는 능력이 필요합니다. 5G, 6G 통신이 발달할수록 필터의 성능이 중요한 이유입니다.

이처럼 기술적으로 필요한 필터이지만 아이러니하게도 소프트웨어 측면에서 필터는 인공지능의 편견을 유발하기도 합니다. 바로 남의 이야기를 듣지 않는 태도입니다. 인공지능 스스로 듣고 싶은 이야기만 듣는 것입니다. 무선 디지털 통신 시대에 데이터의 소통은 강화되지만, 이웃과의 소통은 차단하는 뜻밖의 결과를 낳는 것입니다.

## 인공지능 알고리즘 속의 편견

◇

4차 산업혁명의 핵심인 인공지능에 필터가 사용됩니다. 앞서 CNN 알고리즘의 인공지능을 소개했습니다. 주로 이미지 판독에 사용되는 행렬 곱셈 과정에서 필터가 개입합니다. 인공지능에 사진이 입력된 후 1차로 행렬 곱Convolution이 진행되면 특징Feature을 다음 신경망 층에서 구분하기 시작합니다. 이 과정에서 필터는 전체 데이터의 특정 부분에 대한 주요 특징값을 추출합니다. 예를 들어, 신경망 층에서 자동차 사진을 본다면, 처음에는 윤곽을 찾아내고, 그다음 층에서는 바퀴, 창문, 범퍼 등의 특징을 찾아 나갑니다. 한 층씩 전파Propagation하면서 추상화Abstraction 과정을 거치고 최종적으로는 차 회사 브랜드, 몇 년도 형식, 모델 넘버도 판독하는 방식입니다.

필터뿐만 아니라 인공지능에는 다양한 사람의 판단이 개입됩니다. CNN 인공지능은 추가로 추출Pooling 기법을 쓰기도 합니다. 변수를 줄이고 컴퓨터에 부담을 줄이기 위해서 필터가 추출한 특징 중 제일 중요한 값만 추려내는 방법입니다. 일정 행렬 내에서 최댓값만을 취하거나, 또는 평균값 혹은 대푯값을 선택하는 것입니다. 그러면서 행렬 계산량을 줄이는 것입니다. 또 활성화 함수Activation도 선택해야 하고, 거시적 변수Hyper Parameter인 층의 개수, 노드의 개수, 학습 속도, 학습 횟수도 정해야 합니다.

여기서 이러한 행렬 곱을 할 때 어떤 필터를 선정할 것인가는 아직 사람의 선택 요소가 됩니다. 사람의 개입 없이 완전한 자동화가 이루어지기 위해서는 지금보다 더 많은 변수와 계산 작업이 필요하기 때문입니다. 필터의 선택과 같은 사람의 개입 없이 완전한 인공지능에 도달하려면 지금보다 컴퓨터의 데이터 처리 속도가 100배 이상 증가하면서 동시에 전력 소모는 100분의 1 이하로 줄어들어야 합니다.

알고리즘에 개입되는 요소들은 많습니다. 짐작하다시피 인공지능이 이 과정들을 완벽히 소화하기에는 여전히 컴퓨터와 메모리 성능 수준이 미치지 못합니다. 따라서 인공지능과 하드웨어적 측면이 함께 가야 합니다. 여기에는 우리가 기억해야 할 한 가지 측면의 시사점이 있습니다. 인공지능 시대는 알고리즘을 비롯한 소프트웨어와 하드웨어가 조화되어야 완성된다는 것입니다. 반도체, 배터리, 컴퓨터 등 높은 수준의 하드웨어 기술력이 함께 거대한 시장을 양분할 것입니다. 공학적 관점에서 이 두 가지 중 단 하나도 소홀한 것은 없습니다.

# 공학계가
# 인공지능을 어려워하는 이유

　　전자공학 전공자가 대학 2학년 때 배우는 가장 기초적인 과목이 '전자기학Electromagnetics'이라는 과목입니다. 전기장과 자기장이 어떻게 발생하는지 그 원리를 배웁니다. 전기 에너지의 발생, 모터의 원리도 모두 여기에서 나오는 원리를 따릅니다. 조금 더 들어가면 공간적으로 전파하는 전자기 현상인 전자파를 해석할 수 있습니다. 이 전자기학의 원리에 따라 전기 또는 전자 회로가 동작하고, 그 원리에 따라 설계할 수 있습니다. 안테나의 설계 원리도 이 전자기학에 따릅니다. 그러니 전기 에너지가 등장하는 2차 산업혁명부터 지금의 인공지능 4차 산업혁명은 전자기학 없이 불가능했다고 보아도 무방합니다.

　　전자공학의 가장 기초가 되는 전자기학도 따지고 보면 4개의 공식으로 모두 설명할 수 있습니다. 이 4개의 공식을 '맥스웰 방정식Maxwell Equations'이라고 부릅니다. 전문가가 아니더라도 많이 들어보셨을 겁니다. 전기, 자기, 전자파, 발전기, 모터, 안테나의 원리 및 현상은 모두 이 방정식으로 설명 가능합니다. 이 4가지 공식은 3차원$(x, y, z)$ 공간을 시간$(t)$ 공간에 합쳐서, 이를테면 4차원 공간에서 푸는 2차 미분 방정식이라고 보면 이해하기 쉽습니다. 그래서 구체적인 전자파 문제는 이 방정식을 4차원 공간에서 2차 미분 방정식을 푸는 문제와 같습니다. 안테나를 예로 들겠습니다. 3차원$(x, y, z)$ 구조를 가진 안테나에서 기가헤르츠 단위로 변화하는 시간$(t)$ 함수로 2차 미분 방정식을 푸는 것입니다. 이때 안테나의 구조와 외부환경에 따른 경계 조건 Boundary Conditions을 넣어서 풀면 됩니다. 안테나를 비롯한 전자파 연구개발 업무를 하는 사람이라면 평생 이 4가지 방정식을 다양한 조건에서 푼다고 보면 됩니다. 간단한 문제는 손으로 풀지만 복잡한 문제는 컴퓨터가 알아서 계산하고 풀어줍니다. 따라서 원리를 이해하는 수준이어도 문제는 없습니다.

전자공학을 한다고 하면 이 4가지 공식을 잘 파악하고 응용할 수 있어야 합니다. 제가 전자공학을 시작한 지도 40여 년이 되어 가는데, 그 사이에 맥스웰 방정식은 점 하나도 변하지 않았습니다. 디지털 공학이나 컴퓨터처럼 매일 매일 기술이 바뀌지 않습니다. 때로는 답답한 측면도 있지만 변하지 않는 점에서 장점이 있습니다. 앞으로도 맥스웰 방정식은 변하지 않을 것입니다. 그래서 그런지 전자파 전공자의 성격도 대체로 편안하고 꾸준한 성격을 가진 분들이 많습니다.


전자공학의 또 다른 중요한 축이 반도체 공학Semiconductor Engineering 입니다. 주로 대학 3학년 때 배웁니다. 반도체(실리콘) 물질에 불순물을 주입하고, 산화막을 입히고, 포토 공정을 하면, 3차원적인 나노 구조가 됩니다. 이 나노 공정으로 트랜지스터를 만듭니다. 이들을 수백 만개 이상 집적하면 프로세서CPU도 되고 메모리D램도 됩니다. 이 반도체에 전기를 나르고, 전기를 저장하는 매개체가 전자Electron입니다.

전자가 원자 크기의 반도체 공간에서 행동하는 모습은 마치 파동Wave처럼 보입니다. 전자는 입자의 성질Particle Property과 파동의 성질을 모두 가지고 있기 때문입니다. 이 파동성을 가진 반도체 속 전자의 행동을 설명하는 방정식이 '슈뢰딩거 방정식Schrodinger Equation'입니다. 전자가 물리적으로 나노 크기의 작은 공간에 갇히면 불연속 에너지 상태를 갖는데, 이 에너지 값을 알고 싶을 때 이 슈뢰딩거 방정식으로 풀면 됩니다. 이 방정식도 3차원 공간(x, y, z)에서 2차원 미분 방정식으로 표현됩니다. 맥스웰 방정식과 비슷합니다. 그 이유는 전자파도 파동이고 전자도 파동이기 때문입니다.

반도체 속에서 전자는 규칙적인 결정 구조를 따라 파동으로 흘러갑니다. 이때 가질 수 있는 전자의 에너지는 임의의 구간Band을 가집니다. 이 에너지 밴드Energy band 이론이 반도체 물리를 설명하는 핵심 도구입니다. 반도체 물리를 연구하려면 또는 반도체 현상을 이해하려면 슈뢰딩거 방정식을 이해해야 합니다. 그런데 이 방정식도 제가 전자공학을 시작한 40년간 한 번도 바뀌지 않았습니다. 아마 앞으로도 영원히 바뀌지 않을 것입니다. 전자파나 반도체 물리 분야의 장점입니다. 단순한 원리 하나로 깊게 파고 들어갈 수 있습니다. 그리고 이론적 설명도 명쾌하고 멋이 있습니다.

## 인공지능에서 사용되는 방법론

◇

하지만 인공지능의 연구 방법론은 전자파나 반도체 물리와는 상당히 다릅니다. 무엇보다 정해진 방정식이 없다는 점이 다릅니다. 방법론에 통일된 규칙이 없고, 상황에 따라서 그 결과도 아주 다릅니다. 그러니 정해진 이론도 없습니다. 인공지능 머신러닝 모델에 따라 사용되는 이론이 각각 다릅니다. 그래서 공부하며 파고들어도 명쾌하지가 않습니다.

알파고에서 사용된 인공지능 알고리즘 중 대표적인 강화학습이 있습니다. 이 알고리즘은 계속해서 다양한 탐험을 하며 시행착오를 거칩니다. 이러한 반복된 시도로 최적의 승률을 갖는 해를 구합니다. 끝없이 반복해서 경험을 쌓습니다. 이 '신의 한 수'로 알파고는 이세돌 9단과의 승부에서 이겼습니다. 다양한 경우를 탐험하고 실험하기 위해 나뭇가지$^{Tree}$ 구조를 사용합니다. 한 번 시도할 때마다 나뭇가지가 늘어납니다. 이렇게 이것저것 시도하면서 승률이 높은 경우를 기록하는 것입니다. 다음에 같은 상황이 생기면 이 기록에 따라 결정을 내리면 끝입니다. 다양한 시도 사례를 기존의 기보로 배우기도 하고, 컴퓨터끼리 바둑을 두면서 학습하기도 합니다. 다양한 탐험과 시도를 통해서 학습하는 방법을 간단하게 마르코프 결정 과정$^{Markov\ Decision}$ $^{Process}$이라고 부릅니다. 의사결정 과정을 모델링하는 수학적인 틀입니다.

무수한 경우의 수를 실행하는 힘은 컴퓨터에 있습니다. 사람과 달리 컴퓨터는 불평하지 않고 쉬지 않고 학습할 수 있기 때문입니다.

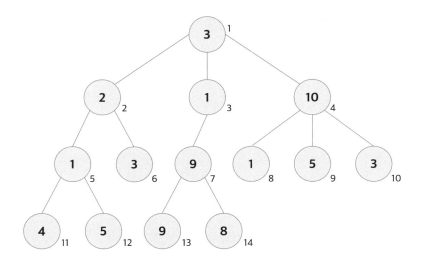

| 인공지능 최적화에 사용되는 마르코프 결정 과정 |

인공지능의 학습은 정해진 공식이 없이 끊임없는 시도와 승률 기록으로 최적의 해를 찾아갑니다. 정해진 전자파 이론이나 반도체 이론과 매우 다릅니다.

　정해진 이론 없이 다양한 시도를 컴퓨터 프로그램으로 구현하는 방법 중 하나가 동적 프로그래밍Dynamic Programming입니다. 이 방법에 따르면 목표치가 일정한 오차 범위 내로 들어올 때까지 계속 다양한 시도를 합니다. 말 그대로 반복 시행Iteration Method입니다. 이때 인공지능 소프트웨어 프로그램에서 반복하는 횟수를 변수 'i' 또는 'j'로 표현하고 계속해서 반복합니다. 탐험과 시도는 'repeat' 명령으로 계속됩니다. 'if, then, until' 명령어가 조건에 맞는 결과가 나올 때까지 무수히 반복하는 것입니다.

'i'를 수백만, 수천만 번 진행하면 됩니다. 컴퓨터가 사람을 대신하기 때문에 사람의 수고는 없습니다. 이를 한참 시행해서 일정 범위 내에 목표치가 최댓값$^{max}$을 갖거나 최솟값$^{min}$을 가지면 프로그램을 마칩니다. 이때 'end' 명령을 내립니다. 인공지능 알고리즘 내에는 이러한 방식의 동적 프로그램이 많이 사용됩니다. 알파고도 그렇고 인공지능 학습 과정도 마찬가지입니다.

## 인공지능이 사람의 성격도 바꾼다

◇

전통적인 공학과 인공지능 공학의 연구 방법론은 이처럼 사뭇 다릅니다. 인공지능 이론과 방법은 정해진 규칙이 없고, 그때그때 모델에 따라 크게 다릅니다. 통합된 이론이 없다 보니 당황스럽기도 합니다. 특히 데이터로 학습하는 머신러닝이 등장하면서 더욱 그렇습니다. 전자파나 반도체 분야 강의보다 인공지능 머신러닝 강의가 10배는 더 어렵다고 느껴지는 이유입니다.

인공지능 분야는 기존에 알고 있던 것 말고도 완전히 새로운 방법론이 나타날 수 있습니다. 그러면 처음부터 다시 공부해야 합니다. 한 번 공식을 깨치면 평생을 살 수 있던 과거는 끝났습니다. 그 변혁은 인공지능 모델에서 올 수도 있고, 컴퓨터나 반도체의 혁신에서 올 수도 있습니다. 그래서 인공지능 전문가로 40년 이상 길을 걷겠다고 하려면 이러한 상황을 마음속에 담아두어야 합니다. 낙관적인 자세로 실패에 익숙해질 필요도 있고, 매뉴얼에 없는 갑작스러운 난관에 당황하지 않는 습관도 지녀야 합니다. 정해진 것이 없는 상황에서 계속 도전하고 수용해야 합니다. 인공지능은 지금까지 공학 분야의 전문가들이 가졌던 성격도 바꿀 것입니다. 확고부동한 공식에 기대어 연구하며 기다리던 덕목은 과거형입니다.

　인공지능은 사람이 담당했던 상당 부분의 두뇌활동을 대신할 것입니다. 사람의 두뇌는 점점 게을러지고, 기억력도 떨어질 것입니다. 자동차 내비게이션을 사용하면서 지도 보는 법을 잃어버렸고, 스마트폰을 쓰면서 전화번호도 기억하지 못합니다. 하지만 인간이 가진 창의적 역량의 총합이 떨어질 것으로 생각지는 않습니다. 인간의 두뇌가 집중하는 영역에 변화가 생긴 것입니다. 돌이켜보면 스마트폰이 등장하며 전화번호와 길을 외우는 습관은 줄었을지언정, 우리가 웹을 통해 접하고 처리해야 할 정보의 양은 그만큼 늘어났습니다. 그리고 그 정보를 분류하고 가공하는 역할 또한 과거보다 증가했습니다. 시대에 따라 두뇌의 역할이 변하는 것뿐입니다. 4차 산업혁명 시대가 요구하는 두뇌는 과거와 명백히 다릅니다. 인공지능이 가진 본질을 꿰뚫고 변화하는 사람만이 앞으로 세상의 주인공이 될 수 있습니다.

# 인공지능
## 전문가가 되기 위한 방법

인공지능 분야의 대표적 업적을 낸 4명의 선구자들을 '인공지능 4대 천왕'이라고 부릅니다. 이 4명의 인공지능 선구자는 캐나다 토론토 대학의 제프리 힌턴 Geoffrey Hinton 교수, 페이스북의 얀 르쿤 Yann LeCun 박사, 캐나다 몬트리올 대학의 요슈아 벤지오 Yoshua Bengio 교수이고 마지막으로 스탠퍼드 대학 컴퓨터공학과 앤드루 응 Andrew Ng 전 교수입니다. 이들은 각각 인공지능 딥러닝 기술을 처음 시작했거나 이후 크게 발전시키거나, 확장하는 데 결정적인 역할을 한 사람들입니다.

먼저, 제프리 힌턴 교수는 인공지능 딥러닝 분야의 진정한 선구자입니다. 오늘날 인공지능 발전의 뿌리를 가꾸고 일군 사람입니다. 영국 출신으로 인지심리학자이자 컴퓨터 과학자이며, 현재는 토론토 대학과 구글에 재직 중입니다. 딥러닝 개념의 창시자인 힌턴 교수는 1980년대 초부터 데이터 연구에 뛰어들어 인공신경망 구축의 초기 단계를 이끌었습니다. 구글은 2013년 그가 창업한 머신러닝 업체를 인수하면서 그를 인공지능 부문 수장으로 앉혔습니다. 특히 역전파 학습 기법과 CNN 알고리즘 발전에 크게 기여했습니다.

인공지능 분야의 대표적인 과학자로 얀 르쿤 박사도 빼놓을 수 없습니다. 얀 르쿤 박사는 프랑스 출신의 컴퓨터 과학자이며, CNN을 이용한 컴퓨터 영상 인식과 인공지능 문자 인식<sup>Optical Character Recognition</sup>으로 유명합니다. 현재 페이스북 인공지능 리서치를 이끌고 있는 얀 르쿤 교수는 1980년대 말부터 컴퓨터에 사람의 두뇌를 모방한 가상 신경망을 심어 연산하는 연구에 몰두해 왔습니다. 제프리 힌턴 교수와 함께 영상 분야 인공지능의 대표적인 기술인 CNN을 개척했다는 평가를 듣습니다.

다음으로는 캐나다 출신의 컴퓨터 과학자로 인공신경망과 딥러닝 분야의 대가인 요슈아 벤지오 몬트리올 대학교 교수입니다. 현재까지 유일하게 학계에 남아 있으며, 삼성전자와 공동연구를 하고 있습니다. CNN 발전에 크게 공헌했으며, 최근 큰 관심을 끌고 있는 인공지능 GAN 알고리즘의 창시자로 잘 알려져 있습니다. 요슈아 교수는 딥러닝에 중요한 기반 알고리즘의 한계를 수학적으로 밝혀낸 입지적 인물입니다.

마지막 인물은 스탠퍼드 대학의 앤드루 응 교수입니다. 중국계 미국인 컴퓨터 과학자입니다. 인공지능의 자연어 처리<sup>Natural Language Process</sup> 연구에 크게 공헌한 인물입니다. 인공지능 온라인 교육에도 크게 공헌했습니다. 스탠퍼드 엔지니어링 에브리웨어<sup>Stanford Engineering Everywhere</sup>를 통해 머신러닝 과목을 온라인으로 무료로 가르쳐, 일반인들에 딥러닝을 소개하는 데 큰 역할을 했기 때문입니다. 2014년 5월 중국의 포털 사이트 바이두는 응 교수를 영입하면서, 5년간 3억 달러(약 3,600억 원)를 투입해 중국 상하이와 미국 실리콘밸리에 200여 명의 인공지능 연구진을 배치하겠다고 밝히기도 했습니다. 바이두가 단기간에 인공지능 분야에서 구글에 버금가는 성과를 낸 것도 응 교수의 역할이 컸다는 게 업계의 시각입니다.

아쉬운 점은 이들 중 한국인이 없다는 것입니다. 우리나라에 과학 분야 노벨상 수상자가 없는 상황과도 비슷합니다. 노벨상을 받기 위해서는 남들이 쳐다보지 않는 연구주제로 2~30년을 음지에서 연구할 도전과 용기가 필요합니다. 지금까지 우리는 남들이 개척한 주제를 값싸게 복제하는 빠른 추격자 모델의 연구에 익숙했습니다. 그러나 이제는 모방 연구로 더는 설 자리가 없습니다. 'First', 'Only', 'Original'으로 표현되는 연구만이 가치가 있는 시대가 되었습니다. 'Copy', 'Fast', 'Follow' 연구의 가치는 이미 중국, 인도와 베트남으로 넘어갔습니다. 이러한 불편한 진실을 인공지능을 계기로 다시 발견할 수 있습니다. 미래에는 중국, 베트남과의 경쟁이 아니라 '인공지능'과 경쟁해야 합니다.

다행스럽게도 우리의 인공지능 과학자나 공학자들이 잘할 수 있는 일은 많습니다. '인공지능 응용'과 '인공지능 융합' 기술을 개척한다면 좋은 결과를 낼 수 있을 것입니다. 특히 한국은 부족한 원천 기술을 강한 응용 기술력으로 극복한 사례가 많습니다. 이미 세계적인 경쟁력을 갖춘 인터넷 인프라 기술에 자율주행차, 5G, 스마트 시티 등 기술과 결합할 수도 있습니다. 여기에 스마트폰, TV, 냉장고, 에어

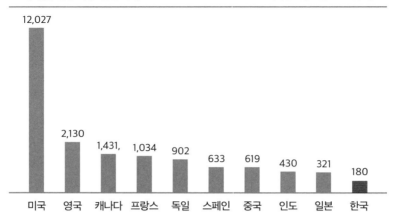

국가별 인공지능 전문가 수 • 박사후 과정 이상급 **단위: 명**

| 미국 | 영국 | 캐나다 | 프랑스 | 독일 | 스페인 | 중국 | 인도 | 일본 | 한국 |
|------|------|--------|--------|------|--------|------|------|------|------|
| 12,027 | 2,130 | 1,431, | 1,034 | 902 | 633 | 619 | 430 | 321 | 180 |

| **세계 각국의 인공지능 연구원 숫자** (출처 : 텐센트 연구원) |

컨, 가전 등 기존의 경쟁력 있는 하드웨어 산업과 인공지능 기술이 결합하도록 응용 기술을 개척한다면 우리에게 희망은 다분합니다. 그뿐만 아닙니다. 의료, 문화, 예술 엔터테인먼트 분야에도 적용할 수 있습니다. 이를테면, 한류 스타에 최적화된 인공지능이 탄생할 수 있습니다. 한류 스타 각각의 음색에 맞는 화음을 찾아내 최적의 곡을 쓸 수도 있고, AR, VR 기술을 활용해 팬들과 화상통화 서비스를 할 수도 있습니다. 이처럼 새로운 서비스와 사업을 만들어 인공지능의 가치를 높이고, 궁극적으로 이윤을 만들 수 있을 것입니다. 이를 좀 더 확대한다면 사회, 정치, 경제 발전과 일자리 창출에 큰 기여도 가능합니다.

## 인공지능 전문가의 두 가지 길

◇

인공지능의 발전이 계속되는 한 인공지능과 관련한 다양한 형태의 인재가 필요합니다. 미래를 준비하는 인재라면 빈 공간에서 기회를 찾아야 합니다. 인공지능 분야의 기본 원리를 새로이 창출하는 역할을 맡아야 합니다. 그러기 위해서는 수학에 좀 더 관심을 기울여야 합니다. 인공지능 알고리즘은 컴퓨터 프로그램으로 구현되는 것이기 때문입니다. 병렬 계산이나 컴퓨터 구조 전문가도 이 혁신의 대열에 참여할 수 있습니다. 기존의 GAN을 뛰어넘는 새로운 알고리즘을 개발해도 좋습니다. 지금보다 더 빠르고 정확하고, 저전력이고, 값싼 해결책이 나오면 금상첨화입니다.

인공지능 응용 또는 융합 전문가의 전공은 아무런 제한이 없습니다. 전산학, 전자공학이나 기계공학, 재료공학, 의학, 자연과학은 물론 인문, 예술 분야도 좋습니다. 인공지능 이론이 정립되고 컴퓨터 프로그램을 만들어진 이후에는 인공지능은 하나의 '도구Tool'로 언제든지 활용할 수 있기 때문입니다. 일반적인 정도의 프로그램 코딩 능력만 가지면 됩니다. 그래서 모든 전공을 불문하고 인공지능의 적용 시도가 가능합니다. 앞으로 미래에는 지금 우리가 파워포인트, 엑셀 프로그램 사용하듯이 인공지능 프로그램을 사용할 수 있어야 합니다.

## 인공지능 전문가는 '짬뽕' 전문가

◇

중화요리 음식점 하면 떠오르는 대표 메뉴가 '짬뽕'입니다. 짬뽕은 중국에서 일본을 거쳐 우리나라로 온 것으로 추정되는데, 짬뽕이라는 단어는 중국 푸첸성의 '밥 먹었냐喫飯'라는 지역 방언에서 유래했다고 합니다. 짬뽕은 유래 자체가 융합적이고, 음식 내용물도 융합적입니다. 면, 채소, 고기, 해산물 같은 재료가 골고루 섞여 있습니다. 말그대로 '다중 문화Multi-Culture 음식'입니다. 짬뽕처럼 인공지능도 문화와 기술이 섞이고 융합해야 경쟁력을 갖게 됩니다.

인공지능 전문가는 여러 분야 학문, 기술, 산업과 문화 영역을 넘나들면서 통합할 수 있어야 합니다. 자기 고집에 갇히지 않고 유연해야 합니다. 남의 말을 잘 들을 수 있어야 하고, 다른 분야의 문화도 이해하고 협력할 수 있어야 합니다. 벽을 넘고 소통하기 위해서는 용기가 필요합니다. 그래서 인공지능 전문가는 용기 있는 융합형 인재가 많습니다. 이러한 인공지능 전문가가 되려면 5가지 사회적 능력이 필요합니다. 소통 능력Communication Skill, 창조적 비판 능력Critical Thinking, 빠른 구현 능력Rapid Prototyping, 응용 산업Industry Knowledge에 대한 이해, 최신 기술 지속 학습 능력Keep Updated이 바로 그것입니다.

인공지능에 대한 응용 분야는 지금도 많지만, 앞으로는 더 많아질 것입니다. 생산, 물류, 유통, 광고, 안전, 의료, 의약, 보험, 금융, 부동산, 교육, 행정 등 우리 사회와 연관된 모든 분야입니다. 이들 분야에 인공지능을 결합한다면 효율을 높이고 이윤을 증대할 수 있습니다. 따라서 인공지능 전문가이면서 동시에 산업 응용 분야의 전문가가 되어야 합니다. 감각적인 홍보로 유명했던 배달의 민족이 그 대표적 사례입니다. 배달의 민족을 설립한 김봉진 대표는 음식, 배달, 물류, 광고 전문가이면서 동시에 인공지능 전문가입니다. 그는 수도공고를 졸업하고 학부와 대학원에서 디자인을 전공한 후에, NHN 등을 거쳐 사업을 시작한 입지전적 인물입니다. 그의 다양한 이력을 보노라면 전형적인 다중 영역, 다중 기술 융합 전문가의 모습이 아닌가 생각해 봅니다.

# 인공지능은
# 아름다움을 느낀다

일반적인 반도체 설계 작업은 여러 단계를 거칩니다. 우선, 구현하려는 반도체의 기능과 성능 규격을 정합니다. 그리고 실리콘과 같은 반도체 물질을 정하고, 공정을 제공할 파운더리Foundary 기업을 정한 후에 파운더리 기업으로부터 설계 변수Parameter들을 받습니다. 그 다음으로 반도체 내에 각 블록Block들을 배치하고, 그 블록들로 논리 회로Logic Circuit를 만들고, 트랜지스터 레벨의 회로도Circuit Diagram를 그립니다. 설계의 마지막 단계에서는 물리적으로 실리콘 위에 공정 실현 작업을 위한 마스크 패턴Mask Pattern을 설계합니다. 이 물리 레벨층위의 마스크 패턴 설계 결과를 '레이아웃Layout'이라고 부릅니다.

여기서 마지막 설계 결과물인 레이아웃 도면이 반도체 제작의 물리적 공정의 광 마스크Photo Mask가 됩니다. 반도체 공정의 경우 빛을 이용한 사진 공정Photolithography으로 금속이나 절연물을 입히고 깎습니다. 그리고 마스크 패턴으로 불순물Impurity을 주입합니다. 이렇게 완성된 실리콘 위의 패턴이 트랜지스터, 금속 배선, 커패시터 등이 됩니다. 수조 개의 이들을 연결해서 반도체의 기능을 완성합니다. 그런데 같은 회로도라고 하더라도 물리적 구현을 위한 다양한 패턴 설계가 있을 수 있습니다. 블록의 배치, 회로의 좌우 배치, 대칭, 직렬·병렬 연결, 회전 각도 등에 따라 반도체의 성능에 차이가 납니다. 패턴 설계에 따라 연결선이 길어져서 계산 시간이 더 걸릴 수도 있고, 전력 소모가 늘어날 수 있습니다.

특이한 점은 잘 설계된 도면은 한눈에 보기에도 아름답게 보인다는 것입니다. 잘 구현된 설계는 일단 컴퓨터 화면에서 마스크 패턴의 색깔부터가 아름답습니다. 설계 엔지니어의 색깔 선택부터가 중요합니다. 신기하게도 색깔 선택이 잘된 레이아웃은 나중에 반도체를 만들어 제작해 테스트하면 결과가 더 좋습니다. 우연이지만 외관의 아

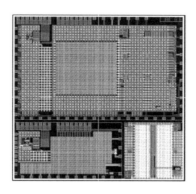

| SK하이닉스 0.18마이크로미터 공정을 이용해 설계한
반도체 전력회로 IVR(Integrated Voltage Regulator) 레이아웃 도면 |

름다움이 전기적 성능을 결정하는 것입니다. 레이아웃 설계 도면이 아름답다는 의미는 대칭이 잘 이루어져 있고, 배치가 균형이 있다는 말과 같습니다. 안정감이 있습니다. 그래서 한눈에 예쁩니다. 특히 레이아웃 도면의 좌우 대칭이 잘 되어 있으면 전기적 특성도 좋습니다. 균형이 맞추어져 있어서 잡음이 서로 상쇄하는 효과가 큽니다. 그러니 성능이 좋습니다. 도선의 길이도 최소화하고 기생성분이 줄어듭니다. 신호전달 시간도 짧아지고, 전력 소모도 줄어듭니다. 먹기 좋은 떡이 맛있다는 말이 딱 어울리는 경우입니다.

## 건축과 인체 속에 감춰진 아름다움

◇

인류 역사상 가장 아름다운 건축물 중 하나가 이탈리아의 신전 판테온입니다. 판테온은 다신교 국가인 로마에서 특정 신이 아니라 모든 신에게 바치는 신전으로 건축되었습니다. 현존하는 그 어떤 로마 건축물보다 보존이 잘 되어 있으며, 남아 있는 가장 오래된 거대 돔 건축물이기도 합니다. 직경 43.3미터에 달하는 거대한 돔은 콘스탄티노폴리스의 성 소피아 성당이 지어지기 전까지 비견될 돔이 없었을 정도입니다. 둥근 돔의 곡선 모습, 그리고 기둥의 날렵함이 합쳐져서 아름다움을 실현했습니다. 좌우가 대칭이고, 돔, 기둥, 전체의 비례가 이상적으로 보입니다.

레오나르도 다빈치는 인체 비례도를 통해서 인체의 비율에 대해서 논의했습니다. 그리고 건축도 인체를 따라야 한다고 주장했습니다. 인체 비례도 Canon of Proportions 는 레오나르도 다 빈치의 소묘 작품입

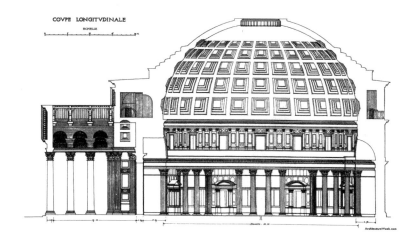

| 판테온 측면도 |

니다. 그는 "자연이 만들어 낸 인체의 중심은 배꼽이다. 등을 대고 누워서 팔다리를 뻗은 다음 컴퍼스 중심을 배꼽에 맞추고 원을 돌리면 두 팔의 손가락 끝과 두 발의 발가락 끝이 원에 붙는다. 정사각형으로도 된다. 사람 키를 발바닥에서 정수리까지 잰 길이는 두 팔을 가로로 벌린 너비와 같기 때문이다."라고 언급하기도 했습니다. 이러한 시도와 성과는 '아름다운 인체, 생물, 동물, 자연 모습에도 비례, 균형의 룰이 존재한다.'라는 사실을 일깨워 줍니다. 이렇듯 아름다움에도 규칙이 존재하는 듯이 보입니다.

## 인공지능은 아름다움도 학습 가능하다

◇

우리 눈에 아름답게 보이는 설계는 대개 자연을 닮았습니다. 사람은 자연에서 평화와 평안을 느끼기 때문입니다. 생존에 유리한 환경이 아름답습니다. 그래서 자연을 닮은 설계가 아름답게 여겨집니다. 거기에는 색깔, 균형, 대칭, 비율의 법칙이 존재합니다. 우리가 자연과 인체로부터 아름다움을 느끼는 이유는 인류의 진화와 관계가 클 것으로 짐작됩니다. 사람에게 아름다움은 태어나서 자라면서, 경험하면서, 또는 진화하면서 꾸준히 학습되었을 것입니다. 그러니 사람이 느끼는 아름다움도 환경과 진화 학습의 결과로 사람의 DNA와 뇌 기억 속에 남았습니다. 마찬가지로 이렇게 학습된 결과가 반도체 레이아웃 설계와 역사적 건축물에 인쇄되어 남았습니다. 이를 인공지능과 연결한다면 어떨까요?

인공지능에 아름다운 사진을 수백만 장, 수천만 장 보여주면서 학습시키면, 아름다운 명작 그림을 고를 수 있을 것입니다. 인공지능에 전 세계 아름다운 건축물 사진을 매일 매일 매초 보여주고 학습을 시킨다면 건축 명작을 고를 수 있을 것입니다. 더 나아가 아름다운 그림도 건축물도 설계할 수 있을 것입니다. 인공지능에 로마의 모든 것을 담는다고 하면 어떨까요? 인공지능 창작과 설계의 완성도 그리고 미적 수준은 우리가 인공지능에 제공한 데이터의 양과 질에 달려 있습니다.

# 거울과 꽃
# 그리고 인공지능

지난 가을, 주말여행으로 떠난 충북 영동 백화산의 단풍이 붉게 물들어 있었습니다. 주말에 비가 오면서 낙엽이 쌓인 뒤라 발길에 낙엽이 흩어집니다. 그러면 겨울이 코앞으로 다가오고 한 해가 마무리되어 가는 느낌이 듭니다. 지나치는 시간이 아쉽지만, 계절은 매번 이렇게 옷을 갈아입습니다. 이런 깊어가는 가을에 꼭 맞는 꽃이 국화입니다. 불현듯 생각나는 시가 서정주 시인의 〈국화 옆에서〉입니다.

한 송이 국화꽃을 피우기 위하여
봄부터 소쩍새는
그렇게 울었나 보다

한 송이 국화꽃을 피우기 위하여
천둥은 먹구름 속에서

또 그렇게 울었나 보다

그립고 아쉬움에 가슴 조이던
머언 머언 젊음의 뒤안길에서
인제는 돌아와 거울 앞에 선
내 누님같이 생긴 꽃이여

노란 네 꽃잎이 피려고
간밤에 무서리가 저리 내리고
내게는 잠이 오지 않았나 보다

학창시절에는 작품의 그 깊이를 모르다가 나이가 들면서 진면목을 깨닫게 된 시입니다. 무조건 외워야 한다는 부담에 당시에는 시의 진면모를 알 수 없었습니다만, 그렇게 외운 덕분에 여전히 시 대부분의 구절을 음미할 수 있게 되었습니다. 무언가를 공부하는 방법으로 외우는 것이 무조건 나쁘지만은 않은 것 같습니다. 다른 표현도 일품이지만, '거울 앞에 선 누님' 부분이 참 좋습니다. 젊음의 뒤안길에서 돌아와 거울 앞에 선 누님은 어떨까요? 가장 화려한 아름다움은 사라졌겠지만, 삶을 조금 알게 되었을 때의 원숙함은 정말 국화의 모습일 것입니다. 시인의 탁월함에 감탄할 뿐입니다. 불현듯이 같이 외출할 때 거울 앞에서 화장하는 아내로부터 국화의 모습을 발견합니다.

우리가 보통 거울을 볼 때는 샤워하거나, 세수하거나, 면도하거나, 옷을 갈아입고 외출할 때입니다. 얼굴에 뭐 묻은 것이 없는지 확인합니다. 혹시 나이 들면서 인상이 나빠지지는 않았나 표정도 바꾸어 봅니다. 그러면서 자기 자신을 돌아봅니다. 거울은 나를 돌아보는 반사경입니다.

여기서 궁금한 점이 있습니다. 인공지능은 거울을 보면서 과연 자신을 돌아볼까요? 이미지 속 자신과 그 이미지 안 거울 속의 자신을 구분할 수 있을까요? 결론부터 말하자면, 거울과 자신을 구별할 수 없고 스스로 반성할 수 있는 인공지능은 당분간 없을 것 같습니다. 왜냐면 매우 복잡하고 상상하기 어려운 학습 과정이 필요하고, 새로운 인공지능망 구조가 필요하기 때문입니다. '거울'과 '국화', '누나', '울었다' 그리고 '무서리'의 의미를 알아야 인공지능이 '국화 옆에서'와 같은 시를 창작할 수 있습니다. 인공지능 특이점Singularity이 와도 아마 이러한 이유로 인공지능이 모두를 감동케 할 시를 쓰기에는 여전히 쉽지 않을 것입니다. 인공지능이 이러한 시를 쓸 수 있으려면, 단어의 뜻과 그 뉘앙스를 이해해야 합니다. 거기에 더해 역사, 관계, 연관성도 경험해야 합니다. 사물 특유의 냄새, 소리, 이미지까지도 기억하고 상상해야 합니다. 별, 바람, 풀, 바다, 비 등을 생각하면 그 소리도 기억해야 합니다. 거기에 사람이 공유할 수 있는 추억도 담겨야 합니다. 은유, 직유와 같은 비유법도 이해하고 쓸 수 있으려면 그만큼의 지능과 학습 기법이 필요합니다.

이 모든 것을 학습하려면 모두 데이터에 담아 학습시켜야 합니다. 사랑도 나누는 경험이 필요합니다. 다행인 것은 우리가 태어나서, 혹은 본능적으로 얻은 이러한 지능과 지식은 거의 무한대의 데이터가 필요하다는 것입니다. 정리된 데이터가 있다면 모를까 사람이 느끼는 고유의 데이터를 입력할 방법이 지금까지는 없습니다. 다행인지 불행인지 인공지능은 아직 그 수준에 이르지 못했습니다. 다만 무한대의 빅데이터와 무한대 성능의 컴퓨터와 창의적 인공지능 구조가 개발된다면 모를 일이긴 합니다.

# 지금까지 없던
# 새로운 일자리의 탄생

　학교가 존재하는 이유로서, 최종적으로 얻는 대표적 결과물이 세 가지가 있습니다. 그중 제일 중요한 성과가 우수한 학생들을 배출하는 것입니다. 이공계 대학의 졸업생들은 졸업 후 학계나 산업체, 연구소에서 기술을 개발하거나, 산업을 육성하거나, 벤처기업을 창업합니다. 나라 경제를 살리는 역할을 한다고 볼 수 있습니다. 여기에 더해서 연구 결과를 얻게 되는 것입니다. 연구 결과는 산학협력 형태로 기업의 기술력과 제품 경쟁력을 바로 높일 수 있습니다. 또 그 연구 결과는 보고서와 논문으로 지식을 창출하게 됩니다.

　논문의 내용은 새로운 이론, 설계, 측정 방법들을 독창적으로 제시하고 그 내용을 체계적이고 학술적으로 증명할 수 있는 것이라야 합니다. 여기서는 '제시'와 '증명'이 논문의 핵심이라고 말할 수 있습니다. 특히 '제시'된 아이디어가 창의적이고 신선해야 합니다. 그래서 연구 방향의 설정이 중요하고, 지도교수의 역할도 큽니다. 교육 현장에 있다 보면, 학생들 다수가 논문 작성할 때 많은 어려움을 겪는 걸 봅니다. 초중고교를 거치며 문제 풀이 중심으로 학습한 탓에, 글쓰기 훈련이 부족했으리라 생각됩니다. 어쨌거나 공학에서도 결국은 자기 생각을 나누어야 하므로 말하기, 발표하기, 글쓰기가 최종적으로 가장 중요한 자질이 됩니다.

논문은 이처럼 새로운 주장과 발견을 널리 알리고 공유해 같이 발전을 도모하는 데 있습니다. 그동안 논문은 주로 학술지나 학술대회라는 창구를 통해서만 발표해 왔습니다. 그러나 앞으로는 어떻게 될지 모릅니다. 유튜브로 하지 말라는 법도 없으니까요. 구글이 대학, 연구소를 세우고, 학술 발표의 장도 마련할 수 있습니다. 만약 학술 연구를 유튜브를 통해야 하는 시대가 온다면, 그 연구 빅데이터는 구글

│ 인공지능(Q Reinforcement Learning)을 이용한
반도체 설계 논문을 위한 초고 원고 (출처 : KAIST) │

이 갖게 될 것입니다. 여기에 더해 인공지능이 연구도 하고, 논문 작성도 대신에 할 수 있습니다. 연구도 사람만이 하라는 법은 없으니까요.

다음으로, 논문은 특허라는 결과를 만들어낼 수 있습니다. 특허라는 개념은 14세기 영국에서 국왕이 특허권을 부여할 때 공개된 문서라는 뜻의 'Letters Patent'에서 유래했습니다. 한국 역사상 최초의 특허법은 대한제국 시절인 1908년 8월 13일에 '내각고시 제4호'로 공포된 '대한제국특허령'입니다. 1910년 국권 피탈 전까지 통감부 특허국에는 한국인이 2건, 미국인이 24건, 일본인이 249건이 등록되어 있었다고 합니다.

최근에는 기업은 물론 대학, 연구소에서 유독 강조하는 것이 '특허'입니다. 학교에서 교수나 학생들은 변리사의 도움을 받아 특허 신청서를 작성하게 됩니다. 하지만 학교에서 특허를 제출하고 유지하는 데 큰 비용이 들기 때문에 설사 큰 기업이 학교의 특허를 침해했다고 하더라도 그 사실을 발견하고 소송으로 이기는 데에는 상당한 노력과 비용 그리고 시간이 듭니다. 이 점에서 미국 일류 대학과 우리 대학의 차이가 있습니다. 국내 대학의 특허 수입이 학교 운영에 큰 도움이 될 때, 진정으로 국제적으로 일류 대학이 될 수 있습니다.

## 인공지능 창작물은 누구의 소유인가

◇

인공지능이 논문을 쓸 수 있다면, 특허도 낼 수 있습니다. 인공지능의 왕성한 창작 시대가 머지않았습니다. 그 창작물은 기사, 판결문,

논문, 소설, 에세이, 시를 비롯해 음악, 미술, 영화 등 모든 창작의 세계를 포함합니다. 이러한 창작활동에 GAN 인공지능처럼 표본이 되는 작품을 최대한 학습하고, 가장 비슷한 유사 작품을 만들어 모방 창작을 할 수 있습니다. 최종적인 작품은 사람이 마무리한다고 쳐도, 초기 스케치나 초고에 해당하는 가이드라인을 잡아준다면 창작의 효율이 크게 높아집니다. 요즘도 대형 미술품의 경우에는 조수의 도움을 받아 미술가가 완성하는 경우가 많습니다. 물론 인공지능은 조수의 역할에서 최종 책임 예술가의 역할로 차츰 이행할 것입니다.

GAN 인공지능은 모방을 통해서 창작할 수 있지만, 2개의 서로 다른 작품의 조합을 통해서 제삼의 융합 창작을 할 수도 있습니다. 그림과 문학 작품에서 영감을 얻어서 새로운 문학 작품이 나올 수 있고, 문학 작품에서 새로운 그림과 음악이 나올 수도 있습니다. 작품Model Sample과 모방기Fake Generator 네트워크가 1차로 모방 작품을 만들고, 그 두 가지 모방 작품을 인공지능 합성 네트워크Synthetic Creation Network를 통해서 새로운 창작품을 만들어내는 것입니다. 모방 작품을 2번에 걸쳐 창작하고 변형하고 융합하면서 새로운 작품이 생성되는 것입니다. 아직은 가상적인 네트워크이지만 수학과 컴퓨터의 도움을 받아 얼마든지 가능한 일입니다. 그리고 마지막 방법으로는 완전히 돌연변이처럼 새로운 시도를 할 수도 있습니다.

인공지능도 사람의 창작 작업과 같은 과정을 거칠 것으로 생각합니다. 사람도 모방, 연습, 융합이라는 학습 과정을 통해서 새로운 창작품이 만들어냅니다. 인공지능이라고 다르지 않습니다. 다만 인공지능은 지워지지 않은 무한대의 기억 용량, 무한대의 경험 그 모든 학습 과정을 순식간에 수행한다는 것이죠. 사람에 비해서 똑똑하고 빠릅니다. 궁극적으로는 사람의 창작 능력을 넘어설 것이라고 봅니다. 그러나 앞서 살폈듯이 그 작품이 사람에게 감동을 줄 수 있는 음악, 미술, 소설, 시로 나오기까지 더 깊은 교육 과정과 학습이 필요합니다.

마찬가지 논리로 인공지능도 특허를 가질 수 있을 것입니다. 서로 다른 2개의 아이디어를 합쳐서 새로운 융합 아이디어로 특허를 얼마든지 따낼 수 있습니다. 기존 특허와 논문 검색 능력과 속도 면에서 사람은 인공지능과 경쟁이 안 됩니다. 특히 기술 특허 분야는 예술, 미학 분야에 비해 훨씬 더 사람에게 위협적입니다. 짧은 시간에 수많은 특허의 양산이 가능합니다. 만약 여러 인공지능이 협력해서 새로운 특허를 만든다면 인공지능 사이의 우선순위를 정하는 알고리즘도 정해야 할 판입니다.

인공지능 창작물이 누구의 소유인지 문제가 남게 됩니다. 특허 특허의 권리를 누구의 소유로 할 것인가 하는 경제적 논란이 제기될 가능성이 큽니다. 그 권리 소유자가 인공지능 알고리즘 개발자, 인공지능 소프트웨어 개발자, 아니면 그들을 고용한 기업이나 단체인가가 논쟁거리로 남습니다. 만약 인공지능을 자아를 가진 '사람'으로 취급한다면, 인공지능 자체가 '특허권'을 보유할 수 있습니다. 또 인공지능이 모여 집단으로 '법인체'를 만든다면 인공지능 단체가 특허권을 가질 수 있을 것입니다. 그러면 발명품의 권한과 수입도 인공지능에게 있을 수 있습니다. 인공지능이 은행 계좌도 개설해야 하고, 세금도 내야 합니다. 그 로열티와 특허 창작 사용료도 인공지능에 내야 할 수도 있습니다. 이처럼 인공지능이 발전하면서 기존의 법률가, 변호사의 일자리는 줄어들지만, 인공지능을 위한 새로운 법률의 제정과 보호에 관한 일자리는 증가하게 되고, 또 그 수임료는 인공지능으로부터 받아야 하는 기묘한 세상이 올지도 모릅니다.

# CHAPTER 2

# 빅데이터

문제는 속도가 아니라 방향이다

◆

화학에서 사용하는 아보가드로 수Avogadro Constant는 1몰Mol
의 물질 속에 들어 있는 원자의 수입니다. 이 상수는 약 10
의 23승 크기를 갖습니다. 우리가 예측하는 2025년 빅데
이터의 양과 이 화학의 기본 숫자인 아보가드로 수 비슷해
지는 것이 우연일까요, 아니면 자연의 섭리일까요. 아마 빅
데이터의 크기가 이 아보가드로 숫자가 크기가 되면 '특이
점' 시대가 올 수도 있을 것입니다.

# 빅데이터
## '공학' 플랫폼이 희망이다

4차 산업혁명에 대한 정의는 사람마다 그 차이가 있습니다. 그중 일부는 4차 산업혁명을 설명하면서 물리적 구성으로 보고 '초연결', '초지능' 사회로 정의하기도 합니다. 또 4차 산업혁명을 물리 세계와 사이버 세계가 밀접하게 결합한 '사이버 물리 세계'로 표현하기도 합니다. 그뿐만 아니라 각기 기존의 본인 경험에 따라 사물인터넷을 강조하기도 하고 또는 로봇, 드론, 자율주행차를 강조하기도 합니다. 이러한 정의의 차이는 인터넷, 컴퓨터, 스마트폰으로 대표되는 3차 산업혁명의 연장선에서 4차 산업혁명을 보기 때문이라고 생각합니다. 저는 4차 산업혁명을 이 관점에서 보게 되면 근본적인 준비 없이 전혀 엉뚱한 방향으로 흐를 수 있다고 봅니다. 제가 생각하는 4차 산업혁명의 핵심은 인공지능, 빅데이터, 클라우드 컴퓨팅입니다. 이 세 가지 핵심 요소는 인체를 보면 이해하기 쉽습니다.

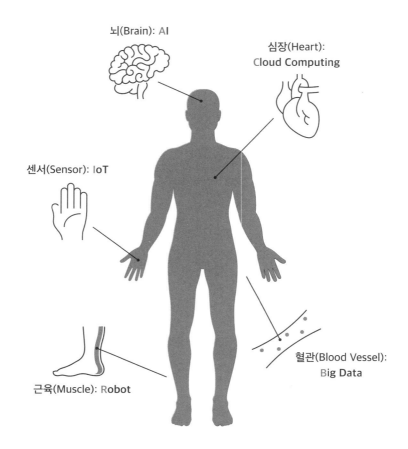

| 인공지능, 빅데이터, 클라우드 컴퓨팅과 인체의 유사성 |

우선 인체의 뇌에 해당하는 부분이 인공지능입니다. 인체의 가장 윗부분에 있는 뇌는 혈관을 통한 혈액으로 산소와 영양분을 공급받습니다. 4차 산업혁명에서 '혈액' 역할은 빅데이터가 수행합니다. 따라서 빅데이터가 없으면 인공지능은 학습할 수도 작동일 수도 없습

니다. 인공지능인 뇌가 죽습니다. 그리고 이 빅데이터인 피를 온몸에 돌도록 공급해 주는 기관이 심장이고 이 역할을 하는 것이 클라우드 컴퓨팅입니다.

인공지능에 정보를 전달하는 인체의 감각 기관, 예를 들어 시각, 청각, 후각, 촉각 등의 역할을 하는 것은 사물인터넷의 센서입니다. 그중에서 시각 센서인 이미지 센서가 가장 강력한 데이터 발생 장치입니다. 인체의 뇌로 설명되는 인공지능이 결정을 내리면 행동으로 옮기는 기관이 인체에서는 팔과 다리에 해당하는데, 로봇, 자율주행차, 드론 등 동력장치입니다. 우리 몸에서 무엇 하나 중요하지 않은 것은 없습니다만, 그중 생명과 관련되는 가장 중요한 기관이 뇌, 심장, 혈관입니다. 이에 해당하는 것이 인공지능, 빅데이터, 클라우드 컴퓨팅입니다.

혈관을 타고 흐르는 데이터에는 산소와 영양분이 담겨 있습니다. 산소가 끊어지면 수 분 후에 뇌가 정지하고, 사람은 생명을 잃습니다. 데이터에 영양 불균형이 일어나면 당뇨병, 고지혈증, 암이 생겨납니다. 적혈구가 부족하면 백혈병을 얻습니다. 마찬가지로 4차 산업혁명에 필수적인 데이터도 가치와 진실성이 균형 있게 공급되어야 합니다. 데이터가 뇌에 제대로 공급되는 라인이 고장 나면 뇌혈관이 터져 뇌출혈을 일으킬 수 있습니다. 눈동자가 움직이고, 눈을 맞추고, 말을 해야 살아 있음을 알 수 있습니다. 뇌가 살아 있어야 생명이 살아 있는 것입니다.

죽음에는 두 종류의 죽음이 있습니다. 심폐사와 뇌사입니다. 그중에서 의학적으로 삶과 죽음을 가르는 중요한 장기가 심장, 뇌, 폐입니다. 이 중 하나라도 멈추면 사망 판정을 내릴 수 있습니다. 세 가지 장기 중에서 하나만 멈춰도 나머지 장기는 자연스럽게 멈춥니다. 심폐사는 이 심장과 폐 중 하나가 정지된 상태입니다. 요즘에는 의학의 발달로 뇌가 정지하더라도 인공적으로 심장과 폐가 동작할 수 있습니다. 이러한 상태를 뇌사라고 부릅니다. 뇌사는 의식이 없는 것은 물론 심폐기능을 담당하는 숨뇌를 비롯한 줄기뇌까지 멈춰, 기계로 심폐기능을 대신하지 못하면 생명을 이어갈 수 없는 상태입니다. 심폐기능만이 아니라 혈압조절, 체온조절 같은 기본적인 기능도 모두 정지해 있는 상태입니다.

구급법 중에서 핵심이라고 볼 수 있는 것으로 심장의 기능이 정지하거나 호흡이 멎었을 때 사용하는 응급처치 구급법이 있습니다. 이름 때문에 심장의 기능을 되살리는 처치로 생각하기 쉬우나, 가장 중요한 목적은 산소가 녹아 있는 혈액을 순환시켜 뇌세포의 손상을 막는 것입니다. 즉, 구급대원이 올 때까지 구조하는 사람의 손이 환자의 심장 역할을 대신해주는 것에 불과합니다. 인공적으로 산소를 뇌에 공급하는 임시적인 노력이 응급처치 구급법입니다. 4차 산업혁명의 관점에서 보면 응급처치 구급법은 인공지능에 데이터를 긴급하게 공급하는 응급 행위에 비할 수 있습니다.

## 빅데이터의 본질, 부가가치의 이동

◇

수학에서 '구골Googol'이라는 단어가 있습니다. 구골은 10의 100제곱을 가리키는 숫자입니다. 즉, 1 뒤에 0이 100개나 달린 거의 무한대의 숫자입니다. 구골이라는 숫자는 우주의 모든 원자 수보다 많은 엄청나게 큰 숫자입니다. 바로 이 '구골'이라는 단어를 따서 현재의 글로벌 선두 기업인 '구글 Google'이라는 회사명이 탄생했습니다. 어쩌면 구글은 1998년 회사 이름을 처음 정할 때부터 빅데이터 시대를 준비하고 있었던 건지도 모르겠습니다. 오늘날 구글의 검색 기능은 미끼이고, 목적은 빅데이터 확보입니다.

구글은 알파고로 대표되는 인공지능 기능까지 결합해 더욱 서비스를 고도화하고 있고, 그 결과 마침내 '빅데이터 플랫폼' 제국으로 도약하고 있습니다. 전 세계 주가 총액 기준 상위 5대 기업들인 마이크로소프트, 아마존, 애플, 구글, 페이스북이 이와 같은 인공지능으로 무장한 '빅데이터 플랫폼' 기업들입니다.

빅데이터 플랫폼은 세 가지 핵심 구성 요소로 이루어져 있습니다. 제일 먼저, 대규모의 실시간 '빅데이터 수거 장치'를 확보해야 합니다. 스마트폰, 유튜브, 인터넷 검색엔진, 전자 상거래, 공유 경제가 이러한 빅데이터를 수거하기 위한 장치들입니다. 최근에는 인공지능 스피커가 여기에 더해지고 있고, 미래에는 자율주행차도 주된 빅데이터 수거 장치로 발전할 것으로 보입니다. 이때 발생하는 데이터의 양은 사람이 함께 지내는 시간에 비례하게 됩니다. 다음으로, '데이터센터'로 불리는 빅데이터 저장장치와 이러한 빅데이터를 이용해서 서비스의 몰입도, 정확성, 예측력 그리고 효율 향상을 위한 '인공지능 소프트웨어'가 필요합니다.

마지막으로, 빅데이터와 인공지능을 결합한 수익성 높은 '비즈니스 모델'이 필요합니다. 빅데이터 플랫폼을 이용해서 경쟁력 있고 차별화된 서비스를 창출, 수익을 극대화하고 시장을 독점하려는 모델이 필요합니다. 적용 가능한 사업 분야로는 생산, 물류, 에너지, 자원, 환경, 교통, 금융, 보험, 의료, 제약, 교육 등 사회 전 분야에 걸쳐 폭넓습니다. 빅데이터 플랫폼에서는 바로 이 세 가지 구성 요소들을 결합해 기업들이 효율을 높이면서 동시에 자본, 노동, 시간, 에너지, 인프라 투자를 극단적으로 절약합니다. 그 결과, 이익을 극대화하고 시장을 지배합니다. 이렇게 되면 인공지능에 기반한 사업의 판단력과 예측력은 사람 한계를 뛰어넘는 '신의 영역'에 도달하게 됩니다.

전 세계 인구 전체가 매 순간, 죽을 때까지 데이터를 끊임없이 생산합니다. 숨 쉬는 것도 눈 깜빡이는 것도 맥박이 뛰는 것도 모두 데이터가 됩니다. 이렇게 생산된 빅데이터는 데이터 센터의 반도체 메모리에 영원히 저장됩니다. 그래서 데이터가 쌀이자 원유이고, 권력과 힘의 원천이 된다는 말을 하는 것입니다. 이 관점에서 보면 국가별 데이터 센터 숫자의 비교가 각 국가의 정확한 미래 경쟁력 지표가 될 수밖에 없습니다. 현재 미국에는 거대 규모Massive Size 이상의 데이터 센터가 1,862개 있고, 중국에는 79개, 일본에는 44개가 있습니다. 그러나 아쉽게도 우리나라에는 17개밖에 되지 않습니다. 그런 상황 속에서 네이버 제2데이터 센터 설치가 주민들의 반대로 무산된 일이 있습니다. 다행히 세종시에 건립할 수 있게 되었지만, 데이터 센터에 대한 우리의 인식을 잘 보여주는 사례라고 하겠습니다.

## 빅데이터 플랫폼 확보 전략

◇

빌 게이츠는 최근 다시 회사를 차린다면 '책 읽는 인공지능 컴퓨터' 기업을 만들고 싶다고 언급한 바 있습니다. 인류의 유산이 축적된 책으로부터 빅데이터를 모으려는 의도로 보입니다. 만약 이것이 실현된다면 또 다른 플랫폼의 탄생이 기대됩니다. 이처럼 앞으로 등장할 새로운 빅데이터 플랫폼은 지금보다 훨씬 방대한 데이터를 수집하려고 합니다. 또한, 유용함과 중독성을 무기로 끊임없이 사용자가 자발적으로 데이터를 내놓을 수밖에 없는 환경을 만드는 것입니다. 스마트워치 건강 애플리케이션 사용자라면 자신의 건강 상태를 관리할 수 있는 유익함을 대가로 생체 정보를 기업에 낱낱이 넘겨야 합니다. 부동산 앱은 자신의 주거 정보, 패션 앱이라면 신체 정보, 금융 앱은 자산 내역까지도 샅샅이 제공해야 최적화된 서비스를 받을 수 있습니다. 이때 소비자의 몰입과 종속 정도가 수거하는 빅데이터의 양과 질을 결정합니다. 동시에 개인의 정보보호 벽을 넘을 만한 이익을 소비자에게 제공할 수 있어야 하는 숙제도 짊어집니다.

이제 우리 기업들도 빅데이터 플랫폼 확보를 위한 창조적 노력을 치열하게 해야 합니다. 다행히 국내 기업들은 세계 선두의 하드웨어 기반 플랫폼을 갖고 있습니다. 대표적으로 스마트폰, TV, 냉장고, 에어컨, 주방기기 등 가전기기뿐만 아니라 글로벌 자동차 기업들도 있습니다. 이 제품들은 사용자의 편익을 증가시키지만 다른 한편으로는 빅데이터 수거 단말기가 됩니다. 이들 장치에 수많은 센서를 설치하고, 생산된 데이터들을 소비자의 동의하에 원격으로 모을 수 있습니다. 물론 기업은 소비자에게 하드웨어 제품들을 판매하면서 가격을 일부 지원해 주거나 차별화된 인공지능 서비스를 제공해야 합니다. 그런 다음에 반대급부로 여기서 생산되는 데이터를 모으는 것입니다. 그러자면 글로벌 경쟁 기업들의 제품에 비해 탁월한 기능과 서비스를 갖춰야 합니다. 사람들을 유인할 흡인력을 갖고 있어야 합니다. 음성인식과 영상인식에 기초한 인공지능 서비스 제품들이 기하급수적으로 늘어가는 것도 이러한 노력에 해당합니다. 이 같은 방식으로 빅데이터를 모아낼 수 있다면 제품 시장 지배는 물론, 시장 예측, 수요예측, 신규 서비스 창출, 상품 추천, 맞춤형 광고 등과 같은 추가적이고 차별적인 수익구조를 창출할 수 있습니다.

빅데이터 플랫폼에서 독점적이면서 집중적으로 모으기를 원하는 빅데이터는 어떠한 조건을 가져야 할까요? 우선, 데이터 생산자의 신원이 데이터와 함께 첨부되어야 합니다. 그래야 데이터의 가치가 극대화됩니다. 데이터 생산자의 또 다른 데이터와 관계가 설정될 수 있기 때문입니다. 그리고 언제, 어디서 발생한 데이터인지도 중요합니다. 다음으로 어떤 행위인지, 얼마나 자주 일어나는지도 핵심이 됩니다. 그리고 그 같은 행위가 전 세계 혹은 해당 지역에서 얼마나 발생도가 높은 행위인지도 가치가 있는 정보입니다. 마지막으로 그 데이터의 조작과 오염 여부가 데이터의 가치를 최종적으로 결정합니다.

빅데이터의 조건을 가장 잘 만족하는 기업이 아마존입니다. 아마존은 전 세계 전자 상거래 데이터를 지속적으로 수집하고 기록하고 있습니다. 엄청난 양의 전자 상거래를 통해서 얻은 빅데이터와 인공지능 알고리즘을 결합해서 전 세계 수십억 명 인구의 성격, 심리, 구매 성향, 경제력 등을 파악할 수 있습니다. 그래서 누가, 언제, 어디서, 무슨 상품을 얼마나 구매할 수 있는지를 실시간으로 예측할 수 있습니다. 그러면 재고 없는 상품을 생산하고, 최단 거리에 배치해 최단 시간에 상품을 배송할 수 있게 됩니다.

결과적으로, 과다 재고가 없고, 금융 비용이 최소화되고, 배송이 가장 빠른 기업이 됩니다. 이러한 추세라면 아마존과 경쟁해서 살아남을 수 없는 기업이 없게 됩니다. 아마존은 가전제품, 전기자동차, 자율주행차도 생산하고 배송할 수 있습니다. 여기에 만족하지 않고 아마존은 가정 내 은밀한 상황과 정보를 파악하고, 구매 정보를 미리 얻기 위해서 집안에 인공지능 스피커인 알렉사까지 설치하려고 합니다. 알렉사가 가정 내 데이터 수집 장치가 되는 셈입니다. 마찬가지 이유로 구글과 애플도 스마트폰 플랫폼을 이용해서 빅데이터를 확보하고 있고, 마이크로소프트는 컴퓨터를 빅데이터 플랫폼으로 활용하고 있습니다.

그중 자율주행차는 새로운 빅데이터 플랫폼의 주력이 될 것입니다. 테슬라 같은 자율주행차 회사는 편리성을 미끼로 자동차 내에서 발생하는 모든 빅데이터를 독점하고자 하는 의도를 갖고 있습니다. 자동차에서 생산되는 데이터는 기본적으로 생산자에 대한 정보인 태그Tag, 아이디ID 정보가 있습니다. 더 중요한 것은 위치 정보와 시간 정보를 함께 갖습니다. 자동차에서 생산되는 모든 데이터는 누가, 어디서, 언제 생산하는지 알게 됩니다. 자동차 안에서의 감정, 취향, 구매 활동뿐만 아니라 운전 습관, 차량 정보, 날씨 정보, 유지 보수 정보, 기름 소비량 등 민감한 개인 정보도 모두 얻을 수 있습니다. 좌석에 센서를 설치하면 운전자의 맥박 등 건강 정보, 안색을 읽을 수 있습니다. 자동차가 주치의 역할을 할 날이 올지도 모릅니다. 자동차에서 생산되는 의료 데이터를 바탕으로 인공지능이 진단을 내리고 병원을 추천할 수도 있습니다. 차량 정비소, 주유소도 알아서 찾아갑니다. 차량이 운행되는 구간의 바깥 사진, 영상도 모두 볼 수 있습니다. 누구와 전화하고 문자를 주고받고, 어떤 방송을 보는지 같은 통신 및 네트워크 정보도 알게 됩니다. 누군가 이러한 데이터를 확보하게 되면 예약, 구매, 광고, 보험, 가게 추천 등 무수한 새로운 비즈니스를 창출할 수 있습니다.

양질의 빅데이터 플랫폼은 이렇듯 사람 본성에 충실하면서 동시에 개인의 정신적, 경제적, 사회적인 사적 활동에 관한 정보를 최대한 모으기 위한 장치입니다. 데이터 생산은 매우 개인적인 공간에서 개인적인 활동으로 발생하는 것이 특징입니다. 정보의 검색, 전자 상거래 구매 행위, 가정과 자동차 안에서 일어나는 행동이 여기에 해당합니다.

최근 우리 사회 내에서 '카카오 카풀'과 '타다'가 큰 논란이 된 바 있습니다. 새로운 신사업을 창출하려는 기업과 기존 사업자와의 강력한 이해 충돌이 발생하고 있는 것입니다. 그렇지만 다르게 보면, 택시 카풀 사업은 '빅데이터 플랫폼'의 확보를 위한 기업들의 노력이 숨어 있습니다. 인터넷으로 택시 카풀 정보를 실시간으로 모으면 많은 사람, 사업, 경제에 관한 정보를 효과적으로 모을 수 있기 때문입니다.

우버가 사업 정체성을 택시회사가 아닌 빅데이터 회사로 방향을 바꾸었듯이, 택시 카풀 사업은 누가 어디서 어떤 사회적 경제적 활동을 하는지에 대한 빅데이터를 모을 수 있습니다. 자율주행차 시대가 도래하기 이전에 자동차 운행에서 확보하려는 빅데이터 플랫폼 확보 전쟁의 또 다른 측면입니다. 택시 카풀 논란을 보면서, 4차 산업혁명 빅데이터 플랫폼 확보 전쟁을 생각했던 것은 저뿐만이 아닐 것입니다.

최근 소프트뱅크 손정의 회장은 "첫째도 인공지능, 둘째도 인공지능, 셋째도 인공지능"이라고 주장한 바 있습니다. 이를 조금 다르게 강조한다면 '첫째는 인공지능 기술 개발, 둘째는 빅데이터 확보, 셋째는 플랫폼 구축'입니다. 앞으로 우리나라에서 나타날 성공적인 벤처기업과 혁신성장 기업들은 대부분 이러한 빅데이터 플랫폼 기업 중에서 탄생할 것이라고 확신합니다.

# 4차 산업혁명은
# '센서'의 시대다

4차 산업혁명 시대의 핵심인 빅데이터를 생성하는 기초 소자가 센서입니다. 메모리, 프로세서 다음으로 중요합니다. 센서는 주변 환경의 전압, 전류, 전자파, 빛 등 전자기적 물리 신호뿐만 아니라 온도, 압력, 속도, 가속도, 회전 속도, 힘 등 기계적 신호도 측정합니다. 더 나아가 화학적 감지 기능으로 기체의 종류, 기체의 양, 불순물 농도 등 화학적 감지 기능을 갖기도 합니다.

이러한 센서 내부에는 기본적인 감지 회로뿐 아니라, 감지 회로 출력인 아날로그 신호를 디지털 신호로 바꾸어 주는 아날로그-디지털 변환 회로ADC, Analog-Digital-Converter, 초단 디지털 프로세서, 메모리, 배터리 그리고 유무선 통신 회로가 들어 있습니다. 최근에는 배터리를 제외한 전체를 1개의 반도체로 구현해서 가볍고, 작고, 저전력이면서도 값싸게 구현하려고 노력합니다. 그래야 언제 어디서나 누구에게나, 모든 사람과 사물에 설치할 수 있기 때문입니다. 무한대의 센서가 설치되면 무한대의 데이터가 양산됩니다.

　자율주행차는 대표적인 센서의 집합체입니다. 스마트폰에 버금가는 빅데이터 생산 플랫폼으로 등장하고 있습니다. 자율주행차의 센서들은 위치와 주변 정보를 포함해, 자동차의 운전 상태, 운전자의 감정, 건강, 욕구 상태 등 무한한 정보를 생산할 수 있습니다. 자동차 안에서의 대화, 전화 통화, 눈빛 변화까지도 데이터가 됩니다. 자율주행차 기술이 발전한다는 것은 자동차에 설치되는 센서의 숫자도 급속히 늘어난다는 것을 의미합니다.

## 반도체 트랜지스터의 센서 원리

◇

　센서를 반도체로 구현하면 장점이 많습니다. 일단 작고, 가볍고, 전력 소모가 적습니다. 그리고 대량 생산이 가능하죠. 그러니 무수히 많은 수의 센서를 설치하는 것은 빅데이터를 수거하는 목적에 제격입니다.

　트랜지스터는 반도체에서 첫 번째 센서 역할을 합니다. 트랜지스터에 전압을 걸면 전류가 흐릅니다. 전압-전류 특성 곡선I-V Curve 특성이 트랜지스터에서 가장 중요한 성질입니다. 그런데 이 전압-전류 특성 곡선은 주변의 전압, 전류, 전자파, 빛, 온도, 불순물 등 환경에 영향을 받습니다. 그래서 주변의 환경을 감지할 수 있고, 특히 주변의 전압, 온도, 압력 등에 큰 영향을 받습니다. 주변의 작은 화학적 변화도 전류와 전압 변화로 바꾸어 신호를 만듭니다. 트랜지스터는 이러한 작은 영향을 감지하고, 다음 단계에서 감지 신호를 증폭하는 기능도 합니다. 다음 단계로, 증폭된 아날로그 신호를 디지털로 바꾸고, 디지털 프로세서에서 불필요한 잡음과 신호를 제거합니다. 이 디지털 프로세서에서 추후 통신과 메모리 저장의 효율을 위해서 디지털 신호 압축도 하고 코딩Coding도 합니다.

그런데 이러한 트랜지스터 특성만으로는 기계적인 구동을 감지하는 센서를 만들기가 어렵습니다. 이유는 자동차의 속도, 가속도, 회전 속도 등의 물리적 현상은 본질적으로 '전기적'인 현상이 아니라 '기계적' 현상이기 때문입니다. 그래서 반도체 내 센서에서 물체의 이동이나 회전을 전류나 전압 신호로 바꾸어야 합니다. 일반적인 반도체로는 기계적인 구동 센서를 구현하기가 어렵습니다. 반도체 내 기계적인 구동 센서를 위해서 일종의 발전기를 반도체 내에 만들어야 합니다. 직진 운동이나 회전 운동을 전기 신호로 변환해야 하는 것이죠. 그러려면 전기장Electric Field을 이용하거나 자기장Magnetic Field을 이용해야 합니다. 그리고 나서 이 신호를 트랜지스터로 증폭한 다음 디지털 회로로 보내게 됩니다. 이처럼 기계적인 운동을 전기적으로 바꾸어 주는 대표적인 반도체를 MEMS미세전자기계시스템, Microelectromechanical Systems 센서라고 합니다. 반도체 기술 이용해 제작되는 매우 작은 기계를 의미합니다. 이 MEMS 센서가 기계 세계와 전자 세계를 연결하는 반도체 센서 부품이 되는 것입니다. 스마트폰뿐만 아니라 자율주행차의 핵심 센서 부품이 되는 것이죠.

카메라 센서도 당연히 중요합니다. 특히 자율주행차의 인공지능 기능은 이들 고화질 CCDCharge Coupled Device 카메라의 성능에 달려 있습니다. '백문이 불여일견'이라는 속담이 있습니다. 백 번 들어도 한 번

보는 것만 못하다는 뜻입니다. 그만큼 영상이 주는 정보량이 많습니다. 우리 눈은 가시광선의 영상만 파악하지만, 반도체 이미지 센서를 이용하면 자외선, 적외선 등 우리 눈으로 인식하지 못하는 빛의 영역까지 담을 수 있습니다. 이러한 배경으로, 경쟁력 있는 영상 이미지 센서를 생산하고 있는 소니가 부활의 기회를 엿보는 것입니다. 인텔에 17조 원에 인수된 모빌아이도 자율주행차용 카메라 기술 회사입니다.

## 미래의 센서의 조건

◇

미래의 센서는 화학 감지 기능으로 확장하는 등 지금보다 발전해야 합니다. 기존의 센서가 사람의 눈과 귀, 촉각을 대신해서 발전했다고 본다면 미래의 센서는 사람의 혀와 코를 대체해야 하는 과제를 안고 있습니다. 공기 성분을 실시간으로 분석할 수 있다면 충분한 상품성을 갖출 것입니다. 또 미세먼지도 쉽게 감지한다면 더욱 좋습니다. 음주 정도나 차량의 배기가스 오염도를 쉽게 측정한다면 쓰일 수 있는 용도가 많아집니다. 혈액 속의 혈당도 쉽게 측정하면 의료 기술의 발전에도 큰 도움이 될 것입니다. 아직은 반도체 센서가 제대로 측정하지 못하는 분야입니다.

한걸음 더 나아가 미래에는 이러한 센서에 인공지능 기능도 탑재될 것입니다. 그렇게 된다면 센서가 지적인 판단까지 내리게 됩니다. 말 그대로 '인공지능 센서' 시대가 오는 것이죠. 클라우드 시스템에서 데이터를 모으고 인공지능으로 처리한다면, 미래에는 센서 자체에서 이러한 일들이 바로 일어날 수 있을 것입니다. 그러면 데이터도 극단적으로 분산되고, 인공지능도 분산될 수 있습니다. 이러한 센서에 의한 데이터 분산과 클라우드에 의한 데이터 집중이 경쟁하면서, 협력하면서 또 한편으로 진화할 것입니다.

얼마 전 고등학생들이 일산화탄소 중독으로 아까운 생명을 잃는 안타까운 사건이 있었습니다. 방 안에 간단한 일산화탄소 센서가 있었다면 희생을 방지할 수 있었을 것입니다. 일산화탄소 센서는 단 돈만 원이면 구입할 수 있습니다. 그 센서가 만약 스마트폰 안에 있었다면 안타까운 죽음을 막을 수 있지 않았을까요? 4차 산업혁명 시대에 센서는 빅데이터 생산자의 핵심 부품이면서도, 동시에 사람의 안전과 건강 유지에 지대한 역할을 할 전망입니다. 우리나라 반도체 산업이 메모리 산업에 지나치게 집중되어 있다는 아쉬움이 듭니다. 물론 현재 시점에 우리나라 비메모리 시스템 반도체는 반도체 시장에서 차지하는 규모가 3% 이내로 크지 않습니다. 그러나 4차 산업혁명이 가속화될수록 비메모리 시장은 확대할 것입니다. 게다가 메모리 산업조차도 중국의 추격에 위협받고 있는 상황입니다. 하루라도 빨리 카메라 센서를 포함한 센서 시장에 좀 더 적극적으로 도전해야 할 것입니다.

# 블록체인의 시대,
# 비트코인이 말하는 것

1909년 10월 26일 하얼빈, 안중근 의사는 이토 히로부미를 암살했습니다. 체포된 안중근 의사는 처형되기까지 재판에서 이토 히로부미를 죽인 이유를 당당히 밝혔습니다. "한국의 명성황후를 시해한 죄", "고종황제를 폐위시킨 죄", "군대를 해산한 죄", "교육을 방해한 죄", "한국인들의 외국 유학을 금지한 죄", "교과서를 압수하여 불태운 죄" 등 14가지 이유를 밝혔습니다. 오늘날의 시각에서 봐도 국가와 민족의 발전과 존립의 핵심과 관련되는 내용이고, 동시에 일본 침략 만행을 알려주는 중요한 증거들입니다.

그중에서 일곱 번째 암살 이유가 "제일은행권 지폐를 강제로 사용한 죄"입니다. 1902년 일제는 대한제국 정부와 협의하(?)에 일본 제일은행권을 발행, 유통했습니다. 더구나 러일 전쟁 기간 일본군의 군수 물자 조달을 위해 제일은행권의 발행과 유통을 더욱 확대했습니다. 일제의 이러한 행위는 대한제국 화폐 주권을 침해하는 조치였으며, 조선 말부터 백동화白銅貨 유통권을 장악하고 있던 대한제국 정부와 백성에 대한 명백한 도전이었습니다. 안중근 의사는 이를 정확하게 파악하고 있었던 것입니다. 화폐 발행을 통해서 일제는 한국의 자본 수탈의 길을 열고, 그를 통해 전쟁 준비에 몰두했던 것입니다. 이처럼 화폐 발행권은 국가의 주권과 직결됩니다.

한때 비트코인과 블록체인에 대한 사회적 논란이 뜨거웠습니다. 블록체인이란, 거래의 모든 당사자가 거래 장부를 나눠 보관함으로써 거래의 투명성을 확보하는 분산형 데이터베이스 관리 시스템입니다. 거래에 참여한 모든 거래 당사자가 같은 내용이 담긴 거래 장부를 나눠 가집니다. 블록체인은 전통적인 중앙집권형 데이터베이스 관리 시스템의 문제를 해결해줍니다. 대규모 인프라와 신용 있는 거래 당사자가 없어도 믿고 거래할 열린 시스템을 만들어준 것입니다. 그래서 블록체인 기술은 기존 거래 장부와 정보를 독점함으로써 발생하는 비대칭 문제에 정면으로 도전하는 것입니다.

### 비트코인과 블록체인의 관계

◇

비트코인은 사토시 나카모토라는 가상의 인물이 2008년 10월 〈비트코인 : P2P 전자화폐Bitcoin : A Peer-to-Peer Electronic Cash System〉라는 제목의 9쪽짜리 논문을 처음으로 발표하면서 역사가 시작되었습니다. 사토시 나카모토는 이 논문에서 비트코인의 목적을 명확히 밝힙니다. 이 논문의 핵심을 정리하면 다음과 같습니다.

"전자 화폐Electronic Cash가 순수하게 개인과 개인 간Peer-To-Peer의 지불 수단이 된다면, 그 방법은 중앙집권적 금융 기관을 거치지 않고 바로 개인 간에 직접 지급할 수 있는 새로운 방법이 된다. 그리고 그 거래 내용을 서로 연결한 사슬Chain로 만든다. 그 거래 내역은 재수행하지 않고서는 변경할 수 없는 기록을 생성해 변조를 불가능하게 한다."

그의 말대로 된다면 은행 거래 정보를 소수가 독점하면서 생기는 금융 정보의 편중, 화폐의 왜곡, 과도한 수수료 문제, 반드시 은행을 거쳐야 하는 불편함 등을 해소할 수 있게 된다는 것입니다. 이를 달성하기 위해서는 안정적이고 보안이 확실한 탈 중앙화된 데이터 저장 방법이 필요합니다. 이렇게 고안된 데이터 분산 처리 기술이 블록체인 기술입니다. 그래서 비트코인과 블록체인 기술은 서로 떼려야 뗄 수 없는 관계입니다.

| 기존 거래 방식 | 블록체인 방식 |
|---|---|
| 거래 내역 기록된 장부, 은행이 일괄 관리 | 장부 분산 통해 투명한 거래 내역 유지 |

| 블록체인의 개념 |

## 새로운 채굴의 불평등

◇

블록체인 기술은 각 비트코인 거래 내역을 암호화하고, 거래 내역을 수백 개 혹은 수천 개 묶어서 블록화합니다. 그 거래 내역의 모음인 블록을 완성하기 위해서는 복잡한 수학 문제를 풀어야 합니다. 그리고 수십만 개의 블록을 서로 체인으로 묶습니다. 이렇게 만들어진 거래 장부를 전 세계 여러 컴퓨터에 분산 저장합니다. 이 과정에서 복잡한 수학 문제를 풀고 거래 장부를 분산 저장하는데, 전 세계 컴퓨터가 자발적으로 참가하는 작업을 채굴이라고 합니다. 이 채굴 작업에 참여하는 보상으로 비트코인을 지급하는 것입니다. 이 분산 저장된 거래 장부를 변조하기 위해서는 블록체인에 가담하고 있는 전 세계 수만 대의 컴퓨터보다 암호 수학 문제를 더 빨리 풀 수 있어야 합니다. 또 채굴에 가담하는 컴퓨터들은 주기적으로 데이터를 서로 비교해서 데이터 변조를 상호 검증합니다. 사실상 불가능에 가깝습니다. 그래서 블록체인이 안전하다는 평가를 듣습니다.

또한, 블록체인 기술은 디지털 화폐 분야뿐만 아니라 정보의 분산과 익명성이 필요하고 동시에 P2P 교류가 필요한 모든 분야에 혁신적인 적용이 가능합니다. 인터넷 상거래, 보험 정보, 의료 정보, 사고 기록, 토지 및 주택 소유 정보, 금융 정보, 신용카드 정보, 세금 정보, 주민등록을 포함한 인적 정보, 법원 기록, 범죄 기록, 입출국 기록, 통신 정보, 인터넷 데이터 정보, 각종 구매 정보, 각종 예약 정보, 각종 상거래 정보 등입니다. 이 분야들은 전통적으로 정부와 기업이 정보를 독점함으로써 권력을 장악해 온 분야입니다. 지금까지 이러한 정보의 불균형은 빈부 격차, 정보 격차, 계층 차별, 권력 격차를 만들어 왔습니다. 블록체인은 이러한 차별을 해체할 혁신적인 기술이 될 수 있을 것으로 전망됩니다.

물론, 단점도 뚜렷합니다. 채굴 과정에 참여할 때 비트코인을 얻게 되는데, 이 과정에 고성능 컴퓨터가 필요합니다. 또 컴퓨터의 채굴 과정에서 엄청난 전력을 소모해야 합니다. 당연히 값비싼 전기 사용료를 내야 합니다. 여기서 끝나는 것이 아닙니다. 시간이 갈수록 비트코인 총 숫자는 제한됩니다. 따라서 초기보다 남아 있는 비트코인이 부족한 탓에 참여하는 컴퓨터가 증가하면서 경쟁이 더 치열합니다. 마치 금광에서 금을 캐는 것과 같죠. 금 캐기가 점점 어려워지고, 깊이 땅을 파야 하고, 따라서 비용이 증가하게 되는 것입니다. 더욱이 초기에 채굴에 나선 참가자들은 나중에 참여한 채굴자보다 훨씬 많은 양의 비트코인을 얻습니다. 현실 세계처럼 초기 참여자들이 비트코인 가격을 왜곡하고, 가격 조작을 주도할 수 있게 될 가능성이 있습니다. 여기서 원하지 않는 새로운 비트코인의 불평등이 발생할 수 있는 것이죠.

## 이상적인 비트코인

◇

한때의 거품이 잦아들며 암호화폐가 끝난 것이 아니냐고 생각하는 분들이 있습니다. 그러나 저는 그렇지 않다고 생각합니다. 암호화폐는 그 이름을 바꿔 블록체인 기술과 함께 우리의 미래 기술과 함께할 수밖에 없습니다. 이런 관점에서 저는 진화된 비트코인의 조건으로 다음을 제시합니다.

먼저, 채굴 작업으로부터 생기는 새로운 불평등 문제를 기술적으로 해결해야 합니다. 꼭 복잡한 암호 문제를 풀어야 비트코인을 제공하는 채굴 과제는 기술적, 경제적 차별을 새로 만듭니다. 값비싼 전력과 컴퓨터를 가진 사람들이 코인을 얻을 확률이 높아지는 것 같은 차별 말입니다. 값비싼 채굴 작업 없이 비트코인에 개인이 참가할 수 있어야 합니다.

그다음으로, 거래 내역의 분산 배치 및 처리에 대한 지연 시간 문제를 최소화할 필요가 있습니다. 짧은 시간에 수억 건의 거래 내용을 거의 동시에 처리할 수 있어야 합니다. 컴퓨터 용량이 과도하게 필요하지 않고, 동시에 전기요금이 많이 들지 않는 작업이어야 합니다. 그래서 거래 수수료를 최소화해야 합니다. 동시에 거래 내역에 대한 해킹이나 탈취가 불가능하게 유지되어야 합니다. 효과적이면서 동시에 혁신적인 암호화 방법이 필요한 이유입니다. 따라서 암호학과 데이터 분산 저장, 분산 처리 기술의 획기적인 기술이 핵심 블록체인 조건이 될 것입니다.

마지막으로, 사람이 태어나면 각 개인에게 일정한 수의 비트코인을 지급하고 사망하면 그와 함께 회수하는 새로운 비트코인을 제안합니다. 그러면 지구상의 인구수와 비례하는 일정한 비트코인 수가 유지되고 비트코인 불평등 문제를 해결할 수 있습니다. 또 과도한 화폐 발행과 인플레이션을 방지할 수 있습니다. 그렇게 했을 때 사토시 나카모토가 추구한 진정한 의미의 '개인 간' 지불 수단이 실현되고 더 나아가 화폐 민주화를 달성할 수 있습니다. 다행히 비트코인은 새로운 버전의 프로그램으로 개선할 수 있는 여지가 충분합니다. 또 새로운 기능과 성능을 장착한 가상화폐가 끊임없이 새로 나오고 있습니다. 인류의 삶에 보탬이 되는 이상적인 가상화폐가 곧 찾아오리라 기대해 봅니다.

# 바닷속
# 빅데이터 네트워크 전쟁

 

 

4차 산업혁명은 본격적인 '양자역학의 시대'라고 볼 수 있습니다. 21세기 들어서, 보어Niels Henrik David Bohr, 슈뢰딩거Erwin Rudolf Josef Alexander Schrödinger, 디랙Dirac, 아인슈타인 등 과학자들의 도움으로 원자의 세계를 다루는 물리학인 양자역학이 발전되기 시작했습니다. 양자역학은 기존의 전통 물리학으로 설명하기 어려웠던 입자의 존재를 확률로 표현한 새로운 시도였습니다. 예를 들어, 원자 속 전자의 에너지 상태는 연속적이지 않고 불연속적입니다. 에너지 레벨이 특정한 불연속적인 값을 갖습니다. 그래서 원자에서 나오는 빛은 특정한 색깔의 빛만 나옵니다. 특정 물질에서 나오는 빛을 보면 그 물질의 원자 에너지 구조를 파악하는 데 도움이 되는 것도 그런 이유입니다.

양자역학에서는 존재할 수 없는 영역에 입자가 침투할 수도 있습니다. 그리고 입자가 파동과 입자의 성질을 동시에 갖고 있고, 그 속도는 최대 광속의 속도를 넘을 수 없습니다. 입자의 존재와 에너지 레벨을 계산할 때 파동 방정식으로 풀기도 하는 건 파동의 성질을 함께 갖기 때문입니다.

이러한 현대 물리학인 '양자역학'이 지금 4차 산업혁명으로 더욱 주목받고 있습니다. '양자역학'이 데이터 센터와 인공지능의 핵심인 반도체의 동작 원리와 빅데이터 네트워크의 핵심인 광통신 원리를 제공하는 것입니다. 특히 원자 속 전자가 에너지 레벨을 바꿀 때 빛이 방출되거나 흡수되는 원리가 광통신에 활용됩니다. 이 원리로 광통신을 위한 빛 디지털 신호를 광반도체에서 발생시키거나 수신하는 것입니다. '양자역학'이 광통신 송신기와 수신기의 원리가 되는 것입니다.

## 바닷속 광통신 빅데이터 네트워크

◇

초기 유선통신에서는 구리 전선으로 송신기와 수신기를 연결하고, 모스 부호로 전기를 연결했다 끊었다 하면서 신호를 보냈습니다. 이 유선통신으로 19세기 유럽과 미대륙을 연결했습니다. '전신'이라는 방식입니다. 그런데 이러한 유선통신은 제한이 많습니다. 선박, 자동차, 비행기 간 통신이 불가능하고, 구리선을 연결하는 데 시간과 비용이 너무 많이 듭니다. 또한, 구리 전선을 이용한 통신은 신호 손실이 일어납니다. 요즘 빅데이터 네트워크 통신에서는 초당 테라비트 Terabit/s, 1초에 1조 비트 이상을 필요로 합니다. 빅데이터의 용량이 커지기 시작하면 1,000배 속도인 페타비트 Petabit/s, 1초에 1,000조 비트 이상 필요할 것입니다. 그런데 기존의 전기 신호 유선통신은 데이터 속도와 주파수가 높아질 때 전선의 구리 저항 때문에 신호 손실이 심각하게 커집니다. 그러면 수백 미터 거리에서도 데이터 송수신이 어렵습니다. 거리를 늘리려면 중간중간에 신호 재증폭을 위한 중계기도 설치해야 합니다. 따라서 현실적으로 바다 건너 대륙 간 빅데이터를 위한 통신이 불가능합니다.

이러한 구리 기반 유선통신의 한계를 극복하기 위해 사용하는 기술이 바로 빛을 이용해서 통신하는 광통신 기술입니다. 아주 가느다란 광섬유를 이용해서 빛을 보내면 수천 킬로미터 대륙 간 거리에서도 디지털화된 1과 0의 신호를 보낼 수 있습니다. 광통신 케이블 안에 유전율Permittivity이 높은 물질을 코어로 사용하고 바깥(클래딩)은 낮은 유전율의 물질로 감싸면 광섬유 안에서 빛의 전반사가 일어나 빛이 광섬유 안에 가두어지게 됩니다. 당연히 광신호는 빛의 속도로 날아갑니다. 특히 광섬유는 손실이 매우 작아 수천 킬로미터 거리에서도 신호를 보낼 수 있습니다. 이에 더해서 광섬유 안에 빛을 7가지 무지개 색깔로 나누어 보내면 색깔 숫자만큼 통신 용량이 늘어납니다. 수신기에서 프리즘 원리로 각 색깔에 실린 신호를 분해할 수 있기 때문입니다. 이 방식을 WDM Wavelength Division Multiplexing이라고 합니다. 광통신이 수백 테라비트 이상을 송수신할 수 있는 비결입니다. 광섬유 굵기는 마이크로미터로 매우 가늘어 다발로 묶을 수 있습니다. 1,000개, 1만 개의 광섬유를 다발로 묶으면 1개의 광통신 케이블 다발로 대용량 빅데이터 네트워크 통신망을 구현할 수 있습니다. 지금 이 광통신 케이블이 대륙 간 심해 바닷속에 수없이 설치되고 있습니다.

클라우드 기반으로 전 세계 데이터 산업을 주도하고 있는 대표적인 업체가 아마존, 마이크로소프트, 구글, IBM 등입니다. 이들은 데이터를 독점하기 위해서 전 세계에 데이터를 모으고 이를 자신들의 데이터 센터에 저장하고 싶어 합니다. 그런데 데이터 발생 장치와 데이터 소비자 그리고 데이터 센터는 바다 건너 대륙을 넘어 공간적으로 분리되어 있습니다. 이 기업들이 클라우드 데이터와 서비스를 독점하기 위해서는 데이터 생산, 소비, 저장 공간을 효과적으로 연결하기 위한 대용량 빅데이터 네트워크를 전 세계 곳곳에 설치해야 합니다. 땅은 각 나라의 소유가 명확해 광통신 케이블을 설치하기 어렵습니다. 그래서 오대양 깊은 바닷속에 광섬유를 이용한 광통신 네트워크를 설치하고 있습니다. 전 세계 심해 바다에 각 클라우드 기업들의 광통신 망이 하루가 멀게 늘고 있습니다. 하늘에는 인공위성 무선 네트워크,

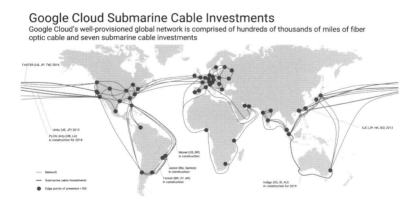

| 구글의 클라우드 시스템을 위한 해저 광케이블 네트워크 (출처 : Media Post) |

깊은 바닷속에는 광통신 네트워크망이 거미줄처럼 얽히게 됩니다.

## 지구 전체에 빅데이터 네트워크망

◇

빅데이터의 시대는 확실히 광섬유 통신망 시대이기도 합니다. 앞으로는 모든 가정 내 컴퓨터, TV, 로봇, 가전기기에 광섬유가 연결될 것으로 예상합니다. 그래서 FTTH Fiber-to-the-Home, 가정 내 광케이블라는 용어도 생겨났습니다. 미래는 FTTM Fiber-to-the-Machine, 기계 내 광케이블 시대가 될 것입니다. 움직이는 모든 기계는 5G 무선통신으로 연결하고 고정된 모든 기기는 모두 광섬유 케이블로 연결하는 것입니다. 더 많은 빅데이터 연결망이 깊은 바닷속에 촘촘히 설치될 것입니다.

그러나 바닷속 광통신망은 안전성에 대해서 고민할 점이 있습니다. 깊은 심해 속 화산이 발생할 수 있고, 지진이 날 수도 있습니다. 물고기들이 광섬유 다발을 물어뜯을 수도 있고, 전쟁으로 적 잠수함이 바닷속 광케이블을 파괴할 수도 있습니다. 이는 중요한 데이터 손실을 의미합니다. 이런 위험 상황에 대비하기 위해서 백업망도 필요합니다. 백업망을 바닷속에 추가로 설치할 수도 있고, 하늘 인공위성망을 활용할 수도 있습니다. 이래저래 4차 산업혁명을 맞아 하늘과 바다는 빅데이터 통신망이 꽉 채워질 전망입니다.

# 하늘 위의
# 빅데이터 네트워크

19세기에는 전기공학의 이론과 실험이 태동하고 꽃을 피우기 시작했습니다. 그 결과 인류가 편리하게 전기를 발생하고, 전송하고, 공급하고, 사용하는 것이 가능해졌습니다. 이와 함께 전자파 이론이 정립되고 그 응용 기술도 개발되기 시작했습니다. 이러한 발전에 힘입어 유선과 무선통신이 시작되었습니다. 그 수많은 노력 중에서 무선통신을 가능하게 한 대표적인 인물이 물리학자이면서 전기공학자인 마르코니Il Marchese Guglielmo Giovanni Maria Marconi입니다. 1874년 이탈리아 볼로냐에서 태어나 1895년 헤르츠의 전자기파 이론에 기초해 현대 장거리 무선통신의 기초를 이룬 업적으로 1905년 노벨 물리학상을 수상했습니다. 그는 구리 전선을 이용해서 구현하던 유선통신 시대를 무선통신 시대로 물줄기를 돌리는 큰 역할을 했습니다.

마르코니가 실현한 무선통신은 매우 초기 방식으로, 스파크 전류 펄스를 일으키고 안테나를 설치해서 공중으로 전파를 띄웁니다. 전류를 짧게 보내고 길게 보내고 하면, 그 결과물이 안테나에서 전파로 송신됩니다. 모스 부호Morse code 형태로 장거리 무선통신을 가능하게 했습니다. 영국 해군 훈련에서 약 120킬로미터 거리 사이의 무선통신에 성공했고, 1899년에는 그의 무선통신기가 영국에서 등대선 조난 구조에 처음으로 활용되었습니다. 마침내 1901년에는 영국 서남부 콘월과 캐나다 뉴펀들랜드까지 3,570킬로미터 거리의 대서양을 사이에 두고 행한 무선통신에 성공했습니다. 이때부터 무선통신은 함선을 비롯한 각종 통신에 실용화되었습니다. 전류를 이용해서 전자파를 발생시키고, 안테나를 설치해서 공간 방사 효율을 높이는 기본적인 구조는 지금의 무선통신과 그 원리와 구조에서 차이가 없습니다. 4차 산업혁명의 무선 빅데이터 네트워크는 이렇게 시작된 것입니다.

## 인공위성을 이용한 빅데이터 네트워크

◇

얼마 전 스페이스 X에 실려 우주로 올라가는 KAIST 소형 과학 위성 1호 발사를 참관하기 위해서 캘리포니아 반덴버그 공군기지를 방문했습니다. 이때 사용한 스페이스 X 프로그램은 인공위성 발사의 비용을 최대한 줄이기 위해서 1단 로켓을 재활용하는 우주 개척 프로그램입니다. 로켓 발사 후에 바다에 떨어진 1단 발사체를 회수해서 재사용해 비용을 줄이는 개념입니다. 성공적으로 발사되어 정상 궤도에 진입한 KAIST 차세대 소형 인공위성 1호는 2020년 2월부터 2년 동안 우주과학 연구에 활용될 영상자료를 수집해 국내 관련 기관에 제공하게 됩니다. 차세대 소형 인공위성 1호를 싣고 발사된 미국

민간 우주탐사 기업 스페이스X '팰컨9' 로켓은 우주탐사 사상 최초로 세 번째 재활용 기록을 세웠습니다. 이후 100번까지 재사용하겠다는 것이 일론 머스크의 혁신적인 발상입니다.

저비용, 소형 인공위성의 발사 시도는 하늘과 우주에서 벌어지는 '무선 빅데이터 네트워크' 구축과 관계가 큽니다. 값싼 소형 인공위성을 이용하면 수백 개의 인공위성 데이터 네트워크를 하늘에 설치할 수 있습니다. 결과적으로 마르코니가 시작한 무선통신이 지구 위 하늘의 빅데이터 네트워크로 완성되는 것입니다. KT 아현 전화국 경우처럼, 땅 위의 네트워크가 천재지변으로 망가지는 비상사태가 발생해도 지구 위에서 인공위성을 이용한 빅데이터 네트워크를 그대로 유지할 수 있습니다. 인공위성망은 하늘 위의 백업 빅데이터 네트워크가 되는 것입니다.

## 지구 전체가 빅데이터 네트워크 전쟁

◇

마르쿠니 시대에는 전류의 끊김과 길이로 모스 부호를 만들고 무선 전송했습니다. 지금은 0과 1로 이루어진 디지털 데이터 형태로 하늘에 보냅니다. 그 디지털 신호의 본질은 바뀌지 않습니다. 문서, 텍스트, 사진이 음성과 동영상 시대로 넘어갔을 뿐입니다. 4차 산업혁명 시대의 가장 중요한 인프라인 빅데이터 센터와 빅데이터 네트워크 확보 전쟁은 하늘에서도 계속되고 있습니다. 일론 머스크도 그 점을 아주 잘 알고 있습니다.

| 초소형 군집위성 핵심기술 |

19세기 마르쿠니 시대 영국은 대륙 간 통신, 선박 간 통신, 해양 간 통신으로 연락하면서 오대양 육대주를 누볐습니다. 일본이 태평양 전쟁을 시작하며 진주만을 공격했을 때도 일본 본토와 항공모함과 무선통신으로 지령을 교환했고, 미국은 그 전파를 감지해서 암호를 풀려고 했습니다. 식민지, 시장, 자원의 확보에 무선통신이 적극적으로 활용된 것입니다. 그 시기는 우리가 잘 알고 있듯이 조선이 망하고 외세의 침입에 국격이 크게 훼손되었던 시기입니다.

KAIST는 가격을 줄일 수 있는 초소형 인공위성을 군집 형태로 수백 개, 수천 개 하늘에 날려서 네트워크를 일구는 꿈을 꾸고 있습니다. 그러나 아직 한국에는 스페이스 X와 같은 로켓이 없습니다. 다만 머지않은 시점에 우리 자체 로켓을 확보하고, 초소형 군집 위성 빅데이터 네트워크를 구축할 수 있을 것으로 전망합니다.

# '데이터 전쟁'의
# 최종 승자는 누구인가

오래전 1970년대 중반의 유행가 노래 가사 중에 '세월이 약이겠지요'라는 표현이 있습니다. 남녀가 서로 사랑하고 이별의 아픔을 겪더라도, 결국 시간이 지나면 잊히고 치유된다는 말입니다. 그리고 그러한 옛 추억을 잊기 위해서 제일 좋은 방법은 그 추억을 다시 떠올리지 않는 것이고, 그러기 위해서는 새로운 추억을 만드는 것이 약입니다. 그래서 영어에서는 'out of sight, out of mind'라는 표현도 있습니다. 눈에 보이는 것이 기억을 되살리기 때문입니다. 이러한 현상은 모두 뇌의 기억, 그리고 망각과 관련이 있습니다. 독일의 심리학자 헤르만 에빙하우스Hermann Ebbinghaus에 따르면, 학습 후 우리 뇌 속에 남는 기억은 1시간이 지나면 50%만 남고, 하루 뒤에는 30%, 한 달 뒤에는 20%만 남는다고 합니다. 그래서 학습한 내용을 잘 기억하기 위해서는 복습을 반복해야 합니다. 신기한 점은 아무리 열심히 공부하고 외워도 시험이 끝나면 바로 공부한 내용이 머릿속에서 사라진다는 것입니다.

이러한 현상이 말하는 것은 우리 뇌가 기억을 영원히 저장하지 못한다는 진실입니다. 더욱이 우리가 죽으면 뇌 속 기억은 완전히 사라집니다. 뇌 속의 기억은 영원하지 않습니다. 그래서 실은 뇌가 좋은 데이터 저장장치는 아닙니다. 따라서 뇌는 클라우드 시스템의 데이터 센터가 될 수가 없습니다.

뇌 기억의 시간과 용량의 한계를 극복하기 위해서 인류는 기록 장치를 수만 년 전부터 개발해 왔습니다. 그중에 하나가 벽화입니다. 고구려 벽화를 보면 수천 년이 지난 지금도 당시 사람들의 모습, 문화, 의복, 환경을 짐작할 수 있습니다. 넓은 들판을 달리면서 사냥하던 고구려인의 기백과 정신도 전달됩니다. 글자, 종이, 책의 발명과 전파도 모두 인간 뇌 기억장치의 한계를 극복한 사례라고 볼 수 있습니다. 이러한 기록들은 사람과 사람 사이에, 사회와 사회 사이에 전달되고, 역사를 통해 남았습니다. 돌에 새겨진 벽화나 광개토대왕비에 새겨진 기록은 오래 기억됩니다. 비록 데이터 저장 용량은 적었으나 지속성 관점에서 우수한 데이터 저장장치였습니다.


오늘날 가장 유효한 기억장치가 반도체 메모리입니다. 그중에서 데이터 저장과 읽기가 빠르지만, 전원이 꺼지면 데이터가 지워지는 고속 메모리가 D램입니다. 반면에 데이터 저장과 읽기 속도는 느리지만 저장 용량이 크고, 전원이 꺼져도 데이터가 지워지지 않는 메모리가 낸드 플래시 메모리입니다. 반도체 메모리의 장점은 가볍고 작다는 데 있습니다. 엄청난 양의 데이터를 손톱만큼 작은 반도체 메모리 공간에 넣을 수 있습니다. 그리고 아주 쉽게 꺼낼 수 있습니다. 덕분에 손 안의 컴퓨터인 스마트폰이 가능하게 되었죠. 나아가 데이터 쓰기 또는 읽기가 나노초(10억 분의 1초) 단위로 가능합니다. 그러니 빅데이터 처리가 가능하고, 빠른 시간 안에 인공지능 프로세스가 가능해졌습니다. 빅데이터 저장을 위한 데이터 센터도 반도체 메모리로 채워집니다. 글자의 발명, 한글의 발명에 버금가는 인류의 업적이 반도체 메모리의 발명이라고 해도 무방합니다.

## 앞으로 10년, 메모리 수요는 늘어날 수밖에 없다

◇

반도체 메모리의 수요는 지난 30여 년 동안 꾸준히 증가해 왔습니다. 이러한 수요의 증가는 PC 시대, 모바일 시대, 빅데이터 시대, 인공지능 시대와 미래 자율주행차 시대를 거치면서 일관되게 지속되고 있습니다. 새로운 기술의 패러다임은 필연적으로 데이터를 증가시키고, 더 많은 반도체 메모리를 필요로 합니다. 4차 산업혁명 시대가 가속화될수록 이러한 경향은 더욱 심화될 것입니다.

1980년대 후반 제가 대학원 입학할 때 처음 개인용 IBM XT, AT 컴퓨터가 보급되기 시작했습니다. 이때가 반도체 메모리 수요의 태동기라고 볼 수 있습니다. 그리고 1990년대 초 인터넷이 대중화되면서 또 한 번 메모리 수요 증가의 동력을 얻습니다. 인터넷을 하면서 문서를 주고받게 되고, 인터넷 화면을 보게 되면서 컴퓨터의 메모리 용량이 증가했습니다. 그리고 마침내 2000년대 스마트폰이 등장하면서, 특히 스마트폰의 카메라 기능과 화질이 고급화되면서 메모리의 수요 증가가 폭발적으로 탄력을 받게 된 것입니다. 사람들이 카메라 대신에 스마트폰으로 사진과 동영상을 찍으며 더 큰 저장 공간이 필요하게 된 것입니다.

최근에는 데이터 센터와 인공지능 서버로 인해 고성능 반도체 메모리의 수요가 급증하고 있습니다. 여기에 더해서 TV의 해상도가 8k UHDTV 화면 해상도를 가지게 되고, 유튜브 영상이 넘쳐나면서 더욱 메모리의 수요가 늘어날 것입니다. 자율주행차, 에지 컴퓨팅, 블록체인 등은 더할 나위 없습니다.

앞으로 개인과 클라우드 시스템 간 데이터 권리를 두고 힘겨루기가 일어날 것입니다. 서로 데이터를 확보하고 독립적으로 저장하려고 할 것입니다. 개인도 중요한 신상에 관한 데이터 프라이버시를 갖기를 원하기 때문입니다. 이러한 방향 모두 데이터 저장량의 증가를 필연적으로 가져옵니다. 코로나19로 대두되는 의료 진단 기술 또한 마찬가지입니다. 미래는 기술의 방향이 어디로 흐르던지 반도체 메모리 기업에 유리한 방향으로 계속 이어지고 있습니다.

## 100제타바이트는 특이점 시대를 예고한다

◇

미래에는 우리가 숨 쉬고, 심장이 뛰고, 눈 깜빡이는 것까지 모두 기록됩니다. 따라서 사람이 태어나서 죽을 때까지, 매 순간 데이터가 생성되고 저장됩니다. 언제나 어디서나, 심지어 죽을 때도 기록됩니다. 그리고 전 세계 모든 사람의 데이터가 기록됩니다. 원하든 원하지 않든 그 사람이 죽더라도 그 데이터는 지워지지 않습니다. 메모리 용량의 증가는 더욱 가속될 수밖에 없습니다.

2025년 무렵에는 지금보다 10배 이상 더 큰 데이터가 생성되고 저장될 것으로 예상됩니다. 이 말은 곧 지금의 반도체 메모리 시장이 10배 이상 커진다는 것을 의미합니다. 추정컨대, 연간 인류가 생산하고 저장하는 데이터 양이 100제타바이트가 넘을 것입니다. 1제타바이트는 10의 21승 바이트 8비트 크기입니다. 그렇다면 매년 만들어지는 데이터의 크기가 10의 23승 바이트가 된다는 말입니다. 사실상 무한대의 숫자입니다.

화학에서 사용하는 아보가드로 수 Avogadro Constant 는 1몰 Mol 의 물질 속에 들어 있는 원자의 수입니다. 이 상수는 약 10의 23승 크기를 갖습니다. 우리가 예측하는 2025년 빅데이터의 양과 이 화학의 기본 숫자인 아보가드로 수 비슷해지는 것이 우연일까요, 아니면 자연의 섭리일까요. 아마 빅데이터의 크기가 이 아보가드로 숫자가 크기가 되면 '특이점' 시대가 올 수도 있을 것입니다.

## 격화되는 반도체 메모리 경쟁

◇

인공지능용 서버 컴퓨터에는 다양한 계층의 반도체 메모리가 사용됩니다. 각 반도체 메모리는 저장 용량 Density, 단위 시간당 데이터 송수신 가능 용량 Bandwidth, 데이터를 읽고 쓰는 데 걸리는 지연 시간 Latency, 전력 소모, 가격에 의해서 차이가 납니다. 그래서 여러 가지 종류의 반도체 메모리를 계층적으로 사용하여 컴퓨터의 성능을 보장하면서도 동시에 비용을 낮추려 합니다. D램은 CPU/GPU라고 하는 프로세서에서 가장 가까운 거리에서 빠른 속도로 CPU/GPU와 데이터를 주고받으면서 저장하는 메모리 반도체입니다. 다음으로 용량은 크지만, 속도가 느린 낸드 플래시 메모리가 사용됩니다. 우리가 쉽게 사용하는 USB 저장장치에 들어가는 메모리가 대표적으로 낸드 플래시 메모리입니다.

D램과 낸드 플래시 메모리는 성능과 가격에서 서로 보완 관계를 유지하면서 공존합니다. 국내 기업인 삼성전자, SK하이닉스가 이 두 반도체 메모리 시장에서 1, 2위를 차지하고 있습니다. 최근 인공지능 서버를 비롯한 고성능 컴퓨터 시장에서는 CPU/GPU보다 반도체 메모리 성능이 컴퓨터의 성능을 좌우합니다. CPU/GPU에 의한 계산보다는 메모리에 데이터를 쓰고 읽는 작업이 문제가 되기 때문입니다. 지연 시간이 컴퓨터의 성능 개발에 엄청난 영향을 주고 있다는 말입니다.

이 틈을 파고들기 위해서 인텔이 새로운 반도체 메모리로 도전장을 내놓았습니다. 그 새로운 반도체 메모리가 X-point 크로스 포인트 메모리입니다. 그동안 비메모리에 주력하고 있었던 인텔에서 마침내 30년 만에 X-Point 메모리라는 새로운 반도체 메모리를 선보이며, 메모리 시장에 다시 진출한 것입니다. 3D X-Point 메모리는 2015년 인텔과 마이크론에서 공동으로 개발한 반도체 메모리입니다. 저장의 기본 단위가 전자를 저장하는 커패시터가 아니라 상변화 메모리PCRAM 구조로 이루어져 있습니다. 또한, 20나노미터 공정으로 사용하고, 2층의 배열 구조로 적층되어 있습니다.

그 결과 X-Point 메모리는 낸드 플래시 메모리처럼 지워지지 않는 비휘발성이면서도, D램보다 소자 밀도가 10배 높고, 낸드 플래시 메모리보다 1,000배 빠르고, 수명이 길다고 알려져 있습니다. 이러한 뛰어난 성능으로 인공지능 및 머신러닝, 클라우드 컴퓨팅 등 데이터 센터를 위한 저장장치의 구조와 컴퓨터 메모리 구조를 변화시킬 가능성을 제시하고 있습니다. 실제 X-Point 메모리를 사용한 SSD<sup>Solid State Drive</sup> 제품의 성능은 기존의 SSD보다 수십 배 정도 뛰어난 것으로 알려졌습니다. 인텔과 마이크론, 두 회사 모두 공통적으로 중국에 공장을 설립해 3D X-Point 메모리 생산 비중을 높이고 있으며, 대량 생산을 통한 상용화로 기존의 반도체 메모리 시장을 뒤흔들 것으로 보입니다.

반도체 산업은 지금 큰 변곡점에 놓여 있습니다. 4차 산업혁명에 가장 핵심적인 반도체 메모리의 경쟁이 전 세계적으로 치열하게 격화되고 있는 것입니다. 미국의 인텔과 마이크론이 X-point 메모리로 표준을 바꾸려 하고 있고, 중국은 저가격, 저성능의 낸드 플래시 메모리로 도전하고 있습니다. 잠시도 방심할 틈이 없습니다. 지금부터가 진짜 반도체 메모리 전쟁 시대입니다.

# CHAPTER 3

# 클라우드와 컴퓨터

아직 열리지 않은 대융합의 시대

◆

빅데이터를 확보하기 위해서는 데이터를 구글이나 아마존처럼 데이터를 긁어모을 수 있는 플랫폼을 확보하고, 데이터 센터도 확장해야 합니다. 빅데이터를 확보하기 위해서는 끊임없이 인간의 욕망을 이해하고 캐내야 합니다. 단순한 요금제로 묶어두려는 원시적인 방법을 버리고 통신사의 플랫폼을 이용하도록 장치를 마련하지 않으면 안 됩니다. 통신사들이 자신을 통신사로만 규정한다면 5G 너머 4차 산업혁명의 본질을 잘못 이해하고 있는 것입니다.

# 클라우드 컴퓨팅이
# 설계까지 하는 이유

일반적으로 공학을 이용해 제품을 개발하는 과정은 다음과 같습니다. 제일 먼저 제품의 기능, 규격, 성능 그리고 목표 가격을 결정합니다. 이러한 요구 조건에 부합하는 제품 설계를 수행합니다. 이 설계 과정에서 컴퓨터 시뮬레이션을 통해 미리 설계된 제품이 목표 성능을 만족하는지를 가상으로 검증합니다. 그리고 이 설계와 컴퓨터 시뮬레이션을 통한 검증을 바탕으로 시제품을 제작하고 최종적으로 그 제품이 주어진 성능을 만족하는지 테스트하게 됩니다. 이 테스트를 통과하게 되면 본격적으로 제품 양산을 진행합니다.

그런데 이 과정에서 비용과 시간이 가장 많이 드는 부분이 시제품의 제작과 테스트 과정입니다. 테스트에서 만족하지 못하면 다시 제작해야 합니다. 이 시간과 비용을 줄이는 가장 효과적인 방법이 바로 컴퓨터 시뮬레이션을 활용해 최대한 정확하게 미리 성능을 확인하는 것입니다. 그러다 보니 컴퓨터 시뮬레이션이 공학 설계의 핵심으로 떠오르고 있습니다. 최근에는 컴퓨터 시뮬레이션이 없는 첨단 제품 개발은 없다고 봐도 됩니다.

## 클라우드 컴퓨팅 시스템의 등장 배경

◇

컴퓨터 시뮬레이션 기술은 생각보다 학제적이고 복합적입니다. 따라서 기업이 공학 설계를 위한 컴퓨터 시뮬레이션 환경을 보유하기 위해서는 많은 투자가 있어야 합니다. 우선 강력한 병렬 컴퓨터 성능을 가진 서버 시스템을 구축해야 합니다. 동시에 여러 대의 서버가 동시 병렬 컴퓨팅을 해야 시뮬레이션 시간을 줄일 수 있습니다. 다음으로, 각종 원하는 기능을 갖춘 소프트웨어를 구매해야 합니다. 회로, 반도체, 전자파, 진동, 소음, 열전도 등 다양한 복합 기능을 갖는 소프트웨어가 동시에 필요합니다. 기업 내 설계 기술자의 숫자만큼 소프트웨어 수량을 확보해야 합니다. 또한, 서버 시스템과 소프트웨어를 관리하고 지원하는 전문 인력도 필요합니다. 이러한 이유로 인프라를 구축하는 데 수년에서 수십 년이 걸리기도 합니다.

이렇듯 공학용 설계 시뮬레이션 능력이 기업의 핵심 설계 경쟁력이 될 것입니다. 그래서 떠오르는 기업이 공학 설계용 클라우드 컴퓨팅 서비스 기업입니다. 전례 없이 강력하고 전문적인 컴퓨터 서버, 소프트웨어와 지원 인력을 보유하고, 독자적인 컴퓨터 시뮬레이션 기술을 갖지 못한 소규모 기업들에게 사용료만 내면 언제든지 유무선 네트워크를 통해 편리한 인프라를 제공합니다. 일반 가정에서 값비싼 정수기나 안마의자를 직접 구매하지 않고, 대여해서 사용하는 것과 같은 개념입니다. 진입 장벽을 낮춘 대신에 매달 비싼 사용료를 내는 방식입니다.

이러한 서비스 분야에 집중한다면 또 다른 아마존과 구글이 될 가능성도 충분합니다. 지금까지 온라인 구독 형태의 프로그램을 대여하는 수준을 넘어, 3D프린팅, 마케팅 서비스 등과 온오프 결합된 서비스를 제공할 수도 있습니다. 아이디어만 가진 벤처기업은 비싼 장비 없이도 설계의 정밀도를 높일 수 있고, 심지어 아이디어에 머문 설계도 데이터를 높은 가격에 팔 수도 있을 것입니다. 물론, 실시간 시뮬레이션 중에 문제가 생기더라도 클라우드 시스템 기업 내 전문 인력이 기술적인 도움을 줄 수도 있습니다. 그러나 부작용도 만만치 않을 것입니다.

## 공학 설계도 종속 위험

◇

미래의 첨단 기업에 필요한 공학 설계는 장기적으로 클라우드 컴퓨팅 서비스 기업에 의존하게 될 것입니다. 이렇게 되면 많은 잠재적 문제를 갖습니다. 먼저 기업 대부분의 제품 개발이 클라우드 컴퓨팅 서비스 기업에 기술 종속 관계에 빠지게 될 수 있습니다. 그럴 때 발생할 수 있는 문제는 클라우드 컴퓨팅 서비스 기업이 어느 순간 서비스를 중단할 경우, 각 구매 기업이 제품 설계와 생산력을 손실하게 된다는 것입니다. 그뿐만 아니라 클라우드 컴퓨팅 서비스 기업이 각 기업의 설계 데이터를 모두 확보하게 되는 것도 문제입니다. 설계도 데이터도 종속되는 문제입니다. 클라우드 컴퓨팅 서비스 기업이 전 세계 관련 기업이 무엇은 하고 있는지 손바닥 들여다보듯이 파악할 수 있다는 것입니다.

클라우드 컴퓨팅 서비스 회사는 더 많은 인공지능 기술을 보유하려고 노력하고 있습니다. 설계 작업도 예외는 아닐 것입니다. 기술자 대신에 인공지능에게 더 많은 역할을 맡길 것입니다. 설계용 클라우드 컴퓨팅 서비스 회사들이 인공지능을 활용해 고객 기업들의 설계 데이터를 학습하려고 할 것입니다. 그럴 때 각 기업은 완전히 경쟁력을 잃게 될 수 있습니다. 4차 산업혁명 시기를 맞아 공학 설계, 컴퓨터 시뮬레이션, 제품 개발도 새로운 도전에 직면해 있습니다. 기업이 독자적인 설계 능력, 시뮬레이션 기술과 인력 확보에 실패한다면, 어느 순간 몰락을 운명으로 받아들여야 할지도 모릅니다.

# 클라우드 컴퓨팅의
# 감춰진 의도

　　클라우드 컴퓨팅은 인터넷 기반의 컴퓨팅 서비스의 일종으로 공유 컴퓨팅 처리 자원과 데이터를 다른 곳에 분포된 컴퓨터와 장치에 제공해 주는 시스템을 말합니다. 컴퓨터 네트워크, 서버, 데이터 저장 장치, 소프트웨어 서비스를 제공하면서 언제 어디서나 접근할 수 있게 하고 기업이나 개인이 최소한의 관리 노력으로 사용할 수 있게 합니다. 특히 데이터의 저장, 가공하는 등 다양한 데이터 처리 기능도 제공합니다. 따라서 데이터 센터는 전 세계 곳곳에 위치합니다.

　　말하자면, 기업이나 개인이 새로운 사업을 하기 위해 막대한 하드웨어, 소프트웨어 등 컴퓨팅 비용과 기술 없이도 새로운 사업영역에 쉽게 진출하도록 돕습니다. 그럼으로써 비용을 절감하고, 서버, 데이터 센터, 소프트웨어 등을 재활용할 수 있도록 합니다. 투자 비용을 절감하는 효과를 불러일으킵니다. 여기에 시스템의 안정성이 높아 서버나 통신이 다운되는 걱정을 덜어도 됩니다. 개인이나 기업이 바로 옆에 강력한 컴퓨팅 데이터 인터넷 인프라를 소유하고 있는 듯한 착각을 일으키게 하는 것입니다. 마치 클라우드 컴퓨팅 시스템이 내 책상, 내 자동차, 내 손 안에 있는 듯한 효과를 줌으로써 공간적으로, 시간적으로 구속받지 않고 자유롭게 바로바로 서비스를 받을 수 있습니다. 이 서비스가 내 머리 위에 나를 따라 구름처럼 떠다니는 느낌을 주기 때문에 'Cloud구름'라는 단어를 사용합니다.

평소에 인식하지 못하더라도 우리는 현재 클라우드 컴퓨팅을 사용하고 있습니다. 온라인 서비스를 사용해 메일을 보내고 문서를 편집하며 영화나 TV를 보고 음악을 들으며 게임을 하거나 사진 및 기타 파일을 저장하는 등의 모든 일이 클라우드 덕분에 가능합니다.

클라우드 컴퓨팅 시스템의 하드웨어는 데이터 센터 내 막대한 양의 반도체 메모리로 구성되어 있습니다. 최근 반도체 낸드 플래시 메모리의 수요가 끝없이 증가하고 있는 것은 이 클라우드 컴퓨팅 시스템 덕분입니다. 전력 소모가 적고 동작 속도가 빠른 특성을 가진 SSD는 클라우드 컴퓨팅 시스템에 필수적인 하드웨어입니다. 다음으로, 저장된 데이터를 처리하기 위한 컴퓨팅 서버가 필요합니다. 인공지능 알고리즘 딥러닝 계산을 하기 위해서, 또는 인공지능이 지도학습, 비지도학습, 강화학습을 하기 위해서는 고성능 서버가 필요합니다. 이 서버에는 엔비디아의 GPU 또는 구글의 TPU텐서 프로세서 유닛가 사용됩니다. 최대 속도로 동작하는 메모리가 필요한데, DDR 4, 5 등의 고속 D램이 사용됩니다. 그래서 D램의 수요가 계속 증가할 수밖에 없습니다. 여기에 더해 데이터를 데이터 센터 간 혹은 개인 단말기들과 주고

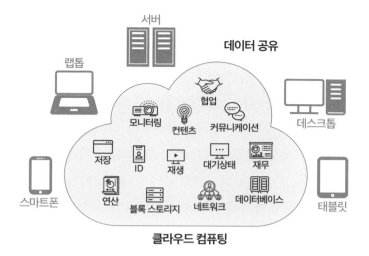

서버

데이터 공유

랩톱

협업

모니터링    컨텐츠    커뮤니케이션

데스크톱

저장    ID    재생    대기상태    재무

스마트폰    연산    블록 스토리지    네트워크    데이터베이스

태블릿

클라우드 컴퓨팅

| 클라우드 컴퓨팅의 개념 |


받기 위한 네트워크 통신 시스템이 설치됩니다.

　인공지능 서비스를 제공하기 위한 인공지능 소프트웨어도 필요합니다. 다양한 응용 프로그램도 제공해야 합니다. 그리고 최소한의 저장 용량과 비용 그리고 최소의 전력으로 데이터 센터를 이용하기 위한 데이터 관리 소프트웨어도 필요합니다. 마지막으로, 서버 구동의 효율성을 확보하고, 데이터를 사용자가 느끼지 못하게 언제 어디서나 빠르게 공급하기 위한 소프트웨어가 필요합니다. 이처럼 클라우드 컴퓨팅 속에는 반도체와 소프트웨어의 첨단 기술이 모두 집약된 최첨단 시스템이라고 볼 수 있습니다.

## 데이터를 독점하려는 의지

◇

몇 해 전 미국 시애틀에서 마이크로소프트가 주최한 학회에 참가한 적이 있습니다. 많은 사람들이 여전히 마이크로소프트를 생각하면 윈도우 운영체계와 워드프로세서 프로그램을 생각합니다. 우리 대부분이 IBM PC인 XT, AT가 소개된 1980대부터 마이크로소프트와 함께 일하고, 살아 왔다고 해도 과언이 아니기 때문입니다. 그런데 마이크로소프트 학회 행사 중에 가장 많이 들었던 단어가 '클라우드 컴퓨팅 시스템', '데이터 센터', '인공지능', '에지 컴퓨팅'이라는 단어들뿐이었습니다. '윈도우'라는 운영체제와 관계되는 말은 단 한 번도 듣지 못했습니다. 마이크로소프트는 이제 분명히 클라우드 컴퓨팅 서비스 회사로 탈바꿈했다고 볼 수 있습니다.

마이크로소프트가 추진하고 있는 대표적인 클라우드 서비스 시스템이 애저Azure 시스템입니다. 고객에게 서비스하기 위해서는 서비스 지연 시간Latency을 줄여야 합니다. 마이크로소프트는 서비스 지연 시간을 2밀리초 이내로 단축할 계획을 가지고 있습니다. 이를 위해서는 물리적으로 데이터 센터를 소비자 가까이 수백 킬로미터 이내에 설치해야 합니다. 그리고 소비자가 빈번하게 사용하는 데이터를 가까운 데이터 센터에 배치해야 합니다. 그 결과로 전 세계 곳곳에 수백 개의 애저 데이터 센터가 설치되고 있습니다. 저비용, 고성능, 대용량 저장과 서비스를 구현하려는 이유입니다. 데이터 센터를 설치하는 지역적 조건으로는 냉각수를 공급하기 위한 강가여야 하고, 전력비용이 덜 들고, 땅값이 싸야 합니다. 그래서 마이크로소프트는 냉각에 필요한 전기 비용을 줄이기 위해서 바닷속에 데이터 센터를 짓는 연구도 하고 있습니다. 연간 20조 원[20B 달러] 이상의 데이터 센터 투자가 이루어지고 있고, 그 규모는 매년 2배씩 성장하고 있습니다.

그러면 왜 비싼 돈을 투자해서 개발한 클라우드 컴퓨팅 시스템을 개인이나 기업에 제공하려는 걸까요? 그것도 무상으로요. 사실 클라우드 컴퓨팅은 그 자체로 이익이 발생하는 게 아니라 일종의 미끼 상품일 뿐입니다. 일종의 마약입니다. 이용자가 한번 맛을 들이면 벗어나기 어렵게 만드는 것입니다. 이를테면 정수기 업체가 각 가정에 정수기, 안마의자 등을 공짜(?)로 설치해주고 매달 사용료를 받아가는 모델과 다를 바 없습니다. 3년쯤 사용료를 내고 나면 정수기, 안마의자의 제품값을 낸 것이나 다름없습니다. 그러니 대여 업체는 3년 이후에는 완전히 남는 장사가 됩니다. 그러면 이용자가 클라우드 컴퓨팅 업체에 지출하는 비용은 무엇일까요? 바로 데이터입니다. 우리가 매초, 매일 죽을 때까지 생산하는 데이터 말입니다. 빅데이터를 확보하고 인공지능을 이용하면 판단과 예측이 누구보다 앞서게 됩니다. 이렇게 되면 당연히 비용, 시간, 자원, 노동, 자본이 극적으로 절약됩니다. 구글이나 아마존이 신의 영역으로 승천하기 위해서, 우리에게 미끼 상품으로 제공하는 것이 클라우드 컴퓨팅입니다.

4차 산업혁명 시대에 시장을 지배하기 위해서는 빅데이터 플랫폼을 확보해야 하고, 그 빅데이터 플랫폼에는 클라우드 컴퓨팅이 배후에 있습니다. 그래서 미국 전자상거래를 지배하고 있는 아마존이 미국 클라우드 시장의 33%를 차지하고 있는 것은 놀라운 일이 아닙니다. 여기에 마이크로소프트가 10%, 의료 산업을 지배하려는 욕심을 드러내는 IBM이 8%, 우리의 일상생활을 캐는 구글이 5%를 확보하고 있습니다. 삼성전자와 현대자동차 등 우리 기업들이 미래 산업을 개척하고 싶다면 지금 당장에라도 클라우드 컴퓨팅 서비스 시장에 적극적으로 뛰어들어야 하는 이유입니다.

## 데이터 독점을 위한 전쟁이 시작되었다

◇

클라우드 컴퓨팅에 종속되지 않기 위해서는 각 개인, 각 기업이 독자적인 클라우드 시스템을 독립적으로 구축할 필요가 있습니다. 그럴 때 데이터의 자유가 일정 수준 확보될 수 있습니다. 독립 클라우드 시스템은 개인의 스마트폰, 자율주행차, 스마트 홈 또는 기업 내에 설치할 수 있습니다. 이러한 클라우드 시스템을 사설 클라우드 시스템으로 부르기도 합니다. 이렇게 하면 데이터에 의한 지배를 일정 부분 벗어나 정보를 지켜낼 수 있습니다.

사용자 최단 거리에 설치하는 컴퓨팅 시스템을 에지 컴퓨팅 시스템이라고 합니다. 스마트폰이나 자율주행차 안에 작은 규모의 클라우드 컴퓨팅을 설치합니다. 그러면 우리의 스마트폰이나 자율주행차가 작은 데이터 센터가 됩니다. 에지 컴퓨팅은 데이터에 대한 접근 시간을 큰 폭으로 줄여줍니다. 그렇게 되면 실시간 반응이 필요한 동시 번역, 자율주행차 운행 등 인공지능 서비스를 실시간으로 이용할 수 있게 됩니다.

에지 컴퓨팅의 가장 중요한 점은 무엇보다 데이터의 소유를 개인이 일부 통제하게 된다는 점입니다. 원칙적으로 저는 데이터를 생산자가 소유해야 한다고 믿습니다. 유통자나 보관자가 소유하게 되면 데이터 소유의 불균형과 권력 집중화 문제가 발생할 수밖에 없습니다. 데이터가 집중되면 지금의 자본, 토지가 만드는 사회적 불균형, 불평등과 이로 인한 사회 갈등이 재현될 수 있습니다. 에지 컴퓨팅이 발전하면 필요한 소규모 데이터 센터가 늘어나고 그와 관련한 인공지능 데이터 관리 소프트웨어도 개인이 소유해야 합니다. 때로는 데이터의 손실이나 해킹을 방지하기 위해서 별도의 소규모 개인 소유의 데이터 센터가 별도로 필요로 할 날이 올 것입니다. 개인의 정보보호와 빅데이터 소유권을 둘러싼 공방은 계속될 것입니다.

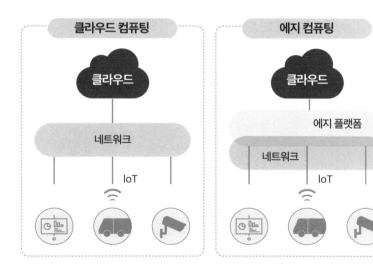

| 클라우드 컴퓨팅과 에지 컴퓨팅 |

# 통신사가
# 생존할 수 있는 '필수' 선택지

1970년대 시절, 동네 가까이에 전화국이 있었습니다. 그 전화국 앞에 전화 가게가 있었는데, 그곳에서 전화기를 사고팔 수 있었습니다. 그곳 말고 전화기를 살 수 있는 곳이 없었으니, 일종의 전화기 거래소인 셈입니다. 가게 진열장에는 백색, 청색 두 가지 전화기가 전시되어 있었던 기억이 납니다. 일명 '백색 전화', '청색 전화'라고 부르는 전화였습니다. 백색 전화로 가입하면 전화선 자체를 가입자가 개인이 소유했고, 양도도 가능했습니다. 전화선은 한정되어 있는데, 수요자가 늘어나니 소유자가 비싼 값에 전화선의 권리를 사고팔게 되어 투기 대상으로 변질되는 부작용을 낳기도 했습니다.

그 결과, 백색 전화 1대 값이 260만 원까지 했다고 합니다. 그때 서울 평균 집값이 230만 원 정도였다고 하니 얼마나 귀한 물건인지 짐작하게 합니다. 반면에 청색 전화는 전화선을 전화국이 소유한 전화로서 일종의 임대 전화였습니다. 그런데 청색 전화기는 신청하면 대기 시간이 길어 설치에 2년 이상씩 걸리기도 했습니다. 그러니 40~50년 전 전화기는 재산 목록 중에서도 가장 높은 순번이었습니다. 그때 전화기를 보급하는 것은 전기를 가정마다 보급하는 것 다음으로 국가 발전을 위한 중요한 인프라를 구축하는 것으로 여겨졌습니다.

## 무선통신이 권력인 시대도 있었다

◇

1980년대 현대자동차에서 그랜저 모델이 출시되었습니다. 일본 미쓰비시 자동차 회사의 디자인을 도입한 그 시절 최고급 승용차였습니다. 그런데 그 그랜저 자동차를 더 고급 승용차로 보이게 하는 장치가 바로 카폰이었습니다. 전화기의 크기는 크지만, 시내 전화를 하고자 할 때 굳이 공중전화를 사용하지 않고 자동차 안에서 한다는 것은 상당히 파격이었습니다.

1980년 11월 기준으로 전국에 306대의 카폰(정부 40여 대, 나머지는 민간기업 및 개인)이 설치되어 있었는데 무선통신 회선이 포화 상태라 신규 가입이 불가능했습니다. 카폰을 쓰려면 당시 1,000만 원 정도의 프리미엄이 필요했습니다. 그러던 것이 1985년, 카폰 가입자가 2,659명으로 증가했습니다. 대중 승용차인 포니 가격이 400만 원대였는데, 카폰의 설치 비용도 그 정도 들었습니다. 이때 자동차 안에 카폰이 있음을 드러내는 장치가, 높이 솟아 바람에 휘날리는 자동차 안테나였습니다. 자동차 후방에 설치된 길이가 2~3미터 길게 늘어 올라간 안테나입니다. 바람에도 수직 방향이 유지되면서도 유연성 있게 휘어졌습니다.

무선통신이 권력의 상징인 시절이었습니다.

제가 미국에서 유학하던 1980년대 말에는 미국 현지에서 근거리 무선통신 기기인 워키토키를 즐기면서 사용했습니다. 쭉 뻗은 고속도로에서 약 5킬로미터 거리까지 통화가 가능했습니다. 4대를 구입해서 이웃 동료들과 고속도로 여행할 때, 여러 대의 승용차에서 서로 연락하면서 여행했습니다. 서로 차를 놓치지 않기 위해서 재미있는 이야기를 무선으로 하곤 했습니다. 노래도 했던 기억이 납니다. 아마 카폰 시대를 동경하면서 생활형 무선기기인 워키토키로 해소하고 있었는지 모르겠습니다.

## 통신사는 무엇으로 미래를 준비해야 하는가

◇

통신회사들이 아직도 유선통신과 무선통신이 권력이자 재산인 '통신 결핍시대'를 살아온 경험으로 회사를 운영하고 있는지 모르겠습니다. 전화 수수료나 요금제로 생명을 연장하는 것에는 한계가 올 것입니다. 이제 통신의 추억을 버리고 데이터와 인공지능의 시대로 전환이 필요합니다. 그러려면 해당 정부 부처의 이름도 '정보통신부'에서 '데이터 지능부'와 같이 데이터 중심 체제로 바꿀 필요가 있어 보입니다.

통신사들이 새롭게 도약하기 위해서는 데이터와 지능 플랫폼 회사로 거듭나야 합니다. 데이터를 확보하고, 인공지능 알고리즘을 확보하는 데 주력해야 합니다. 경쟁력 있는 인공지능 알고리즘을 확보하기 위해서는 소프트웨어 인재를 확보하고, 관련 소프트웨어를 직접 개발해야 하기도 합니다. 그러자면 1,000명 이상의 소프트웨어 인재를 확보하고 연구소도 확대해야 합니다.

빅데이터를 확보하기 위해서는 데이터를 구글이나 아마존처럼 데이터를 긁어모을 수 있는 플랫폼을 확보하고, 데이터 센터도 확장해야 합니다. 빅데이터를 확보하기 위해서는 끊임없이 인간의 욕망을 이해하고 캐내야 합니다. 단순한 요금제로 묶어두려는 원시적인 방법을 버리고 통신사의 플랫폼을 이용하도록 장치를 마련하지 않으면 안 됩니다. 사람의 욕망에는 생리적 욕구, 안전의 욕구, 애정 및 소속의 욕구, 자존의 욕구, 인지적 욕구, 심미적 욕구, 자아실현의 욕구가 있습니다. 저는 여기에 더해서 '결핍 해소의 욕구'를 제안합니다. 결핍에는 의식주 결핍에 더해서 자유의 결핍, 사랑의 결핍, 소유의 결핍, 관계의 결핍 그리고 생존의 결핍이 있습니다. 이처럼 사람의 결핍을 이해하고 그 핵심 사업을 파고드는 것이 좋습니다.

통신사들이 자신을 통신사로만 규정한다면 5G 너머 4차 산업혁명의 본질을 잘못 이해하고 있는 것입니다. 첫째는 빅데이터, 둘째는 인공지능, 셋째는 클라우드 컴퓨팅 기업의 정체성을 갖고 다시 출발해야 합니다. 미래는 통신이 아니라 데이터와 지능의 시대입니다. 데이터를 모을 방법을 확보해야 생존할 수 있습니다.

# 5G 시대는
# 아직 열리지 않았다

누구라도 언제 어디서나 이동하면서 음성과 데이터를 제약 없이 주고받는 이동통신을 하고 싶어 합니다. 오늘날에는 이 또한 사람의 원초적인 기본 욕망에 속한다고 볼 수 있습니다. 긴 선을 끌고 다니고 싶지 않고, 뛰거나 날아다니면서도 통신을 하며 누군가와 연결되고 싶어 합니다. 이 꿈을 실현해준 기술이 지난 20년간 눈부시게 발전한 무선 이동통신 기술입니다.

무선 이동통신 기술은 1, 2, 3, 4세대를 지나 이제 5G로 불리는 5세대를 본격적으로 맞이하고 있습니다. 1세대에서는 아날로그 무선통신이 실현되어 집, 사무실, 혹은 다방, 공중전화를 쓰지 않고도 누구나, 언제나, 어디서나 무선 음성 전화 통신이 가능하게 했습니다. 당시까지만 해도 초창기라서 전화기가 벽돌 크기만 해서 이른바 '벽돌폰'으로 불리기도 했습니다. 까만 색깔의 주먹만 한 '애니콜' 전화기를 가지고 길에서도 전화하는 사람들이 보였던 시대였습니다.

2세대 이동통신이 상용화되면서 음성 통화뿐만 아니라 문자도 주고받기 시작했습니다. 본격적인 '디지털' 시대가 무선 전화기에도 적용되었습니다. 음성도 디지털 신호로 변환되고, 통신도 디지털 신호로 주고받았습니다. 전화기는 더욱 작아져 폴더폰이 등장했고, 1996년에는 디자인이 강조된 모토롤라<sup>Motorola</sup> 스타텍 무선 전화기가 등장하면서 멋을 내는 '패션'으로 작용하기 시작했습니다. 이처럼 2세대 이동통신에서 본격적으로 디지털 무선 전화기가 도래했습니다. 3세대부터는 스마트폰이 되었습니다. 무선 전화기와 인터넷이 결합해 인터넷을 보기 시작했습니다. 4세대가 되면서 스마트폰으로 동영상을 보기 시작했고, 특히 스포츠 중계나 드라마를 사람들이 스마트폰으로 보기 시작했습니다. 스마트폰이 주요 인터넷 소통 창구가 되고, 유튜브의 확산에도 크게 기여했습니다. 사람들이 스마트폰만 들여다보니 스마트폰 중독 이야기가 많아진 것도 이때입니다. 이때부터 스마트폰이 데이터 수거장치가 되고, 이것이 인공지능과 결합하는 4차 산업혁명을 일으키는 촉진제가 되었습니다. 4차 산업혁명 시대를 맞아 스마트폰 단말기가 '빅데이터 수거장치'로 변모한 것입니다. 구글과 애플의 주가가 급격히 오른 시기도 이때와 일치합니다.

5G 시대의 기업들은 데이터를 크게, 그리고 더 빨리 모으고 싶어 합니다. 구글, 애플, 넷플릭스 등이 이를 주도하고 있습니다. 더 나아가 실시간으로 데이터를 수집하려고 합니다. 특히 5G는 데이터를 주고받는 속도가 더욱 빨라져서 고화질 영상을 단말기에서 실시간으로 보게 되고, 신호나 데이터의 송수신 지연 시간<sup>Latency</sup>이 1밀리초(1,000분의 1초) 미만이 되어, 체감상 실시간에 가깝게 데이터를 주고받을 수 있게

되었습니다. 그래서 5G의 핵심을 다른 말로 '고화질 빅데이터'와 '실시간 서비스'로 압축해서 설명할 수 있습니다.

그러나 5G 단말기는 다른 말로 정의하면 '실시간 빅데이터 수거'를 목적으로 한 디바이스입니다. 여기에 미국과 중국의 분쟁이 숨어 있습니다. 최근 중국 화웨이에 대한 미국의 강도 높은 제재도 이러한 연장 선상에 있다고 보면 됩니다. 누가 실시간 빅데이터를 우선적으로 확보하느냐의 경쟁입니다. 이처럼 4차 산업혁명을 위한 빅데이터 확보와 인공지능 서비스의 전제조건이 5G이고, 그렇다 보니 세계의 통신회사, 반도체 회사, 단말기 회사가 치열하게 경쟁하는 것입니다. 4차 산업혁명의 전쟁이 5G에서 불붙은 것입니다.

## 넘어서야 할 5G 핵심 기술들

◇

5G 패러다임의 본질은 '실시간 인공지능 서비스'입니다. 이를 실현하기 위해서는 실시간 빅데이터 전송이 가능한 전자파 주파수이면서 파장이 밀리미터 크기인 28기가헤르츠(밀리미터파)로 상승해야 합니다. 전통적으로 이 초고주파 대역의 전자파는 군사용 레이더나 인공위성 통신에 사용하는 주파수입니다. 탄도 미사일을 검색하고, 격추하는 데 사용하는 주파수 대역입니다. 그만큼 비싸고 고급 기술입니다. 군사 기술이 우리 생활 속으로 들어온다는 의미이기도 합니다. 그 초고주파 대역이 이제 민간의 이동통신 대역으로 열리기 시작한 것입니다.

5G는 신호 지연 시간이 1밀리초 미만이어야 합니다. 전자파 전

송 시간, 단말기와 기지국의 데이터 처리 시간이 매우 짧아져야 합니다. 데이터가 전화국의 클라우드까지 가지 않고 근처의 기지국에서 처리해야 합니다. 그러자면 프로세서, 스위치, 메모리 반도체 반응 속도도 빨라져야 해서 교환기와 데이터 처리 컴퓨터의 성능이 높아져야 합니다. 전력 소모가 증가해서 배터리 사용시간도 줄어들고, 열도 많이 납니다. 그뿐만 아니라 단말기와 기지국은 고성능 전자파 회로 반도체와 모뎀 칩이 들어가야 하는데, 28기가헤르츠를 사용하기 때문에 전력 소모가 증가할 수밖에 없습니다. 물론 단말기의 배터리 소모도 증가합니다. 이래저래 기술이 극단적인 영역까지 가게 됩니다.

한편, 전자파의 주파수가 높아지면 전자파가 공간적으로 잘 퍼지지 않습니다. 그래서 전자파 음영지역이 늘어납니다. 여기에 같은 주파수 대역에서 더 많은 단말기와 연결하기 위해서 1개의 기지국 셀Cell 내에서 공간적으로 전자파를 분할해야 합니다. 이 말은 곧, 이전 세대 무선통신보다 기지국 안테나를 더욱 촘촘히 설치해야 한다는 말입니다. 기지국이 건물마다, 100미터마다 설치되어 있어야 합니다. 사무실별로 설치해야 하는 수도 있습니다.

의도한 통신 품질을 위해서는 특정 단말기에만 전자파를 쏘아주기 위해 전자파 빔포밍Beam Forming 방법을 씁니다. 전자파가 무대 조명 기구처럼 특정 지역에만 보내는 기술입니다. 이 역시 군사 기술에서 채용되고 있는 기술입니다. 소프트웨어 프로그램도 데이터를 실시간으로 처리하게 설계되어야 합니다. 특히 5G를 자율주행차 운행에 사용하기 위해서는 실시간 통신이 무엇보다 중요합니다. 짧은 시간 내에 판단하고, 위험을 만나는 즉시 제동장치를 가동해야 하기 때문입니다.

## 5G의 한계와 환상 또는 오해

◇

5G는 초고주파를 쓰기 때문에 전자파의 직진성이 강합니다. 그래서 물체를 만나면 그 뒤의 지역은 전자파가 미약해져서 통신하기 어려워집니다. 쉽게 이야기해서 전자파 음영지역이 증가합니다. 기지국이 눈에 보이는 지역만 5G 통신이 가능할 수 있습니다. 또한, 28기가헤르츠 전자파는 물체에서 더욱 많이 흡수됩니다. 물에도 흡수되기 때문에 비가 오거나 눈이 오면 더욱 통신 품질 저하 문제가 야기될 수 있습니다. 이를 해결하려면 아주 많은 수의 기지국을 설치해야 합니다. 이러한 이유로 5G 통신이 어려운 지역에서 4G LTE로 바로 변환됩니다. 그래서 당분간 대부분 지역은 4G로 통신하고, 일부 제한된 지역, 예를 들어 영화관, 운동장, 건물, 사무실 안 등 특정 지역에서만 5G 통신이 가능할 것으로 보입니다.

기지국 1개가 담당하는 셀의 크기가 100~250미터에 불과합니다. 그러니 넓은 공간, 예를 들어 야외, 산, 강, 바다에서 5G 서비스를 받는다는 환상은 당분간 버리는 게 좋아 보입니다.

가입자와 사용자가 늘어나면서 기지국과 전화국을 연결하는 광통신망의 용량도 더 키워야 합니다. 그리고 실시간 서비스를 위해서는 컴퓨터 서버를 기지국 안에 설치해야 합니다. 곳곳에 거리나 건물 안에 설치되는 기지국 안에 인공지능 서버가 들어가야 하는데, 이게 에지 컴퓨팅입니다. 마이크로소프트가 전략적으로 키우는 분야입니다. 모든 기지국 안에 작은 데이터 센터를 설치하고, 그 안에 인공지능 서버도 넣어야 진정한 5G 실시간 인공지능 서비스가 가능하게 됩니다.

제 시각으로는 아직 이러한 비용을 감당할 만한 서비스가 아직 보이지 않습니다. 무거운 안경을 얼굴에 쓰고 경험하는 가상현실Virtual Reality이나 증강현실AR, Augmented Reality 서비스를 위해 그만한 비용을 감당하리라 기대하기 어렵습니다. 그리고 공장을 자동화하는 데 꼭 무선을 쓸 필요가 없습니다. 아직 광통신으로 기기들을 연결할 수 있습니다. 로봇이나 사물을 5G로 연결하는 문제도 배터리 용량과 시간 문제가 남습니다. 완벽한 자율주행차를 5G 통신으로 제어하기 위해서는 모든 도로에 100미터마다 기지국이 설치되어 있어야 합니다. 고속도로 전체에 5G 기지국을 아마 가로등 수만큼 설치해야 할 것입니다.

비용과 기술적 부담이 문제입니다. 통신회사와 단말기 회사는 5G를 마케팅 수단으로 이용하고, 단말기를 판매하는 데 주력하고 있고, 가입자 월 사용료로 투자비를 보충하려 합니다. 그러나 곧 사용자가 5G의 환상과 오해를 깨닫게 되면 위기가 옵니다. 이미 5G 단말기 사용자들의 불만이 터져나오는 것도 그 때문입니다. 그래서 저는 5G 서비스 모델이 지금의 모습이라고 보지 않습니다. 이전 세대와는 완전히 다른 모습으로 다가올 것입니다. 이러한 이유로 5G가 실제 광범위하게 파급되고 사용되기 위해서는 상당한 시간이 걸릴 것으로 예측합니다. 인내가 필요합니다.

# 모터 이론과
# 휴머노이드 로봇

　　4차 산업혁명을 맞아 핵심 부품 중 하나가 모터입니다. 자율주행 차를 비롯한 로봇 등 구동장치가 있는 곳에는 언제나 모터가 필요합니다. 전기를 이용해서 힘을 얻으려면 어디서나 필요합니다. 전기는 보관과 전달에 매우 유리한 에너지원입니다. 지금 수준의 자율주행 차와 로봇에는 50개에서 최대 100개 정도의 모터가 필요합니다만 앞으로 더 많은 모터가 필요할 것입니다. 4차 산업혁명에 반도체, 배터리 못지않게 많이 필요로 하는 부품이 모터가 될 것입니다. 국내 중소, 중견 기업이 노려볼 만한 신성장 산업 분야로 손색없어 보입니다.

　　모터는 모두가 알다시피 전기 에너지를 이용해서 회전력을 발생시키는 장치입니다. 이 회전력을 발생시키는 이론이 모터 이론입니다. 전기공학 전공 과정에서 2학년 또는 3학년 때 배웁니다. 원리는 간단합니다. 자기장이 있는 공간 속 전선에 전류를 흘리면, 자기장과 전류의 직각 방향으로 힘이 발생하는 것입니다. 조금 어렵게 설명하자면, 일종의 자기장과 전류 방향의 벡터곱입니다. 자기장 벡터와 전류 벡터가 이루는 평면의 수직 방향으로 힘이 생깁니다. 이때 회전력은 자기장에 비례하고, 전류에 비례하고, 전선의 길이에 비례하고, 나아가 전선을 감은 수에 비례합니다.

요약하면, 큰 회전력을 만들려면 큰 자석을 쓰고, 전선을 길게 많이 감아야 합니다. 크기가 큰 모터가 힘도 셉니다. 힘을 가지려면 크게 만들 수밖에 없습니다. 전류 공급장치도 커져야 합니다. 반면에 작은 힘을 발생시키는 모터는 아주 작을 수밖에 없습니다. 큰 힘을 발생시켜야 하는 로봇 팔이나 다리에는 큰 모터를 설치하고, 전류 장치도 커야 합니다. 작은 힘을 필요로 하는 로봇의 손가락은 작을 수밖에 없습니다. 그런데 지금까지의 기술로는 큰 힘과 작은 힘을 동시에 내는 전기 모터가 없습니다. 두 힘을 모두 필요로 하면 두 가지 종류의 모터를 같이 설치해야 하는 불편함이 있습니다. 그러면 공간과 무게, 가격의 제한이 자연스럽게 발생합니다.

게다가 갑자기 힘을 내서 동작해야 하는 모터는 갑자기 많은 양의 전류를 흘려주어야 합니다. 이 경우에는 전류가 모터 코일에 흐르면서 역기전력이 발생해 전선 양단에 수천 볼트의 전압이 걸릴 수 있습니다. 모터를 갑자기 구동하기 어려운 이유입니다. 그러니 로봇이나 자율주행차를 급속히 출발해야 하는 경우가 많은 제품은 설계상 난도가 아주 높습니다. 이러한 모터의 원리는 피해 갈 수가 없습니다. 맥스웰이 방정식을 만든 이후 변함없는 진리입니다.

## 휴머노이드 로봇 속의 모터

◇

휴머노이드란 '사람<sup>human</sup>의 형태'를 이릅니다. 원래는 사람을 닮은 것이라면 동물이건 외계인이건 모두 휴머노이드라고 부르지만, 아직 사람과 비슷한 외계인을 발견하지 못했고, 동물 중에 사람을 닮은 것이 거의 없으니 오늘날 휴머노이드라고 하면 대개 인간형 로봇을 지칭합니다. 대체로 머리 하나, 팔 둘, 다리 둘, 정면에서 봤을 때 좌우 대칭적 신체구조, 직립보행 등의 특성을 가지면 휴머노이드라고 부릅니다. 사람을 닮은 로봇을 휴머노이드 로봇이라고 한다면, 모양만 사람을 닮은 것이 아니라 행동과 생각도 모두 사람을 닮아야 진정한 휴머노이드 로봇이라 할 수 있지 않을까요? 그런 면에서 결국 인공지능이 완전체 휴머노이드 로봇을 가능하게 할 것입니다. 그러나 완전체 휴머노이드 로봇의 갈 길이 아직 멀어 보입니다. 그 첫 번째 이유가 바로 로봇 속 모터의 한계 때문입니다.

사람 모양을 흉내 낸 휴머노이드 로봇의 관절에는 다양한 종류의 모터가 설치됩니다. 무릎 관절, 팔 관절, 손가락 관절, 발가락 관절, 목 관절 등에 모터가 설치됩니다. 그런데 각 부분에 설치된 로봇은 일정한 힘만을 발휘할 수 있습니다. 앞서 얘기한 것처럼 작은 관절은 작은 힘, 큰 관절은 큰 힘을 쓸 수 있습니다. 공간이 모터의 힘을 결정하는 것입니다. 그런데 사람의 근육은 다양한 힘의 범위를 갖습니다. 그리고 부드럽습니다. 사람의 근육은 훈련하면 힘이 강해지고, 쓰지 않으면 약해집니다. 같은 근육으로 실을 바늘에 꿸 수 있고 동시에 100킬

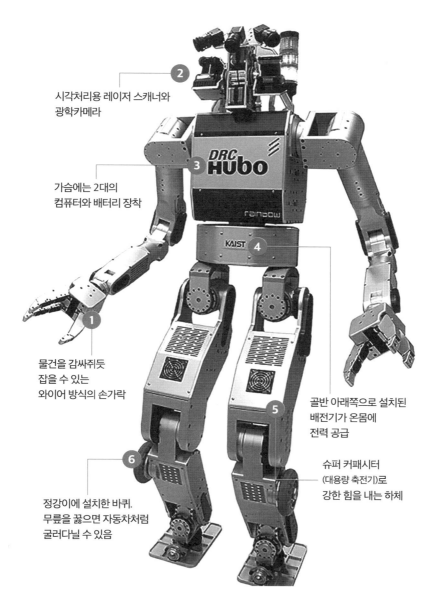

시각처리용 레이저 스캐너와
광학카메라

가슴에는 2대의
컴퓨터와 배터리 장착

물건을 감싸쥐듯
잡을 수 있는
와이어 방식의 손가락

정강이에 설치한 바퀴.
무릎을 꿇으면 자동차처럼
굴러다닐 수 있음

골반 아래쪽으로 설치된
배전기가 온몸에
전력 공급

슈퍼 커패시터
(대용량 축전기)로
강한 힘을 내는 하체

| **휴머노이드 로봇 휴보** (출처 : KAIST) |

로그램짜리 역기도 들 수 있습니다. 이 점이 휴머노이드 로봇 속의 모터와 사람 근육 사이의 본질적 차이입니다. 사람은 값싼 밥이라도 하루 3번 먹고 열심히 운동하면, 걷기도 하고 달리기 선수도 됩니다. 그러나 휴머노이드 로봇이 걷기 위해서는 훨씬 정교한 모터의 조합이 필요합니다. 사람과 가장 큰 차이가 모터의 한계이고 그 근원에 모터의 법칙에 있습니다.

휴머노이드 로봇이 체조 선수처럼 갑자기 날거나, 점프하거나, 뒤집거나, 돌기 위해서는 모터에 갑자기 큰 전류가 흘러야 합니다. 그러려면 전류 공급 회로의 설계가 매우 어려워지고, 큰 부품을 써야 합니다. 그런데 작은 로봇 관절에 넣기가 어렵습니다.

## 휴머노이드 로봇의 한계

◇

이미 출시된 휴머노이드 로봇을 보자면 뭔가 어색함을 느낄 것입니다. 이는 휴모노이드 로봇이 가진 모터의 힘 범위와 동작 속도의 한계에서 비롯됩니다. 그래서 휴머노이드 로봇이 가장 대체하기 어려운 작업이 아기 보모, 마사지 직업이지 않을까 생각합니다. 노인 돌보미 로봇도 당분간 구현하기 어렵습니다. 아기 모보처럼 섬세하게 아기를 부드럽게 사랑으로 껴안기 어렵고, 마사지사들의 섬세한 손가락을 흉내 내기 어렵습니다. 올림픽이 열린다면, 휴머노이드 로봇은 평범한 사람보다 달리기, 던지기, 수영하기, 멀리뛰기, 높이뛰기 등 전 분야에서 사람을 당분간 이기기 어렵습니다. 이 모든 이유가 모터의 성능과 연관됩니다.

반면, 로봇은 일정한 작업, 반복되는 작업, 쉬지 않는 작업 분야의 대부분의 미래 직업을 대체할 것입니다. 특히 공장 자동화 분야와 군사 분야에서 탁월한 역할을 수행할 것입니다. 로봇은 졸지 않고, 쉬지도 않으며, 파업하지도 않기 때문입니다. 다만 전기 에너지가 들어갈 뿐입니다. 휴머노이드 로봇과의 승부에서 당분간 사람이 우위를 잡을 수밖에 없습니다. 그 이유는 공교롭게도 인공지능의 한계 때문이 아니라 모터의 한계 때문입니다. 모터 기술의 진전이 이루어질지 유심히 살펴봐야 할 것입니다.

# 무선충전 기술,
# 어디까지 와 있나

    전력을 공급하거나 배터리를 충전하기 위해서는 전기선을 연결해서 공급합니다. 그러나 전력을 에너지원으로 하는 이동장치라면 전기선 사용에 제약이 많습니다. 그래서 필요한 것이 무선충전 기술입니다. 무선충전 기술은 전기선이 없이 전력을 전달하거나 배터리를 충전하는 기술을 말합니다. 4차 산업혁명 시대에는 모든 사물이 인터넷으로 연결되어 서로 데이터를 주고받아야 합니다. 이 사물인터넷 단말기나 소자에 전력을 공급해야 하는데, 무선충전 기술을 사용하면 선 없이도 전력을 공급하기 때문에 사물인터넷의 설치가 훨씬 쉬워집니다. 또한 모빌리티Mobility라고 표현하는 사물의 자유로운 이동성이 보장됩니다. 사물인터넷 시대가 완성되기 위해서는 이동성Mobility, 연결성Connectivity, 무선충전Wireless Power Charging으로 불리는 세 가지 핵심 기술들이 뒷받침되어야 합니다.

    이러한 중요성 때문에 무선충전 기술과 관련해 저 역시 약 10여

년 전부터 꾸준히 개발에 참여하고 있습니다. 특히 전기버스의 배터리 용량을 최소화하기 위해서, 버스가 달리면서도 도로 바닥으로부터 선 연결 없이 무선으로 전력 에너지를 받는 KAIST만의 OLEV On Line Electric Vehicle 무선충전 시스템을 개발하기도 했습니다. 그 OLEV 기술이 소개된 것을 계기로 무선충전 기술은 스마트폰 무선충전, 승용차 무선충전, 골프 카트 무선충전, 스마트 손목시계 무선충전 그리고 고속 전철 무선충전 기술 등으로 꾸준히 확대, 상용화하고 있습니다. 최근에는 TV 등 가정 내 가전제품도 무선으로 연결하는 연구는 물론, 군사용 무기 체계에도 적용해 보려고 노력하고 있습니다.

OLEV 시스템을 개발하면서 고생한 기억이 많습니다. 전기버스를 개발하려면 약 1톤 이상의 배터리가 버스 위에 설치되고 그 배터리 가격도 1억 원 이상의 비용이 들어갑니다. 보통 전기버스 지붕에 배터리가 들어가는데, 대량의 배터리 공간을 확보하기 위해 전기 버스 지붕 부분을 불룩하게 설계합니다. 그래서 전기버스는 예쁘지가 않고 버스 윗부분이 불룩합니다. 또 4시간 이상 운행하게 하려면 더 많은 부피의 배터리가 설치되어야 합니다. 마찬가지로 스마트폰, 스마트워치 등 모바일 기기도 배터리의 공간 점유, 가격, 무게 등이 설계에 큰 걸림돌이 됩니다. 실제 테슬라 자동차의 바닥도 배터리로 꽉 채워져 있습니다. 이처럼 전기 자동차가 1회 충전만으로 운행하는 거리를 늘리기 위해서는 더 많은 배터리가 필요하고, 차량 무게가 증가해 연비 효율이 떨어집니다. 배터리 충전 시간도 길어집니다. 자동차 운행시간보다 배터리 충전 시간이 더 걸릴 수 있습니다. 설계 악순환이 반복되는 것입니다. 그러니 무선충전을 이용해서 배터리가 거의 없이 비상용으로 쓸 만큼만 설치하는 이상적인 전기 자동차를 생각하고 시도한 노력이 바로 OLEV 버스입니다. 혁신적이고 창의적이면서, 다가올 4차 산업혁명에 가장 부합하는 핵심 기술 중 하나입니다.

OLEV 전기 버스를 개발하는 과정에서 전력회로와 자동차 전문가들의 강력한 반대에 부딪혔습니다. 그 첫 번째 이유가 외국에서 시도해 보지 않은 검증되지 않은 기술이라는 점이었습니다. 국내의 많은 기술자와 정책 전문가들은 그동안 빠른 추격자로 길들여져 있어서, 검증되지 않은 새로운 혁신적 기술에 도전하는 의지가 부족해 보였습니다. 자기가 걸어온 방식에 대한 벽을 허물지 못하고 자기 안 작은 벽 안에 갇혀 있기를 원했습니다.

두 번째 반대 이유는 전력 전송 효율이 아주 낮아 실효성이 없다는 것입니다. OLEV 무선충전 시스템은 자기장을 이용해서 전력을 전달합니다. 시간에 따라 변화하는 고주파 자기장을 이용합니다. 도로 바닥에 설치된 전선에서 발생하는 자기장이 버스 아래에 설치된 자기장 수신 코일을 통과하게 되고, 그 고주파 자기장이 시간에 따라 변화하면 버스 아래 2차 코일에 전기가 전달되는 방식입니다. 패러데이 법칙을 활용한 것으로, 일종의 발전기 원리와 같습니다. 도로 바닥과 버스 바닥 사이에는 30센티미터가량의 거리가 존재하는데 이런 이유로 전력 전달 효율이 매우 낮다는 주장이었습니다. 우리가 무선충전 효율 측정 결과를 보여줘도 좀처럼 믿지 않았습니다. 본인들의 영역에서 경험해 보지 못한 현상이었기 때문입니다.

상당수의 국내 전문가들이 고주파 자기장 공진resonance 현상을 이해하지 못했습니다. 우리 OLEV팀은 고주파 자기장 회로에 커패시터를 설치하고 공진을 발생시키면 강력한 전력을 전달할 수 있고, 특히 전력 전달이 최대가 된다는 사실을 이미 알고 있었습니다. 이론과 컴퓨터 시뮬레이션 그리고 측정을 통해서 확인한 것들이었습니다. 그러나 이러한 고주파 공진 현상은 고주파 회로에서 사용하는 기술이어서 전력 회로 전문가들이 그것을 정확하게 이해하지 못했습니다. 우리는 OLEV 시스템에서 60헤르츠 저주파가 아니라 20킬로헤르츠, 또는 60킬로헤르츠 고주파이면서 200암페어 이상의 강력한 전류를 사용했습니다. 높은 전력이면서도 동시에 고주파를 사용한 것입니다. 나아가 유선에서 사용하지 않는 자기장을 전기 에너지 전달 매개체로 사용했습니다. 보통 발전기나 모터는 1밀리미터 간격도 허용하기 힘든데, 30센티미터가 넘는 거리를 무선충전한다는 사실을 받아들이기 어려웠을 것입니다.

전문가들이 이해하지 못했던 또 하나의 새로운 기술이 바로 고주파 전력 반도체 기술이었습니다. 기존의 전력 반도체는 고주파 전류를 구동할 때 많은 전력 손실이 발생합니다. 또 고주파 전류 발생 장치나 버스 아래 직류 발생용 정류 장치에서 많은 열이 발생합니다. 그래서 전력 전달 효율이 떨어질 뿐만 아니라 냉각 시설도 설치해야 합니다. 시스템 설계 조건이 점점 더 복잡해진 것입니다. 그런데 최근 IGBT, GaN라고 불리는 전력 스위치 소자들이 새롭게 개발되었습니다. 최신 전력 반도체는 전기 자동차, 하이브리드 자동차, 냉장고, 세탁기 등 전력을 많이 사용하는 시스템의 전력 효율을 높이는 핵심 반도체 부품으로 쓰이고 있습니다. 결국, 이 반도체를 활용해 고주파 고

전류 무선충전 기술의 효율을 높이고 문제를 해결했습니다. 전문가들의 반대는 새로운 기술에 대한 이해 부족에서 나온 것이었습니다. 만약 10년 전에 무선충전 기술을 개발하는 아이디어를 내고 추진했다면 우리가 사기꾼 소리를 들어도 마땅했지만, 지금은 다릅니다.

새로운 창조적 발명품을 만들고, 실현시키는 데는 다양한 분야에 대한 통합적 통찰력이 필요합니다. 그러기 위해서는 1명의 우수한 기술자가 오랜 시간 다양한 분야에서 경험을 쌓거나, 또는 각각 다른 분야의 최고 전문가들이 지식과 경험을 진술하게 소통할 수 있는 능력이 필요합니다. 공학의 다양한 분야, 아니 공학 외 다양한 분야와 소통하기 위해서는 먼저 자기 자신 내에서 그동안 쌓아온 벽을 허물고 새로운 분야를 받아들이고 타 분야와 협력할 수 있는 자세가 필요합니다. 무엇보다도 자신이 경험했던 세계가 동굴 안 세계일 수 있다는 사실을 겸허히 받아들여야 합니다. 4차 산업혁명을 선도하기 위해서는 먼저 자기 자신의 벽을 허물고 타인의 의견을 받아들일 수 있는 용기와 관용의 자세가 있어야 합니다. 그래야 도전적이며 창조적인 리더가 될 수 있습니다.

OLEV를 개발할 때 전력 회로, 전자기학, 반도체, 자성체 물질, 자동차 설계 전문가 등 다양한 전문가들이 협력해서 작업했습니다. 처음에는 각 분야 전문가들이 같은 현상을 지칭하는 용어부터 달랐습니다. 자기 이론으로 보는 기본 가정이 다르니 당연히 보는 관점도 달랐습니다. 알고 보면 다 같은 현상인데도 모델, 측정, 설계, 분석 방법과 용어가 달랐습니다. 그러니 같은 우리 말을 써도 제대로 소통하지 못했습니다. 특히, 전력회로 전문가와 고주파 전자기 전문가 사이의 차이가 컸습니다. 그러나 지금 시간이 지나서 많은 노력 끝에 서로 소통이 가능하게 되었고, 그 결과 다양한 무선충전 기술을 개발하게 되었습니다.

4차 산업혁명 시대의 무선통신은 인간에게 자유롭게 공간을 이동하면서도 연결이 가능한 '이동의 자유'를 선물했습니다. 그러나 마지막 숙제로 남은 것이 배터리입니다. 배터리가 우리에게 이동의 자유를 여전히 제한하고 있습니다. 무선통신의 전제조건이 전력이기 때문입니다. 이 관점에서 무선충전 기술은 우리가 더 많은 자유를 얻기 위해서라도 아주 중요한 문제로 남습니다.

인간의 사회에는 벽이 많습니다. 차별의 벽, 관념의 벽, 생각의 벽, 언어의 벽이 존재합니다. 같은 공간에 함께 있어도 벽이 느껴집니다. 3차 산업혁명에서 4차 산업혁명으로 이행하기 위해서는 3차 산업혁명의 관념과 방식, 기존의 성공 방정식을 과감히 버릴 줄 알아야합니다. 4차 산업혁명은 그 벽을 제대로 허물어야 작동할 수 있습니다. 그중 가장 단단한 벽은 자기 스스로 세운 자신만의 벽입니다. 여담이지만, 다시 기회가 온다면 비슷한 프로젝트에 건축학자나 인문학자가 함께 참여하면 좋겠다는 생각도 듭니다. 관점의 차이가 공학에만 머물지 않은 터, 공간에 대한 상상력이 더해진다면 훨씬 혁신적인 결과물을 얻을 수 있지 않을까 싶습니다.

# 지금까지 없던
# 물질혁명이 필요하다

물질의 성질을 표현하는 세 가지 대표적인 물리적 상수가 있습니다. 물질의 유전율Dielectric Permittivity, 투자율Magnetic Permeability, 전도율Conductivity 세 가지입니다. 유전율은 물질의 전기적 성질을 나타내며, 유전율이 큰 물질로 전자 부품을 만들면 같은 전압을 걸어도 전자를 더 많이 모을 수 있습니다. 투자율은 자기장 세기를 결정하는 물질의 성질을 표현합니다. 철은 투자율이 높습니다. 철을 이용하면 적은 전류를 이용할지라도 큰 세기의 자기장을 만들 수 있습니다. 마지막으로 중요한 물질 상수가 도전율입니다. 전압을 가했을 때 얼마나 많은 전류를 많이 흘릴 수 있는가 하는 상수입니다. 구리, 금, 은 등이 도전율이 높은 물질이고, 낮은 온도에서 도전율이 매우 높아 저항값이 거의 0인 물질이 초전도체 물질입니다. 여기서 주변 상황, 즉 가해진 전압에 따라 도전율이 높아지기도 하고, 낮아지기도 하는 변화의 성질을 가진 이중적인 물질이 반도체입니다. 이와 같이 물질의 성질은 궁극적으로 소자나 시스템의 성능을 좌우합니다.

## 재료에도 0과 음의 물질이 있다

◇

자연계에 존재하는 물질의 물리적 상수는 0보다 큰 양의 값을 갖습니다. 그런데 인공적으로 물질을 만들어, 빛 영역의 특정 파장에서 물질의 상수가 음(-)의 값을 갖도록 만들 수 있습니다. 예를 들어, 유전율과 투자율이 모두 음의 값을 갖는 인공 물질을 만들 수 있다는 말입니다. 이러한 인공적인 물질을 '메타 물질Meta-material'이라고 합니다. '메타'는 희랍어로 '범위나 한계를 넘어서다'라는 뜻입니다. 그러니까 메타 물질은 말 그대로 자연 물질의 한계를 넘어선 물질이나 다름없습니다. 빛 파장의 크기에 해당하는 주기성을 갖는 격자를 나노 기술로 제작하게 되면, 두 가지 상수 모두 음의 영역을 갖는 메타 물질이 탄생합니다. 이를 '투명 망토'라고 부르기도 합니다.

유전율과 투자율이 모두 음이 되면 빛이 다른 물질을 만날 때 자연계의 현상과 반대 방향으로 꺾입니다. 예를 들어, 유리잔에 물을 채우고 젓가락을 담그면 반대 방향으로 빛의 전진 방향이 꺾이게 됩니다. 이러한 원리를 이용하면 앞에 물체가 가려도 뒤의 물체를 눈으로 볼 수 있습니다. 신기하게도 우리 눈에 물체의 모습은 온데간데없이 사라지고 뒤편의 모습만 보일 것입니다. 그렇게 해서, 마치 투명한 것처럼 보입니다.

더 나아가 유전율만 0 또는 음(-)인 물질(ENG 메타물질), 혹은 투

물　　　메타물질

| 투명 망토로 불리는 메타 물질의 경우 반대 방향으로 물질이 꺾여 보인다 |

자율만 0 또는 음인 물질도 인공적으로 만들 수 있습니다. 이 두 물질 모두 전기장 곡선이나 자기장 곡선이 자연계의 현상을 따라가지 않고 반대 방향으로 꺾이는 성질이 있습니다. 이 모두 특정 주파수에 파장 크기를 가진 주기적인 물질 설계를 사용해서 물질의 인공 성질을 만들어내는 것입니다.

### 또 다른 '투명 망토'가 필요하다

◇

메타물질은 미래 공학의 핵심 부품이 될 수 있습니다. 새로운 창조는 항상 물질에서부터 옵니다. 예를 들어, 반도체 D램 메모리의 전자 저장 용량을 늘리거나 주변 셀과의 간섭을 줄이는 데 메타물질을 사용할 수 있습니다. 높은 전송 속도를 갖는 반도체 신호 배선 구조에도 사용할 수 있습니다. 또 음의 값을 갖는 투자율 물질은 고전력 모터, 발전기, 무선 전력전송 장치에서 효율을 높이거나 전자파 발생을 줄일 수 있습니다. 4차 산업혁명은 상상을 기반으로 한 미래 개척 혁명입니다. 누구도 가보지 않을 길을 가는 것입니다. 그런 의미에서 상상력에 기초한 인공물질인 메타물질은 새로운 기술 혁신을 촉진시키기에 충분합니다. 4차 산업혁명을 위해서는 물질혁명도 필요합니다.

# 비무장 지대
# 경계와 인공지능 센서

결혼율과 출산율이 급격히 하락하면서 사회, 경제적인 문제로 대두되고 있습니다. 경제 성장을 지탱해줄 인적 자원이 급격히 감소함에 따라 미래 국가 경제에 심각한 타격을 줄 전망입니다. 이뿐만이 아닙니다. 이 문제는 국가의 경제 성장 정체에서 시작해, 경제 규모 감소, 일자리 창출 하락, 노인 증가 문제 등으로 이어져 전체적인 사회 문제까지 일으킬 것입니다. 이런 추세라면 수십 년 후 국가 인구가 절반 이상 줄게 되고, 국가 생존의 문제까지 장담키 어렵습니다.

인구의 감소는 국방을 지탱하는 군대의 병사 수 감소로도 이어집니다. 한국정책평가연구원 자료에 따르면, 2017년 군인의 수는 63.3만 명에서 2020년 51.7만 명까지 줄어들 것으로 전망했습니다. 특별한 변곡점이 없다면 이 추세는 계속될 것으로 보입니다. 이를 보완하기 위해서 직업군인의 수를 늘릴 수도 있으나 이 또한 국방비 중 인건비의 증가를 감당해야 합니다. 국민의 세금이 증가하게 되고, 결국 줄어드는 생산 인구의 감소와 결합해 국민 1인당 부담하는 국방 관련 세금이 늘게 될 뿐입니다.

## 인공지능 스마트 CCTV가 비무장 지대 경계

◇

4차 산업혁명에 중요한 기술이 인공지능, 빅데이터와 사물인터넷 센서입니다. 사물인터넷 센서는 빅데이터를 만드는 장치라고 보면 됩니다. 영상, 음향, 진동, 위치, 거리, 속도, 온도 등의 정보를 생산합니다. 이 센서에서 만들어진 아날로그 정보는 사물인터넷 내부의 디지털 변환기를 통해 디지털 신호로 변환된 이후 유무선통신망으로 데이터 센터나 인공지능 서버에 전달됩니다. 인공지능 알고리즘을 동작하려면 학습 과정이 필요한데, 학습과 추후 동작에 필요한 입력에 필요한 데이터를 만드는 장치가 센서인 셈입니다.

그런데 최근에는 인공지능을 신속히 처리하기 위해 센서와 인공지능 기능을 한 장치에 결합하고 있습니다. 그러자면 사전에 인공지능을 학습시켜야 합니다. 학습 과정과 인공지능 결정 과정이 분리되어야 하기 때문이기도 하며, 데이터 저장장치의 용량과 전력 소모 문제 때문입니다. 이렇게 인공지능과 센서가 결합한 대표적인 기술이 스마트 CCTV 폐쇄회로카메라입니다.

스마트 CCTV를 비무장 지대에 설치한다면 경계 근무에 필요한 병사를 극적으로 줄일 수 있습니다. 주요 군사 시설, 항만, 공항 등의 경비에도 사용할 수 있습니다. 군인 대신에 스마트 카메라가 경비를

CCTV 감시망

침입자 포획

데이터 전송

인공지능 기반
슈퍼 컴퓨터

인접 순찰
군인에게 보고

불법 침입자
초소에 공지

딥러닝 기반 군사
분계선 침입자 자동 인식

| 비무장지대 스마트 CCTV를 이용한 비무장지대 경계 개념 |

서게 되는 것이고, 사람의 지능까지 겸비한 CCTV라고 생각하면 됩니다. 경계병을 대신해 움직이는 물체를 판독하고 경보를 울릴 수 있습니다. 물론 인공지능 스마트 CCTV에 한계가 없는 것은 아닙니다. 지능은 학습을 통해서 작동하고, 인공지능 프로세서 반도체를 통해서 신속하고 정확하게 판독하고 결정을 내릴 수 있습니다. 그런데 카메라 센서가 완벽하지 못합니다. 밝은 날에는 판별하기 쉽지만, 밤에는 적외선 센서를 사용해야 합니다. 비가 오거나, 안개가 끼거나, 눈

이 내려도 관측하기 어렵습니다. 이 경우 전자파 레이더와 결합한 센서를 사용해야만 합니다. 비용도 증가합니다. 그러나 이러한 몇몇 단점에도 불구하고, 지금도 병사 1인에게 들어가는 비용이 적지 않다는 점에서 충분히 검토할 만하다고 봅니다.

무엇보다 인공지능 스마트 CCTV의 장점은 방심도 없고 졸지도 않는다는 것입니다. 인공지능 스마트 CCTV가 병사의 역할을 대체해야 하는 중요한 근거입니다. 그러면 꾸준하게 줄어드는 병사 수 문제를 해결하고, 국방비도 함께 절감할 수 있습니다. 인공지능과 센서가 사람을 대체해서 일자리를 없애는 문제를 우리 사회가 맞이하고 있지만, 국방 분야에는 새로운 기회가 될 수 있습니다.

## 국방 분야에서 4차 산업혁명 기술의 역할

◇

인공지능 드론도 국방 분야에 기여할 수 있는 기술입니다. 최근 육군은 '드론봇 전투단'을 창설한 바 있습니다. 여전히 드론이 전투병 이상의 전투력을 갖추기에는 어려운 점이 있습니다. 배터리의 한계와 드론 중량의 한계가 있습니다. 날씨에도 영향을 많이 받습니다. 하지만 서서히 일정 수준에서 드론이 병사를 대신해 경계 근무를 설 수 있는 기술력이 뒷받침되고 있습니다.

국방 분야에서 4차 산업혁명 기술이 적용되는 더 핵심적인 부분은 빅데이터와 인공지능의 결합입니다. 이를 활용하면 전쟁을 사전에 예측할 수도 있습니다. 전투 시뮬레이션을 통해 승패를 예측하고 질 확률이 높은 전쟁을 피할 수도 있습니다. 그뿐만 아니라 전투자산 운용에 필요한 식량, 보급 물자 배치와 생산에 빅데이터를 이용해서 효율화하고, 경제성을 향상하고, 보급 물자의 재고를 최소화할 수 있습니다. 블록체인을 활용하면 보안이 더 완벽한 군대를 만들 수도 있습니다.

최근 중국이 핵잠수함에 인공지능을 도입해 잠수함의 '두뇌'와 '귀'에 해당하는 핵심 무기 체계 성능을 높일 계획이라고 홍콩 〈사우스 차이나 모닝포스트〉가 보도했습니다. 1950년대 초 미국이 처음으로 개발한 핵잠수함은 현재까지 가장 고도화된 전쟁 무기 중 하나로 꼽힙니다. 이 핵잠수함에 인공지능을 도입하면, 조종사의 개입 없이도 핵잠수함 운용이 가능해집니다. 인공지능이 핵잠수함 내 데이터와 센서 정보 등을 분석해, 전장 환경 변화에 더 효과적으로 대응할 수 있도록 하는 것입니다. 특히 장시간 해저의 좁은 공간에 갇혀 지내는 잠수함 조종사의 판단을 믿지 않고, 인공지능이 잠수함을 조종하게 만든다는 개념입니다. 이러한 인공지능을 이용한 전투 장비의 운용과 전투 수행은 핵잠수함에 그치지 않고, 모든 전투 체계로 확산될 것입니다.

4차 산업혁명은 앞으로 엄청난 국방기술의 혁신을 불러올 것으로 예측됩니다. 이렇게 되면 4차 산업혁명이 산업에 미치는 영향과 마찬가지로, 국방 분야에서도 최소한의 국방비로 최대의 국방 효과를 거둘 수 있게 됩니다. 궁극적으로 국민이 부담하는 국방비를 줄일 수 있고, 그에 따라 세금도 줄일 수 있습니다. 바야흐로 희생도, 총탄도, 화약 냄새도 없는 전쟁의 시대가 도래할 것으로 봅니다. 미래 전쟁은 화학 무기 전쟁, 생물 무기 전쟁, 핵무기 전쟁보다 강력한 인공지능, 빅데이터, 클라우드 컴퓨팅, 블록체인 무기 전쟁이 될 수 있습니다. 4차 산업혁명이 산업 및 경제 분야뿐만 아니라 국방의 미래도 결정할 것이라고 확신합니다.

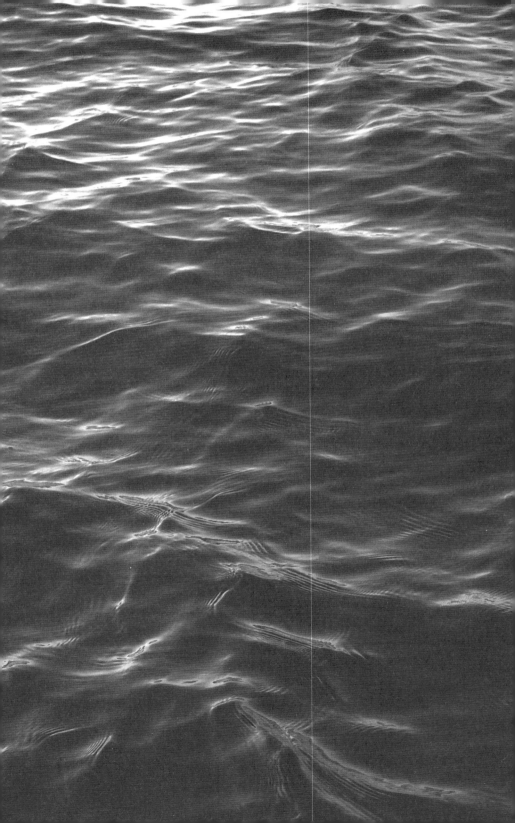

# 반도체

반도체 혁신이 우리가 갈 길이다

◆

실리콘 반도체의 수요와 중요성은 인공지능 시대에도 변하지 않을 것입니다. 실리콘 물질이 4차 산업혁명을 지탱하고 있다고 해도 과언이 아닙니다. 실리콘 반도체를 대체할 물질이 당분간 발견되기는 어렵기 때문입니다. 특히 빅데이터를 저장하고, 인공지능 컴퓨터에서 계산 결과를 저장하기 위한 D램의 수요가 확장할 가능성이 큽니다. 그야말로 실리콘 메모리 세상이 될 것입니다.

# 컴퓨터는
# 인내심이 부족하다


기다림은 힘듭니다. 우리는 누군가의 전화 또는 전자메일을 기다리기도 하고, 수능 결과를 기다리기도 하고, 졸업 후 입사 시험 결과를 기다리기도 합니다. 기다림은 가슴 설레는 순간을 만들고 잠 못 이루는 밤을 지내게 하기도 합니다. 그런데 요즘엔 기다리기 제일 어려운 시간이 인터넷에서 시간을 보낼 때가 아닌가 싶습니다. 더욱이 탐색기를 이용해 정보를 찾을 때, 유튜브를 이용해서 동영상을 클릭해서 화면이 실행되는 것을 기다리는 때가 매우 어려운 시간입니다. 이럴 때, 내 컴퓨터와 스마트폰이 점점 더 더뎌지는 것처럼 느낍니다. 우리는 마우스를 클릭하는 그 순간 바로 정보가 쏟아지고, 동영상이 재생되기를 원합니다. 우리가 참고 기다릴 수 있는 시간은 1,000분의 1초인 1밀리초 순간입니다.

1밀리초를 기다리지 못하는 서비스가 또 있습니다. 스마트폰이나 클라우드 컴퓨터가 빅데이터를 이용해서 인공지능 서비스를 한다고 한다면 그 서비스도 1밀리초 이내에 실행되어야 합니다. 인공지능을 이용해 실시간 통역기를 사용하려면 바로 통역이 되어서 우리 귀에 들려야 합니다. 그 시간차가 1밀리초 이내여야 실시간 통역으로 느낄 것입니다. 인공지능 알고리즘을 장착한 자율주행차는 카메라에 찍힌 사물을 판단하고 위험성이 있으면 바로 브레이크를 동작시켜야 합니다. 그렇지 않으면 자동차는 한참 전진해서 이미 사고를 일으킬 수 있습니다. 다시 말해서, 자동차 사고를 방지하기 위해서는 카메라를 이용한 영상 획득, 자동차 내 프로세서로 전파, 그리고 인공지능을 이용한 판단, 마지막으로 브레이크 작동까지 1밀리초 이내에 이루어져야 합니다.

비트코인은 블록체인을 이용해서 거래 원장을 암호화하고, 체인으로 연결하고, 분산 저장하는데, 이 작업을 채굴이라고 합니다. 그런데 이 시간이 10여 분이나 걸립니다. 이 지연 시간도 기다리기 어렵습니다. 미래에는 블록체인을 이용한 데이터 분산 저장도 1밀리초 이내에 이루어져야 합니다. 이러한 작업은 사람의 감각 기준으로 보면 거의 실시간으로 지연 시간 없이 이루어져야 하는 작업들입니다. 그래야 진정한 실시간 분산 저장 시대가 되는 것입니다.

## 인내심이 부족한 사람을 위한 컴퓨터 구조

◇

이렇게 짧은 시간 내에 인공지능 판단을 내리는 데, 가장 큰 시간 걸림돌이 GPU라 불리는 프로세서와 반도체 메모리 사이에 데이터를 주고받는 데 걸리는 시간입니다. 딥러닝 인공지능 알고리즘에는 병렬 데이터 계산에 많은 시간이 걸립니다. 이 시간을 줄이기 위해서 제일 먼저 해야 하는 컴퓨터 설계가, GPU와 반도체 메모리인 D램과 낸드 플래시를 최대한 가까이 설치하는 것입니다. 그래서 엔비디아에서 나오는 인공지능 서버 모듈은 GPU와 메모리를 3차원적으로 설치하기도 합니다. 다음으로는 GPU와 메모리 사이에 통신선의 개수를 늘리는 것입니다. 일종의 병렬 처리로 속도를 높이는 것입니다. 마지막으로 가장 중요한 것이 지연 시간인데, 메모리와 데이터를 주고받을 때 첫 데이터를 받는 데 걸리는 시간을 줄이는 것이 핵심입니다. 그래서 반도체 메모리 기능을 볼 때 가장 중요한 스펙 중 하나가 지연 시간입니다.

## 인간 본성에 따라 발전하는 반도체 메모리

◇

컴퓨터 구조에서 D램은 지연 시간이 아주 짧은 반도체 메모리입니다. 그래서 GPU와 가장 가까이 설치됩니다. 그 대신에 가격이 비쌉니다. 반면에 낸드 플래시 메모리는 지연 시간이 D램에 비해 상당히 깁니다. 그 대신에 가격이 싸고, 저장 용량이 매우 큽니다. 컴퓨터의 메모리 구조는 저장 용량, 데이터 통신 대역폭, 지연 시간, 전력 소모, 비용을 고려해서 계층적으로 설계하게 됩니다. 그중에서 인공지능 시대가 되면서 지연 시간이 중요한 설계 변수가 되었습니다.

이러한 배경에서 인텔의 새로운 메모리 X-point 메모리가 시장에 등장한 것입니다. D램과 낸드 플래시 사이에 틈새를 노린 새로운 반도체 메모리입니다. 낸드 플래시 메모리보다 지연 시간이 월등히 짧은 메모리입니다. 비휘발성 메모리이며, D램보다 저장 용량이 10 배 크고, 낸드 플래시보다 1,000배 빠르고, 수명도 긴 것으로 알려져 있습니다. 이러한 뛰어난 성능으로 인해서 인공지능, 머신러닝, 클라우드 컴퓨팅 등 데이터 센터를 위한 스토리지 및 컴퓨터 구조를 변화시킬 가능성이 제시되고 있습니다. 참을성 부족한 사람의 인내심이 4차 산업혁명 시대를 맞아 새로운 반도체 메모리 시장 경쟁을 발생시키고 있는 것입니다.

# 실리콘 반도체
## 세상은 바뀌지 않는다

시인 김소월은 1902년에서 1934년까지 일제 강점기에 활동한 우리나라 대표적인 시인입니다. 향토적인 체취가 강하게 풍기는 전통적인 시로 유명합니다. 그는 서양 문학이 범람하던 시대에 우리 민족 고유의 정서에 기반한 시를 썼습니다. 특히 제가 가장 좋아하고 때때로 속으로 노래로 부르면서 외우는 시가 〈엄마야 누나야〉입니다. 후에 〈엄마야 누나야〉는 나주 출신 작곡가 안성현을 만나 노래로 다시 태어났습니다. 노래는 초등학교 음악 교과서에 실려 있어 누구나 다 불렀지만 작곡가는 잘 알려지지 않았습니다. 그 노래가 주는 연상 장면도 좋고, 냄새도 좋고, 추억도 좋고, 그리고 노랫소리도 좋습니다.

엄마야 누나야, 강변 살자

뜰에는 반짝이는 금모래 빛

뒷문 밖에는 갈잎의 노래

특히 이 시를 더욱 좋아하는 이유는 어렸을 적 개인적인 추억과도 관계가 깊습니다. 초등학교 1, 2학년 때 강원도 홍천군 북방면 상화계리에 있는, 화계 초등학교 바로 옆에서 살았습니다. 홍천의 깊은 자연 속에서 진달래도 따 먹고, 복숭아 과수원도 보고, 여름에는 개울가에 놀면서 살았습니다. 겨울에는 얼음 썰매도 타고 놀았습니다. 아직도 집 바로 앞 도토리 나뭇잎으로 햇빛이 투과하면서 내뿜었던 연녹색 잎사귀 색깔이 선명합니다. 그때 계절이 아마 5월 초였을 것입니다. 이때가 나뭇잎 색깔이 연녹색으로 제일 선명합니다. 그 시절 부모, 형, 누나들과 같이 행복한 시간을 보냈습니다. 개인적인 정서가 묻어나는 장소입니다. 집 근처에는 홍천강 지류인 작은 개천이 흘렀습니다. 그때 그 작은 강가 모래사장은 금빛으로 물들었습니다. 자갈도, 나뭇잎도, 모래도, 물도 모두 햇볕에 반짝이고 있었습니다. 김소월의 〈엄마야 누나야〉의 모습이 그 모습 그대로입니다. 4~50년 전 김소월의 시에서처럼 물가에서 물장구도 치고 놀았습니다. 물론 엄마도 있었고, 누나도 있었습니다.

수년 전 그곳 홍천을 다시 방문해 보니, 기억 속 옛 모습과는 조금 바뀌었지만, 동네 골목길과 초등학교는 그대로 있었습니다. 저에게 감성적, 정서적 바탕이 된 어릴 적 추억은 그대로입니다. 김소월의 시와 추억과 '금빛 모래'는 변하지 않았습니다. 그런데 그 '금빛 모래'가 다시 4차 산업혁명을 맞아 빛을 발하면서 변하지 않고 살아 있습니다. 실리콘 반도체 원재료를 금빛 모래에서 추출해 만들기 때문입니다.

## 인공지능 시대에도 실리콘 전성시대

◇

인공지능, 빅데이터, 클라우드 컴퓨팅으로 대표되는 디지털 알고리즘 혁명이 핵심인 4차 산업혁명 시대에도 역시 변하지 않는 것이 있습니다. 바로 '실리콘 반도체'가 계속 전성기를 누릴 것이라는 사실입니다. 어떤 물질이나 부품보다도 그 중요성이 계속 높아지고, 앞으로 30년은 더 그러할 것으로 예상합니다. 특히 프로세서, 센서, 저장장치로 구현하는 데 실리콘 반도체가 가장 효과적입니다. 집적도가 높아, 대량생산하고, 그 결과 가격을 낮게 할 수 있습니다. 그리고 수율이 높고 가격이 쌉니다. 웨이퍼 사이즈도 크게 해서 동시에 많은 수의 반도체 제작이 가능합니다. 전력 소모도 적습니다. 그래서 누구나 스마트폰을 가질 수 있게 된 것입니다.

인공지능 컴퓨터든, 빅데이터 저장장치든 모두 꼭 필요한 것이 이 실리콘 반도체입니다. 도체와 부도체의 중간 물질이면서도 불순물을 주입함에 따라서 n-타입 반도체와 p-타입 반도체를 만들 수 있습니다. 거기에 두 물질을 붙이면 다양한 동작이 가능합니다. 디지털 스위칭도 할 수 있고, 신호도 증폭하고, 송수신도 합니다. 2개의 반도체를 서로 꼬아 연결하면 데이터도 저장할 수 있습니다. 여기에 더해 여러 가지 반도체 물질 중에 실리콘이 제일 안정적입니다. 나노 미터급으로 만들어도 그 특성을 보존하고, 시간이 지나도 잘 변화하지 않습니다. 10년 이상 되어도 특성이 잘 변화하지 않습니다. 그래서 10년 전 컴퓨터를 켜도 느릴지언정 동작은 하는 것입니다. 실리콘 반도체의 수요와 중요성은 인공지능 시대에도 변하지 않을 것입니다. 실리콘 물질이 4차 산업혁명을 지탱하고 있다고 해도 과언이 아닙니다. 실리콘 반도체를 대체할 물질이 당분간 발견되기는 어렵기 때문입니다. 특히 빅데이터를 저장하고, 인공지능 컴퓨터에서 계산 결과를 저장하기 위한 D램의 수요가 확장할 가능성이 큽니다. 그야말로 실리콘 메모리 세상이 될 것입니다. 제가 1996년 삼성전자 메모리 사업부에 근무할 때도 반도체 메모리 사업이 가장 성장도가 높았습니다. 앞으로도 그 성장세가 꺾일 것으로 보이지는 않습니다. 빅데이터가 권력이고 원유이고 자본이기 때문입니다. 빅데이터를 저장하기 위한 실리콘 메모리는 끝없이 늘어날 수밖에 없습니다.

# 인공지능
# 반도체의 미래 방향

인공지능의 핵심으로 등장하는 딥러닝 알고리즘은 퍼셉트론 Perceptron이라고 불리는 인공신경망 모형에 기초합니다. 퍼셉트론은 인공신경망의 한 종류로서, 1957년에 코넬 항공 연구소의 프랭크 로젠블랫Frank Rosenblatt에 의해 고안되었습니다. 가장 간단한 인공신경망의 형태로 동물의 신경계를 본 따 고안되었습니다. 퍼셉트론의 원리는 이렇습니다. 각 노드의 가중치와 입력치를 곱한 것을 모두 합한 값이 활성함수에 의해 판단되는데, 그 합한 값이 임계치를 넘으면 뉴런이 활성화되고, 그 신호가 다음 단계로 전달되는 것입니다. 뉴런이 활성화되지 않으면 신호는 다음 단계로 전달되지 않습니다. 딥러닝으로 표현되는 최근 인공지능 구조는 이러한 퍼셉트론을 기본 구조로 해서 여러 층의 연결망을 이룹니다.

4차 산업혁명 시대의 디지털 데이터는 묶음 형태로 존재합니다.

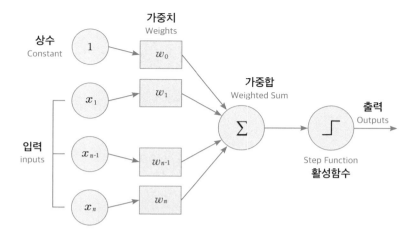

| 인공지능 기초 단위인 퍼셉트론의 구조 (출처 : Towards Data Science) |

영상 데이터 형태가 그렇고 빅데이터 자체가 그렇습니다. 그래서 인공지능이 다루는 입출력 데이터는 '벡터' 혹은 다차원 '행렬' 형태를 갖게 됩니다. 인공지능을 컴퓨터 소프트웨어 코드로 구현하는 과정을 보면, 그 과정에서 수많은 벡터 혹은 행렬 데이터를 곱하고 더하기를 반복한다고 볼 수 있습니다. 퍼셉트론 기능에 곱셈과 덧셈이 필요하기 때문입니다. 그런데 1개의 A 행렬과 다음 B 행렬이 곱해질 때, 숫자 하나하나가 순서대로 곱해지는 것이 아니라 동시다발적으로 이루어집니다. 그리고 더해서 수많은 퍼셉트론 배치 자체가 병렬적이고 학습 계산 자체가 병렬적입니다. 그 결과 인공지능 알고리즘 구현 과정에서 필요한 다차원 디지털 행렬의 곱셈, 덧셈 과정이 매우 병렬적이며 복잡합니다. 그래서 기존의 영상 신호 병렬 처리에 유리한 그

래픽 프로세서GPU 반도체가 요즈음 인공지능 계산에 편리하게 사용되고 있습니다.

이러한 배경으로 미래 인공지능 프로세서를 AIPArtificial Intelligence Processor 라고 부른다면, 이 인공지능 반도체는 데이터 병렬 처리 기능이 극대화된 구조여야 합니다. 거기에 더해서 계산 과정에서의 결과를 메모리 소자에 빠르게 기억해야 합니다. 따라서 처리 속도를 높이기 위해서는 물리적으로 기억 소자의 위치가 프로세서에 병렬적이면서도, 동시에 극단적으로 근접하게 배치되어야 합니다. 병렬 처리 성능이 지금의 GPU보다 100배 이상 향상되어야 합니다. 또 계산과 기억을 하기 위해 걸리는 지연 시간과 전력 소모도 지금보다 100분의 1 이상 줄여야 합니다. 그래야 우리가 그리는 인공지능 컴퓨터가 배터리로 구동되는 자율주행차, 스마트폰 안으로 들어올 수 있습니다. 기술적인 측면에서 4차 산업혁명이 완성되는 것은 이 단계를 의미합니다.

## 인공지능 반도체의 두 가지 발전 방향

◇

이러한 미래 인공지능 반도체의 요구 조건을 만족하기 위해서는 두 가지 개발 방향이 과제로 남습니다. 이들 과제는 다름 아닌 GPU와 메모리 사이의 지속적이고 극단적으로 병렬화시키는 방법과 퍼셉트론의 개념을 반도체 내부 회로Circuit나 소자Device로 구현하는 방법입니다.

여기서 가능성이 좀 더 큰 방법이 병렬화입니다. GPU 프로세서와 D램 메모리는 10년 내 개발과 양산이 가능해 보입니다. 현재 대표적인 인공지능 반도체인 HBMHigh Bandwidth Memory의 경우 아직은 GPU

와 D램 사이의 연결선이 약 1,000개 수준입니다. 앞으로 이 병렬 연결선을 10만~100만 개까지 늘려야 합니다. 현재의 2차원 반도체 구조를 3차원 구조로 전환한다면 충분히 가능합니다. 연결선의 구조 자체도 3차원이 되고, 연결선 기판도 실리콘이 되어야 합니다. 또 각 연결선도 초당 100기가비트 이상 보낼 수 있는 전자파 도파관 구조로 변해야 합니다. 이를 통해 계산 속도를 늘리면서 동시에 전력 소모와 지연 시간을 극적으로 줄일 수 있습니다. 때에 따라 메모리 위에 프로세서가 설치되는 PIM^Processing In Memory 구조가 3차원적으로 적층될 수도 있습니다.

클라우드 컴퓨팅 시스템과 인공지능 서버용 프로세서는 이러한 구조로 발전해야 합니다. 이렇게 되면 기존의 프로세서 주류가 CPU, AP^Application Processor, GPU에서 3D HBM과 PIM이 결합된 구조로 진화할 가능성이 큽니다. 실제로 구글 TPU^텐서 프로세서 유닛, IBM, 마이크로소프트, 엔비디아 기업 계열은 이 방향으로 인공지능 반도체 기술 개발에 박차를 가하고 있습니다. 제가 속한 KAIST 연구팀도 지난 10여 년간 GPU와 D램이 3차원적으로 결합된 HBM 모듈을 설계하는 연구를 진행해 왔습니다. 그 과정에서 국내 삼성전자, SK하이닉스뿐만 아니라 엔비디아와 협력을 지속해 왔습니다. 앞서 설명한 것처럼 HBM은 기존의 모듈과 달리 실리콘 기판을 배선으로 사용하여 GPU와 D램 사이의 연결선 수를 대폭으로 늘리는 구조입니다. 더 빨리 많은 수의 병렬 계산을 하기 위해서 고안된 것입니다. 이 HBM 모듈은 주로 인공지능 서버에 사용되며, 그 가격이 1,000만 원에 이릅니다. 비용이 들지만, 수요가 꾸준합니다.

| 인공지능 클라우드 서버에 사용되는 구글 TPU 모듈 (출처 : Wired) |

 

다음의 방법은 인공지능 핵심 소자인 퍼셉트론을 실리콘 반도체 내부의 회로나 소자로 구현하는 방향입니다. 프로세서와 메모리가 분리되지 않고 한 곳에 복합되어 내장되는 것입니다. 이렇게 되면 간단한 행렬 계산 등은 반도체 내부 회로나 소자에서 자체적으로 수행 가능해집니다. 간단한 기억 소자도 같이 있어 데이터 저장이 가능합니다. 당연히 크기도 작아야 합니다. 마이크로미터 단위(100만 분의 1미터)의 반도체 공간 안에 계산과 기억 소자가 함께 있어야 합니다. 그러니 신소자와 신물질이 동시에 개발되어야 합니다. 이 방법이 구현되면 병렬 데이터가 외부 메모리로 들락거리지 않아도 되기 때문에 병렬성이 더욱 극대화되면서도 전력 소모, 지연 시간 문제를 극적으로 해결할 수 있습니다. 이러한 대표적인 인공지능 반도체가 뉴로모픽

칩Neuromorphic Chip입니다.

이 인공지능 반도체는 전력 소모가 적어야 하는 스마트폰 등에 인공지능이 들어가는 데 필요한 반도체입니다. 스마트 사물인터넷 센서에도 필요한 인공지능 반도체입니다. 진일보한 기술 수준에 도달하기 위해서는 현재의 실리콘 프로세서나 메모리가 갖는 소자 구조와 물질 그리고 공정이 혁신적으로 바뀌어야 합니다. 하지만 이 구조의 단점은 속도가 느리고, 인공지능 알고리즘과 프로그램을 마음대로 바꿀 수 없어 시스템 유연성Flexibility이 크게 떨어진다는 것입니다. 그래서 응용 분야에 제한이 있을 수 있습니다. 또한 연구와 개발에 장기간이 소요된다는 단점이 있습니다. 대표적인 스마트폰 관련 회사인 삼성전자, 애플, 화웨이, 퀄컴 등에서 적극적으로 개발하려고 하는 방식입니다.

## 반도체 산업의 새로운 기회
◇

미래 인공지능 반도체 방향으로 제시한 두 가지 방향은 각각 장단점을 갖고 있습니다. 알고리즘 구현의 유연성Programmability, 현재 기술의 성숙도, 성능, 전력 소모, 대량 생산 인프라의 존재 여부, 시장의 크기, 가격, 수율, 안전성에 따라 각기 다른 부분이 존재합니다. 다만 단기적으로 병렬화 방법을 통한 3D HBM-PIM 구조가 인공지능 프로세서 시장을 주도할 것으로 보입니다. 물론 장기적으로는 물질과 공정의 혁신으로 새로운 저전력 인공지능 반도체가 탄생할 것으로 보입니다. 이 단계가 된다면 모든 사물에 인공지능 기능이 들어가게 될 것입니다.

삼성전자, SK하이닉스로 대표되는 한국 반도체 산업은 지금껏 반도체 메모리로 집중해 성장해 왔습니다. 빅데이터를 기록하기 위한 고성능 반도체 메모리에 대한 수요는 여전히 증가하고 있습니다. 앞으로도 마찬가지입니다. 하지만 앞으로는 인공지능 반도체에 더 많은 기회와 부가가치가 탄생할 것입니다. 창의적이고 혁신적인 기술 투자와 인력 양성을 통해서 이 절호의 기회를 잡지 못한다면, 지금까지의 노력이 아무것도 아닐 때가 올 수 있습니다. 인텔, IBM, AMD, 엔비디아를 뛰어넘는 진짜 인공지능 프로세서 기업이 한국에서 나오기를 고대합니다. 이는 새로운 기회의 땅입니다.

# 반도체 기술,
# '경험'에만 의지할 수 없다

제가 하는 일 중에서 반도체나 컴퓨터에서 발생하는 디지털 전자파의 발생과 간섭을 줄이는 연구 분야가 있습니다. 이 분야를 전문용어로 EMC^Electromagnetic Compatibility 또는 전자파 적합성이라고 합니다. 특히 빅데이터와 인공지능에 쓰이는 반도체는 대용량의 데이터를 짧은 시간에 처리하기 때문에 이러한 전자파 발생과 간섭 문제가 심각하게 되어, 설계상 중요한 전제조건이 되고 있습니다. 데이터 센터, 자율주행차 설계에도 꼭 필요한 핵심 기술이 EMC 기술입니다.

그러나 전 세계 4차 산업혁명 핵심 기업인 반도체, 자율주행차, 컴퓨터, 스마트폰 업체에서는 이러한 EMC 분야 전문가를 구하기가 매우 어렵습니다. EMC 전문가가 되기 위해서 먼저 각 해당 산업 분야의 설계 전문성이 있어야 하고, 동시에 EMC 지식과 경험을 함께 갖추어야 하기 때문입니다. 특히 EMC 분야의 특성상 전자파 이론의 학술적 기초는 물론 숙련된 현장 경험이 필요합니다. 실제 제품 설계에 적용해야 하고, 컴퓨터 시뮬레이션과 측정 경험을 쌓아야 합니다. 그러니 진정한 전문가가 되려면 30년 이상이 족히 걸립니다.

미국, 일본, 유럽의 경우를 살펴보면, EMC 분야의 전문가 대부분이 국방, 항공, 또는 우주 관련 산업에서 일하고 있는 것이 이채롭습니다. 그런데 이러한 분야에서 시민권 없는 외국인이 프로젝트에 참여하거나 취업하기 매우 어렵습니다. 그런 탓에 미국 관련 학회에 참석하면 동양인을 발견하기가 쉽지 않습니다. 경험이 중요해서 젊은 인력이 배출되기 어렵고, 젊은 인력이 경험을 쌓으려 해도 외국인에 대한 진입 장벽이 높아 들어갈 수 없는 딜레마에 놓여 있습니다. 그 결과, 특이하게도 이 분야의 전문가들은 60~70대 은발의 노신사들이 많습니다. 이 현상은 반도체 설계 분야도 마찬가지입니다.

## 인공지능이 반도체 설계 가능해

◇

반도체 설계 절차에는 전체 구조Architecture 설계, 논리 설계, 회로 설계, 배치 설계Floor Planning, 그리고 도면 설계Layout 등의 과정을 거칩니다. 이 설계 결과에 따라 반도체의 계산 속도, 전력 소모, 면적, 가격 등이 정해집니다. 그런데 요즈음 이러한 반도체 설계 과정에서 컴퓨터 CAD Computer Aided Design 소프트웨어의 도움을 많이 받습니다. 전기적, 기계적 모델을 이용해서 컴퓨터 시뮬레이션을 하고 그 성능을 제작 이전에 검증할 수 있습니다. 컴퓨터 시뮬레이션으로 목표 성능이 달성된 다음 여러 가지 목표 조건을 동시 혹은 최소 비용으로 구현하는 최적화 설계 과정을 거치게 되는 것입니다. 그 결과 개발 인력, 비용, 그리고 시간을 줄일 수 있습니다.

반도체 최적 설계에서도 컴퓨터가 일정 부분 '전문가'를 대신합니다. 그런데 지금의 CAD 설계와 최적화는 일정 부분 한계를 가지고 있습니다. 컴퓨터 성능의 한계 때문이기도 하고, 설계와 최적화 알고리즘의 한계 때문이기도 합니다. 그래서 전문가의 실력과 경험이 CAD 기능과 결합해 최선의 설계를 하고 있습니다. 아직까지 반도체 프로세서, 메모리, 센서도 이러한 설계 과정을 거칠 수밖에 없습니다. 다만, 설계상의 전문가 영역을 인공지능이 대신하는 시대가 조금씩 빨라지고 있는 것만은 분명해 보입니다.

알파고가 바둑에 활용했던 강화학습 알고리즘은, 인공지능 Agent 이 어떤 결정을 내리고 행동 Action 을 하면서, 상대와의 반응을 보고 기록 State 하면서 동시에 스스로 학습해 갑니다. 수많은 시행과 상대방 반응 과정을 반복하면서 학습해 가는 것입니다. 목표 지표 Reward 가 바둑 알파고에서는 승률이 되고, 인공지능 반도체 설계에서는 목표 성능이 되었던 것처럼 최적 승률을 갖는 조건을 학습해 갑니다. 알파고는 기보를 이용한 지도학습을 하거나 알파고끼리 자율학습 Unsupervised Learning 을 합니다.

다르게 말하면, 알파고에서 사용되었던 인공지능 알고리즘을 그대로 반도체 최적 성능 설계에 적용할 수 있습니다. 그러면 반도체 설계 프로그램인 에이전트 Agent 실력이 '이세돌'급 세계 최고 수준의 반도체 설계 전문가가 됩니다. 반도체 설계 인공지능은 알파고가 기보를 보고 학습했듯이 컴퓨터 CAD 시뮬레이션을 학습하면서 최선의 결과를 학습하는 것입니다. 알파고에게는 승률이 보상Reward이 되고, 반도체 설계에서는 성능 만족도가 보상이 됩니다.

최근 강화학습 설계 사례가 급증하면서 학습용 데이터도 증가했습니다. 더욱이 인공지능 전문가 사람을 대신하기 때문에 학습 속도가 훨씬 빠릅니다. 그리고 사람과 달리 인공지능의 기억이나 능력이 지워지거나 '은발'이 되어도 떨어지지 않습니다.

## 인공지능 전문가의 세상

◇

인공지능 설계는 테스트의 설계, 테스트와 생산 공정상의 데이터 분석에도 사용될 전망입니다. 특히 반도체 생산 공정의 수율 분석에 인공지능이 사용될 수 있습니다. 공정 데이터를 분석해서 인공지능에 의한 최적 공정을 찾아낸다면, 반도체 기업의 생산성과 수율, 순이익 그리고 경쟁력도 인공지능에 달려 있을 것으로 전망합니다. 이처럼 4차 산업혁명에 필요한 반도체 설계, 테스트, 생산관리 등 전 분야에서 인공지능이 전문가를 대체하는 시대가 다가오고 있습니다.

제 연구실에서도 일부 반도체 설계에 'Deep Q 러닝'이라고 불리는 강화학습 방법을 이용한 기초적인 설계 최적화를 시도하고 있습니다. 지금까지 연구 상황만으로도 가능성이 이미 충분히 보입니다. 추후 컴퓨터 성능만 조금 더 나아진다면 훨씬 복잡한 설계도 가능한 것을 확인했습니다.

지금까지의 인공지능 색깔은 '은빛'입니다. 사람이 60세 이상 몰입해야 도달할 수 있는 전문가 수준을 인공지능은 단시간에 구현할 수 있습니다. ADA^ALL DESIGN by AI 세상도 금방입니다. 인공지능이 반도체를 설계하고, 그 인공지능 반도체가 인공지능 계산을 합니다. 사람이 파고들 틈이 없습니다. 그러면 인공지능이 국가 간, 사회 내에서 정보, 자원, 자본, 시장뿐만 아니라 고급 인력과 기술의 독점 현상을 가속화할 수 있는 것입니다.

# 3번 만난 아인슈타인, 3번의 교훈

몇 해 전 동료들과 함께 현대자동차, KAIST, 이스라엘 테크니온 대학Israel Institute of Technology 간 차세대 커넥티드 자동차 기술 개발과 벤처 창업 발굴 협력을 위해 이스라엘을 다녀왔습니다. 당시 일정을 소화하며 방문했던 이스라엘 테크니온 대학을 보며 여러 생각이 들었습니다.

이스라엘 테크니온 대학은 이스라엘의 대표적 이공계 연구중심 대학입니다. 설립 목적과 규모 면에서 KAIST와 유사한 점이 많습니다. 이 대학은 텔아비브 북쪽 레바논 근처의 항구 도시이자 이스라엘 최대의 무역 도시인 하이파에 있습니다. 테크니온 대학의 대표적 성과는 성공적인 스타트업의 육성 실적에 있습니다. 졸업생 중에 60% 이상이 스타트업에 뛰어들 정도로 이스라엘이 '창업 국가'로 발돋움하는 데 주도적인 역할을 해왔습니다. 또 이스라엘에서 운영 중인 스타트업의 50% 이상을 배출했으며, 이스라엘 주요기업 CEO의 상당

수가 테크니온 대학 출신일 정도로 창업 혁신 분야를 이끄는 대학입니다. 이뿐만 아닙니다. 테크니온 대학 출신 인사들은 이스라엘을 넘어 실리콘밸리에서도 창업에 성공하고 있습니다. KAIST가 벤치마킹할 만한 1순위 대학 중 하나입니다.

최근 이스라엘의 대표적인 벤처 기업인 모빌아이를 인텔이 17조 6,000억 원에 인수했다는 소식이 전해졌습니다. 이 회사는 1999년 세계적인 비전 센서 과학자인 암논 샤슈아Amnon Shashua 히브리대 컴퓨터공학과 교수 주도 아래 창업한 회사입니다. 자동차에 필요한 카메라 센서 반도체를 제공하는 회사로 이미 GM, BMW, 현대자동차 등 27개 회사에 팔고 있었습니다. 도로 위 교통 신호, 장애물, 주변의 차량이나 보행자 등을 정의할 수 있는 일종의 이미지 인식 시스템을 공급하며, 4,000억 대 매출을 올리고 있던 회사였습니다. 물론 훌륭한 기업이었지만 당시까지만 해도 가능성만 있던 회사를 무려 17조가 넘는 금액으로 인텔이 사들인 것입니다. 향후 인공지능에 기반한 자율주행차, 로봇 산업 등에서 큰 수요가 있을 것으로 기대한 것입니다. 만약 자동차에 '인텔 인사이드'와 같은 광고 글자가 새겨진다면 이 회사 이름이 새겨질 가능성이 큽니다. 이처럼 앞으로도 다양한 산업과 연계 가능한 첨단 기술은 앞으로도 글로벌 기업들의 쇼핑 리스트 1순위에 오를 수밖에 없습니다. 현대자동차가 테크니온 대학과 파트너십에 나선 이유도 같습니다.

테크니온 대학은 1924년에 설립했는데, 이미 2004년과 2011년에 2번의 노벨상 수상자를 배출했습니다. 설립 당시에는 도시공학,

건축학 2개의 과목에 불과 16명의 학생으로 시작했습니다. 개교 과정에 아인슈타인이 깊이 관여했다고 알려져 있습니다. 지난 방문 기간에 교내 대표적인 건물 로비에 걸려 있는 개교기념 사진 가장 중간에 아인슈타인의 모습을 발견할 수 있었습니다. 오늘날 테크니온 대학의 실적과 이스라엘 창업 국가 건설의 씨앗을 아인슈타인이 이미 뿌려 놓은 것입니다. 아인슈타인은 인류 역사상 가장 위대한 과학자일 뿐만 아니라 현재 이스라엘의 산업과 스타트업 모습을 설계한 전략가이기도 했던 것입니다. 의외의 장소에서 아인슈타인을 발견한 것입니다. 이는 아인슈타인과의 세 번째 만남입니다.

제가 아인슈타인을 처음 만난 것은 대학 2학년 현대 물리 과목에서였습니다. 대학 시절에는 전공을 가리지 않고 흥미 있는 과목이라면 학과를 가리지 않고 전공 선택 과목으로 수강하곤 했습니다. 특히 현대 물리는 가장 재미있게 공부한 과목 중 하나입니다. 다행히도 현대 물리 속 이론들이 지금 하고 있는 반도체 이론과 설계 원리에 그대로 적용됩니다. 오늘날 4차 산업혁명의 동작은 실리콘 반도체가 거의 다 한다고 볼 수 있는데, 이 동작 원리의 기초 대부분을 현대 물리 과목에서 이해했습니다. 전자의 파동성으로 반도체 종류가 결정되고, 밴드 갭이 생성되고, 에너지 레벨 등이 결정됩니다. 그에 따라 전류, 전압이 정해지고, 특성 곡선도 정해집니다. 특히 에너지가 연속적이지 않고 양자화되고, 양자화되는 값을 계산해 보곤 했는데, 불확정성 원리도 이때 알게 되었습니다.

그러나 무엇보다 아인슈타인 하면 빼놓을 수 없는 것이 상대성 이론입니다. 현대 물리 내용 중에서도 단연 중요한 이론입니다. 상대성 이론은 특수 상대성 이론과 일반 상대성 이론으로 나뉩니다. 그중 특수 상대성 이론의 핵심적인 가정 하나가 '빛의 속도는 언제나 일정'하다는 것입니다. 내가 어느 공간, 어느 좌표계, 어느 속도에 있더라도 빛의 속도는 일정하다는 것입니다. 나아가 특수 상대성 이론에는 길이, 질량, 시간, 공간, 에너지 등이 불변이 아니라 물체의 속도가 빛의 속도에 가까워지면 변한다는 내용이 포함되어 있습니다. 시간이 늦게 흐르기도 하고 빨리 흐르기도 합니다. 길이가 길어지기도 하고 짧아지기도 합니다. 그러나 일반 상대성 이론은 매우 이해하기 어려웠습니다. 더 이해하고 싶어서 수학과의 미분기하학 과목까지 수강했습니다. 한 단계 더 이해하고 싶어서 물리학과 양자역학 과목도 수강했는데, 수학 문제만 풀다가 끝난 기억이 납니다. 상상력이 부족했던 탓에 영감과 통찰력을 얻지 못했습니다.

그리고 오늘날 4차 산업혁명 시대를 만나 다시 한번 아인슈타인을 만납니다. 대학에서 현대 물리를 공부한 지 40여 년이 흘렀습니다. 특수 상대성 이론의 '빛의 속도는 일정하다'는 명제는 놀랍게도 아직도 제 마음속에 살아 있습니다. 고성능 반도체 시스템 설계에 아인슈타인의 특수 상대성 이론만큼 멋진 이론은 없습니다. 데이터를 최대한 빠르게 주고받고, 인공지능으로 처리해야 합니다. 그래서 인공지능 서버의 고속 성능, 데이터 센터의 고속 성능, 이들을 연결하는 네트워크의 고속 성능이 중요합니다. 느리면 아무도 그 서비스를 찾지 않습니다. 1초 이상 아니 1밀리초도 늦어서는 안 됩니다. 아무리 데이터 계산, 저장, 전송 속도가 빨라져도, 빛의 속도를 넘을 수 없습니다. 아인슈타인의 특수 상대성 이론이 깨지지 않는 한, 빛의 속도는 4차 산업혁명의 성능을 결정합니다.

인공지능 반도체, 메모리, 네트워크 모두 빛의 속도로 동작하도록 설계해야 합니다. 빛의 속도가 일정한 조건에서 시간을 줄여야 한다면 길이를 짧게 하는 수밖에 없습니다. 그러면 반도체를 나노미터급으로 소형화해야 합니다. 컴퓨터도 소형화, 그 컴퓨터를 연결하는 케이블의 길이도 줄여야 합니다. 또 데이터 센터와 나와의 거리도 짧아야 합니다. 그러자면 데이터 센터를 분산해서 수요자 가까이에 설치해야 합니다. 클라우드 컴퓨팅 시스템이 가는 방향입니다. 앞으로 스마트폰, 자율주행차에 많은 양의 데이터가 생산되고 소비되는데, 시간을 줄이기 위해 스마트폰, 자율주행차 자체가 작은 데이터 센터가 되어야 합니다. 데이터 공급자와 수요자, 재고 창고를 최대한 가까이 놓는 것입니다. 인공지능 딥러닝의 계산과 학습을 위해서라도 근접거리에 더 많은 데이터 센터가 설치될 것입니다. '빛의 속도는 일정하다.'는 아인슈타인의 오래된 생각이 4차 산업혁명의 중심에 여전히 살아 있는 것입니다.

이렇게 아인슈타인과 3번 만났습니다. '우리 만남이 우연이 아니야'라는 노사연의 노래 가사가 생각납니다. 아인슈타인의 생각들이 앞으로 등장할 5차 산업혁명 때도 유효할지 모르겠습니다. 어쩌면 5차 산업혁명은 아인슈타인의 특수 상대성 이론이 깨져야 등장할지도 모르겠습니다. 이처럼 중요한 과학적 진리는 중요한 길목에서 우연히 다시 만나게 됩니다. 그래서 아인슈타인이 더욱 위대해 보입니다. 가끔 풀리지 않는 문제로 머리가 아프면 대학 때 보았던《현대 물리학》 책을 살펴보곤 합니다. 아스라했던 대학의 그 시절이 떠오르면 도서관 아래 아크로폴리스에 가보고 싶은 충동이 느껴집니다. 그 바닥은 여전히 딱딱할지 궁금합니다.

# '동기화 기술'에
# 미래가 달려 있다

추억이 된 지 오래지만, 예전에는 고교 과정에서 군사 교육을 시키는 교련 과목이 있었습니다. 총검술, 제식훈련, 총기 분해조립 등 기초 군사 훈련을 받았던 기억이 납니다. 그 수업 중에 한 달에 한 번 월요일 아침 전교생이 교련복을 입고 교장 선생님과 교련 선생님 앞에서 사열 행진을 하는 시간이 있었습니다. 전교생이 학년 반에 따라 운동장에 줄지어 서고, 학생 밴드부의 행진곡에 맞추어 교단 앞으로 줄 맞추어 지나가는 행사였습니다. 일종의 축소된 국군의 날 행진과 같은 행사였는데, 저는 열심히 발걸음을 북소리에 맞추어 줄과 열을 반 친구들과 맞추면서 행진했던 기억이 납니다.

그런데 이상하게도 항상 운동장 끝 다른 반 학생들의 행진 발걸음을 보면, 앞쪽 학생들과 비교해 약 3분의 1걸음 정도 차이가 났습니다. 지금 그 이유를 생각해 보면, 북소리가 나에게 들리는 시점과 운동장 건너편 학생들이 들리는 시점의 차이에서 비롯한 것입니다.

음파의 전달 속도는 1초에 340미터로 제한되어 있습니다. 운동장 길이가 100미터라고 가정한다면 운동장 양 끝에서 들리는 학생 밴드부의 북소리는 약 3분의 1초 만큼 차이가 날 수밖에 없습니다. 딱 그만큼 발걸음의 차이가 났던 것입니다. 만일 국군의 날 행사처럼 행사장의 크기가 1킬로미터가 넘는다면, 여러 밴드부의 악대가 필요하겠죠. 여러 개 밴드의 북소리를 동기화해야 하기 때문입니다. 운동장이 더 커지면 학생들의 발걸음을 동기화하기 더 어려워지는 이유입니다.

개념적으로 보면, 운동장에서 학생들이 행진할 때 그 행진의 총 진행 양은 행진 줄 수, 학생들의 발걸음 속도에 비례하게 되는데, 이 행진 발걸음 속도가 바로 북소리의 속도에 비례합니다. 그래서 운동장 전체 학생의 행진이 북소리에 동기화되어야 합니다. 여기서 북소리의 속도와 동기화 정도를 한계 짓는 것이 바로 북소리의 속도와 음파의 속도입니다. 북을 치는 밴드부가 행진 사이사이에 촘촘히 있어야 하는 것이죠.

## 데이터는 약속된 시간에 받아야 한다
◇

컴퓨터도 비슷한 딜레마가 있습니다. 운동장의 행진 밴드 북소리에 해당하는 것이 컴퓨터 시계입니다. 컴퓨터나 그에 필요한 반도체를 설계하는 공학자들은 클럭Clock이라고 부릅니다. 컴퓨터 시계인 클럭은 보통 기가헤르츠 이상 동작 주파수를 갖고, 1초에 10억 번 진동합니다. 앞으로는 10기가헤르츠 클럭 시대도 올 것이라고 하죠. 아무튼, 여기서 컴퓨터 내 클럭의 전파는 빛의 속도로 전파합니다. 그래서

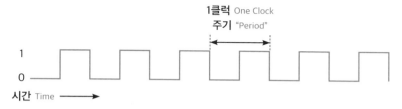

| 컴퓨터의 클럭 개념 |

4차 산업혁명의 핵심인 인공지능의 데이터 처리에 필요한 컴퓨터 계산 능력은 이 클럭의 주파수와 빛의 전파 속도에 한계가 지어집니다. 인공지능이 실시간 통역과 같이 빠른 처리를 수행하려면 컴퓨터 클럭의 주파수와 전파 속도가 증가하는 방향으로 개선되어야 합니다.

그런데 컴퓨터 내부, 컴퓨터에 필요한 반도체 혹은 컴퓨터끼리 서로 데이터를 주고받기 위한 시간 약속이 필요합니다. 데이터의 출발과 도착 시간을 서로 알아야 합니다. 여기서 컴퓨터 내부, 컴퓨터에 필요한 반도체 혹은 컴퓨터끼리 시계가 동기화될 수 있는가 하는 의문이 생겨납니다. 교련 시간의 행진에서 아무리 각자가 열심히 북소리에 맞추어 행진해도 운동장 끝과는 시간 차이가 날 수밖에 없었던 것처럼 말입니다. 또 음파의 속도는 바람의 방향, 날씨, 온도, 습도 등 미세한 변수에 영향을 받습니다. 그러니 다 같이 북소리에 맞추어도 발걸음이 틀릴 가능성이 큽니다. 즉 컴퓨터 내부, 컴퓨터에 필요한 반도체 혹은 컴퓨터끼리도 시간을 완벽히 맞출 수 없다는 문제에 이르는 것입니다.

두 가지 회로를 예로 들면, 컴퓨터 내부에서 GPU와 메모리는 같은 시계로 동기화될 수 없습니다. 아무리 빛이 빨리 전파해도 1초에 30만 킬로미터밖에 달리지 못합니다. 요즘 최고 성능의 반도체나 컴퓨터는 피코초 pico second, 1조분의 1초 단위로 동작합니다. 앞으로 펨토초 femto second, 1,000분의 1피코초 단위로 개선될 것입니다. 어쨌거나 빛은 1피코초에 약 300마이크로미터0.3mm밖에 전파하지 못합니다. 그나마도 반도체 회로 안으로 들어가면 물질의 유전상수로 인해서 빛은 1피코초에 100마이크로미터0.1mm에 전파하지 못합니다. 이 거리는 머리카락의 지름 몇 가닥밖에 되지 않은 거리입니다. 반도체는 센티미터 크기이고 컴퓨터는 10~100센티미터 크기로 빛이 전자파 속도로 전파해도 지연 시간이 있을 수밖에 없습니다. 그러니 컴퓨터 내부의 데이터를 주고받는데, 시계에 맞추어 데이터를 정해진 시간에 주고받아야 합니다. 문제는 시계가 같지 않죠.

또 다른 문제는 북소리에 진동이 울리듯이 컴퓨터 시계도 진동을 합니다. 북소리가 '우웅' 하고 울립니다. 빠르게 북소리를 치려면, '우웅' 소리를 짧게 끊어야 합니다. 이것을 컴퓨터 클럭에서는 지터Jitter 라고 명명합니다. 시계 자체도 완벽하지 않고, 울리기도 합니다. 시계가 울리는 동안 데이터를 주고받지 못하고 기다려야 합니다. 그래서 GPU, 메모리 등 반도체 내의 시계 설계가 매우 중요한 과제가 됩니다. 온도가 변하든 공정이 변하든 전원 전압이 변하든 흔들림이 없이 일정한 시계를 만들어야 합니다. 또 만들어진 시계를 컴퓨터나 반도체 내에 빛의 속도로 배분해야 합니다.

그런데 컴퓨터 내 부품이 10센티미터 이상 떨어지면 사실상 시계를 동기화하는 것을 포기해야 합니다. 이미 1,000피코초 이상 시간 차이가 나기 때문입니다. 그래픽 카드와 메모리 카드 사이의 지연 시간이 발생합니다. 시계의 속도도 다릅니다. 온도도 다릅니다. 그러나 약속된 시간에 데이터를 주고받아야 합니다. 그러기 위해 장거리 데이터 송수신에는 데이터에 시계를 담아 보냅니다. 수신 회로에 시계 재생 회로가 함께 설치되는 것입니다. 서울과 부산 사이에 시간은 달라도 떠난 기차에 탑승한 승객은 싣고 도착지에 내립니다. 이를테면, 지구와 달, 지구와 해, 지구와 은하수 사이에 시간을 동기화할 방법은 없습니다. 몇 분 혹은 몇억 광년의 시간차가 존재할 수밖에 없기 때문입니다.

아인슈타인이 상대성 이론을 발견하던 그 시기, 세상은 식민지와 본국 간의 시간을 맞추는 일이 매우 중요했습니다. 19세기 말은 제국주의의 시대였고 본국과 점령지들 사이의 시간을 동기화시키는 것 (시간을 지배한다는 것)은 정치적으로도 의미가 있었습니다. 이런 시대적 배경에서 당시 수많은 기술자가 시간 동기화 문제에 대한 해법에 골몰했던 것입니다. 당시 특허국에서 일했던 아인슈타인에게 시간과 관련한 수많은 특허는 아마도 상대성 이론의 중요한 영감이 되었을 것입니다.

아인슈타인 시기에 대륙 간, 나라 간 시간을 동기화하는 것이 이슈였다면 오늘날의 가장 큰 이슈는 인공지능 컴퓨팅 시계를 반도체 내, 컴퓨터 내, 컴퓨터 간에 어떻게 동기화하느냐입니다. 4차 산업혁명을 선도하기 위해서 이는 매우 중요한 과제가 될 것입니다.

2017년 노벨 물리학상의 영예는, 100여 년 전 아인슈타인이 그 존재를 예측한 중력파를 처음으로 검출하는 데 공을 세운 과학자 3명에게 돌아갔습니다. 고급레이저간섭계중력파관측소<sup>라이고, LIGO</sup>를 설계하고 라이고 연구단을 이끈 연구자들입니다. 그 주인공은 라이너 와이스<sup>Rainer Weiss</sup> MIT 명예교수, 배리 배리시<sup>Barry C. Barish</sup> 캘리포니아공과대학 명예교수, 킵 손<sup>Kip S. Thorne</sup> 캘리포니아공과대학 명예교수입니다. 중력파<sup>Gravitational Waves</sup>는 물리학 용어로, 시공간의 뒤틀림으로 발생한 요동이 파동의 형태로 전달되어, 움직이는 물체 또는 계<sup>System</sup>로부터 바깥쪽으로 이동하는 것을 말합니다. 중력파는 1916년에 알베르트 아인슈타인의 일반상대성 이론에서 그 존재를 추정했을 뿐 확인되지는 않았습니다. 그 후 100년이 지난 2016년 2월, 그 존재를 최초로 관측하는 데 성공한 것입니다.

놀랍게 중력파도 빛의 속도로 전파합니다. 정보를 전달하고 시계를 동기화하는 최대 속도는 빛의 속도로 한정됩니다. 진정한 의미의 4차 산업혁명을 위해서는 빛의 속도보다 빠른 속도로 전파하는 컴퓨터 시계가 필요합니다.

# 반도체가
# 자주독립의 길을 이끈다

지금으로부터 30년도 더 지난 1984년 석사과정 중에 학위연구로 이미 실리콘 반도체 공정 장비를 개발했습니다. 그때 개발하던 장비는 사불화탄소$^{CF4}$ 방전가스 플라즈마$^{Plasma}$를 이용해서 반도체 표면 위의 물질을 깊게 깎아 내는 식각$^{Etching}$ 공정에 사용하는 장비였습니다. 또 포토 공정 이후에 실리콘 표면에 남아 있는 감광액$^{PR: Photoresist}$ 잔유물을 세정하는 용도로도 사용됩니다. 안타까운 것은 그때 개발하던 그 공정 장비들과 그때 사용하던 불화수소$^{HF}$와 감광액 물질들을 30년이 지난 지금까지도 일본을 비롯한 외국 기업에 전적으로 의존하고 있다는 사실입니다. 실제로 최근 일본의 무역보복이 우리의 이 약점을 공략한 것이라서 특히나 마음이 아팠습니다. 다행히도 우리가 슬기롭게 극복하고 있습니다만, 이 같은 기술 전쟁에서 이겨내기 위해서는 몇 가지 생각해야 할 점이 있습니다.

먼저 이러한 기술 종속의 배경에는 '산업화 양산 기술'의 중요도에 대한 인식 부족과 태만이 자리합니다. 재료 1킬로그램 정도를 실험실에서 소량 개발하는 단계의 기술 수준과 1,000킬로그램 이상을 대량 생산하는 산업화 양산 기술 수준은 그 완성도에서, 말 그대로 천지가 차이가 납니다. 마찬가지로 순도 99.99% 재료와 99.99999999% 재료를 생산하는 기술의 격차도 비교 대상 자체가 아닙니다. 또한, 같은 순도를 유지하면서도 하루 저장할 수 있는 보관 기술과 한 달 저장할 수 있는 보관 기술도 경쟁이 되지 않습니다. 즉, 기술 자체보다 이러한 산업화 양산 기술 차이가 국가 간 반도체 재료 산업의 경쟁력은 가르는 것입니다.

하지만 우리의 학교와 연구소의 연구개발 수준이 기껏해야 실험실 수준에 머물러 있습니다. 결과를 SCI에 논문이 등재(재인용)되는 수준에서 만족하는데, 사실 진짜 중요한 산업화 양산 기술은 논문으로 내지도 않습니다. 요컨대, 논문 등재 자체가 목적이 아니라 산업용으로 상용화되어 얼마나 많은 시장 지배력을 가지느냐가 중요합니다. 이처럼 산업용 소재Industrial Material 개발은 어렵고, 험난하고, 장인정신이 똘똘 뭉쳐야 얻는 결과입니다. 화려하지도 않고, 인정받지도 못합니다. 사실 우리의 풍토는 논문 쓰기에 좋고, 단기간에 결과를 내기 좋은 '생계형 추종 연구'에 길들어져 있었습니다. 이제 구글에 검색해도 나오지 않는 독특한 '창의적 원천 연구'나 벤처기업이 나올 수 있는 혁신 연구나, 산업현장에서 실질적으로 요구되는 10년 이상의 '산업화 양산 연구'만이 의미가 있습니다.

반도체 제조 공정은 웨이퍼 공정(선공정)과 패키지 공정(후공정)으로 나누어집니다. 웨이퍼 공정은 실리콘 기판 위에 트랜지스터와 금속 배선을 만드는 과정입니다. 이 과정은 나노 원자 수준의 3차원 판화 예술로 비유될 수 있습니다. 메모리를 넘어 시스템 반도체와 파운드리Foundry 사업도 세계 시장에서 1등을 하기 위해서는 이 웨이퍼 공정 작업에 필요한 재료와 장비의 기술 독립이 필요합니다.

그런데 다행히 반도체 패키지 공정에 필요한 재료와 장비 분야에서 여전히 기회가 남아 있습니다. 최근 반도체 패키지 재료 시장이 지속적으로 성장하고 있다는 점이 그 증거입니다. 2018년도 웨이퍼 공정 재료 시장의 규모가 34.5조 원(61%)이고, 패키지 재료 시장이 21.7조 원(39%) 규모였습니다. 패키지 공정에서는 웨이퍼를 조각으로 자르고, 다른 기판과 연결하고, 유기물질로 덮어 보호합니다. 그런데 이 패키지 구조와 물질이 반도체의 최종 성능, 전력 소모, 용량과 크기를 결정합니다. 특히 인공지능 반도체와 스마트폰에 들어가는 프로세서AP에서 더욱 그렇습니다. 여기에 사용되는 웨이퍼 레벨 패키지Water-Level Packaging 와 실리콘관통전극TSV 패키지 기술 경쟁이 이제 막 시작되었습니다.

이러한 반도체 패키지 재료와 장비 시장은 우리가 먼저 전략적으로 투자하고, 개발해서 선점할 수 있습니다. 정부 지원으로 3,000억 원 규모의 차세대 패키지 재료와 장비 테스트 라인을 설치해야 합니다. 여기서 반도체 기업과 재료 관련 중소기업들이 함께 모여서 공동 개발을 수행하는 것입니다. 이들이 같이 10년 이상의 장기 로드맵을 설정하고, 정보를 공유하고, 공동 개발을 수행하고, 거기서 개발한 물질을 우선적으로 사용해야 합니다. 그래야 차세대 반도체 재료, 장비 표준화를 주도할 수 있습니다. 바야흐로 선도자가 되는 것입니다. 이렇게 되면 후발 주자로서 싼 가격의 대체품으로 승부하는 딜레마에서 벗어날 수 있습니다. 불행인지 다행인지 일본의 소재 부품에 대한 보복 행위를 계기로 정부의 양산 기술에 대한 인식도 적극적으로 바뀌었습니다. 산업화 양산 기술의 개발과 반도체 재료 중소기업의 육성이 실현이 머지않을 것입니다.

반도체 기술 독립은 우리 국가 경제의 운명을 우리 스스로 결정하고 실행하는 주권을 확보하는 것이나 다름없습니다. 따라서 반도체 재료부터 시작해서 장비, 공정, 패키지, 설계, 알고리즘, 소프트웨어 전체 분야에서 세계 최고 수준의 기술과 인재를 확보해야 합니다. 반도체 메모리 사업뿐만 아니라 시스템 반도체와 파운드리 사업에서도 모두 명실상부한 세계 1등 국가의 위치에 도전해야 합니다. 반도체 자주독립은 인공지능과 4차 산업혁명 시대에 국가의 생존과 성장, 그리고 번영을 보장합니다. 일본에 다시 지지 않는 길입니다.

## 한국 반도체 산업을 지키는 5가지 방법

◇

데이터 없는 4차 산업혁명도 없고 반도체 메모리 없는 4차 산업혁명도 없습니다. 다행히 우리에게는 삼성전자와 SK하이닉스가 있습니다. 중국은 2017년 원유 수입액보다 반도체 수입액이 많다는 통계 자료도 있습니다. 4차 산업혁명, 특히 빅데이터 시대를 맞아 그 차이는 더욱 벌어질 것입니다. 그런데 이 점이 역설적으로 중국이 반도체 산업을 심각하게 바라보는 이유가 되기도 합니다. 얼마 전 중국 정

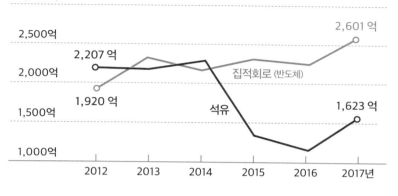

단위: 달러

| | | | | | |
|---|---|---|---|---|---|

**중국 반도체와 석유 수입액 추이** (출처 : 중국해관)

부가 삼성전자, SK하이닉스, 마이크론 등 한국과 미국의 반도체 제조회사에 대해 본격적인 가격 담합 조사에 나선 바 있습니다. 나아가 중국의 메모리 굴기를 이끄는 국영기업 칭화유니그룹의 자회사인 UNIC 메모리 테크놀로지가 중국계 IT 고객사들을 대상으로 64단 3D 낸드 플래시 시제품을 납품하기 시작했습니다. 중국 기업의 추격이 코앞에까지 다가온 것입니다.

4차 산업혁명을 맞아 치열하게 전개되고 있는 반도체 메모리 전쟁에서 우리 한국 반도체 산업을 지키는 방법으로 다음 다섯 가지 방안을 제안합니다.

첫 번째는 인재 양성입니다. 반도체 산업을 세대를 뛰어넘어 지속적으로 성장하기 위한 '우수 인재의 지속적인 육성'을 제도화해야 합니다. 오늘날 한국 반도체 산업을 이끄는 리더의 대부분이 1970년대 혹은 1980년대 대학에 입학해서 전자공학, 재료공학 등을 전공하고, 국내외에서 석박사학위를 받은 우수한 인재들입니다. 삼성전자 권오현 전 부회장, 김기남 현 부회장뿐만 아니라 SK하이닉스의 박성욱 부회장, 이석희 사장 그리고 동부 하이테크의 이윤종 부사장 모두 7080 세대입니다. 7080 세대는 민주화와 통기타만을 대표하는 것이 아니라 반도체 산업에도 지대한 공헌을 했습니다. 이들이 공헌했던 것처럼 앞으로도 미래 한국 반도체 산업을 이끌 주역들을 끊임없이 발굴하고 배출하고, 성장시켜야 합니다.

두 번째로, 인재 유출을 막아야 합니다. 현재 삼성전자, SK하이닉스와 함께 성장한 우수 인재의 해외 유출을 막지 못한다면 우리의 산업 전반이 위험에 빠질 수 있습니다. 그러기 위해서는 충분한 경제적인 보상, 맘껏 오랫동안 일할 수 있는 환경을 마련해 주어야 합니다. 1명의 우수 개발자의 중국 유출은 반도체 격차의 벽을 허무는 틈이 될 수 있습니다.

세 번째로, 혁신적인 기술 개발을 지속해야 합니다. 4차 산업혁명을 맞아 반도체는 고용량, 고성능, 저전력, 고신뢰성 그리고 융합 기능을 요구합니다. 메모리 분야에서는 관통형수직전극TSV을 이용한 3차원 D램, 수백 층 이상의 집적도를 가진 낸드 플래시 메모리 개발이 필요합니다. 프로세서 분야에는 인공지능을 저전력으로 계산하기 위한 병렬 컴퓨터용 프로세서와 기존 컴퓨터가 인식하지 못했던 비정형적인 데이터들을 효율적으로 처리할 수 있는 뉴로모픽neuromorphic 반도체 연구도 소홀히 해서는 안 됩니다.

네 번째로, 개발된 기술 유출을 막아야 합니다. 반도체 공정에 필요한 물질의 공급회사, 성분, 점도, 두께 등 공정 정보 하나하나가 제품의 수율과 가격에 직접적인 영향을 미칩니다. 이러한 영향은 패턴의 크기가 나노미터 크기의 영역으로 내려가면서 더욱 심화됩니다. 물질 정보와 공장 구조도, 장비 배치도는 그 회사의 생산 비밀과 계획 그리고 전략을 유추하는 실마리가 됩니다.

마지막으로, 새로운 시장을 끊임없이 개척해야 합니다. 기존에 있던 제품을 겨냥하는 반도체 개발로는 경쟁력을 갖기 어렵습니다. 4차 산업혁명을 맞아 인공지능, 블록체인, 자율주행차, 데이터 센터, 스마트 시티, 스마트 고속도로, 스마트홈 등 메모리가 필요로 하는 신시장을 끊임없이 개척하고 선점해야 합니다.

## 한반도 평화 구축 지름길

◇

2019년 싱가포르 센토사 섬에서 열린 미국과 북한의 정상회담에 우리 모두 손에 땀을 쥐며 집중했습니다. 회담 결과는 우리가 원하던 그림은 아니었습니다. 한반도 평화 구축이 우리의 힘으로 해결하기 어렵다는 것을 다시 한번 보여준 사례가 아닌가 싶습니다. 표면적으로는 미국과 북한 양자 회담 결렬이었지만, 그 속을 들여다보면 남북한을 비롯한 러시아, 중국, 일본에 이르기까지 국제적인 힘의 각축전 양상이었습니다. 좋은 결과를 만들기 위해서는 이러한 복잡한 환경에서 어떻게 견제와 균형을 잡느냐가 평화와 번영의 관건이지 않을까 싶습니다. 그 힘은 경제력에서 나옵니다. 또 그 경제력의 중추 역할을 할 수 있는 산업이 반도체입니다. 조금만 비약하자면, 반도체 메모리 산업이 이러한 견제와 균형을 위한 우리의 '핵폭탄'임을 잊어서는 안 됩니다. 한국 반도체 산업은 '국가 생존의 관점'에서 살펴야 하는 이유입니다.

# CHAPTER 5

# 수학

## '행렬'과 '확률'의 시대가 온다

◆

언어는 사람과 사람의 소통 수단입니다. 마찬가지로 수학도 사람과 자연이 나누는 대화의 한 방식입니다. 사람과 인공지능이 소통하는 가교 역할을 하는 수학이 되어야 합니다. 수학은 인공지능 시대의 혁신 방법이면서 동시에 개인과 국가 경쟁력의 원천입니다. 4차 산업혁명에서는 소프트웨어 핵심은 인공지능이고 그 기초 하드웨어가 컴퓨터입니다. 지금 수학은 역사 이래 최전성기를 맞고 있습니다. 컴퓨터 없는 수학 없고 수학 없는 인공지능도 컴퓨터도 없습니다.

# 수학이
# 최고의 경쟁력이다

2018년도부터 개정된 10차 고등학교 수학 교과과정에서 '행렬' 단원이 고등학교 수학에서 완전히 빠졌습니다. 개편된 수학 교과과정을 살펴보면 이전 〈수학 II〉에 포함되었던 '행렬과 그래프' 단원 전체가 완전히 삭제된 것입니다. 여기에 더해서 '벡터' 단원 또한 학생 대부분이 수강하지 않는 '진로선택 과목'으로 편성되었습니다. 앞으로 고등학생 대부분이 '행렬과 벡터'를 배울 기회가 사라진 것이 아닌가 싶어 안타까운 마음이 듭니다. 곰곰이 생각해 보면 대단히 큰 문제입니다. 행렬과 벡터는 인공지능 시대에 가장 기초적이고 핵심적인 수학이기 때문입니다. 특히 행렬 수학은 인공지능에서 데이터의 공간 변환, 인공지능망 최적 설계, 확률의 추출 과정에서 필수적인 수학적 도구로 활용됩니다.

우리와 달리 미국, 영국, 싱가포르, 호주에서는 고교 수학 과정에서 행렬 단원을 모두 배웁니다. 우연인지 아닌지 국가 간 고교 수학 교

|  | 행렬 | 벡터 | 미분 | 적분 | 확률과 통계 |
|---|---|---|---|---|---|
| 미국 | ○ | ○ | ○ | ○ | ○ |
| 영국 | ○ | ○ | ○ | ○ | ○ |
| 싱가포르 | ○ | ○ | ○ | ○ | ○ |
| 호주 | △(심화수학) | △(심화수학) | ○ | ○ | ○ |
| 일본 | × | △(수학B 선택) | ○ | ○ | ○ |
| 한국 | × | △(진로선택) | ○ | ○ | ○ |

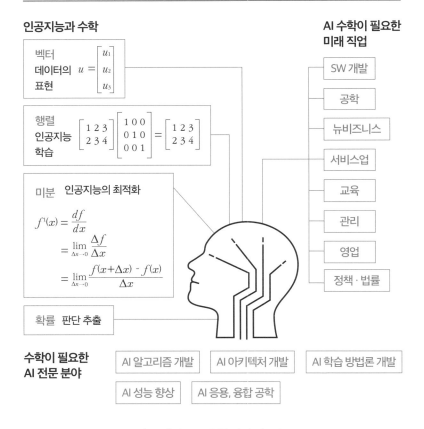

**인공지능과 수학**

벡터 데이터의 표현
$$u = \begin{bmatrix} u_1 \\ u_2 \\ u_3 \end{bmatrix}$$

행렬 인공지능 학습
$$\begin{bmatrix} 1 & 2 & 3 \\ 2 & 3 & 4 \end{bmatrix} \begin{bmatrix} 1 & 0 & 0 \\ 0 & 1 & 0 \\ 0 & 0 & 1 \end{bmatrix} = \begin{bmatrix} 1 & 2 & 3 \\ 2 & 3 & 4 \end{bmatrix}$$

미분  인공지능의 최적화
$$f'(x) = \frac{df}{dx}$$
$$= \lim_{\Delta n \to 0} \frac{\Delta f}{\Delta x}$$
$$= \lim_{\Delta n \to 0} \frac{f(x+\Delta x) - f(x)}{\Delta x}$$

확률  판단 추출

**AI 수학이 필요한 미래 직업**

- SW 개발
- 공학
- 뉴비즈니스
- 서비스업
- 교육
- 관리
- 영업
- 정책 · 법률

**수학이 필요한 AI 전문 분야**

- AI 알고리즘 개발
- AI 아키텍처 개발
- AI 학습 방법론 개발
- AI 성능 향상
- AI 응용, 융합 공학

| 국가별 고교 수학 과정 비교 |

과 과정의 구성과 난이도 차이가 각 국가의 인공지능 경쟁력의 차이로 반영되고 있습니다. 앞의 표에서 보는 것처럼 공교롭게도 행렬 과정이 빠진 한국과 일본은 현재 인공지능 분야에서 뒤처져 있습니다.

## 수학 없는 인공지능은 없다

◇

4차 산업혁명 시대에는 인공지능의 핵심 알고리즘인 딥 머신러닝Deep Machine Learning을 빼고 얘기할 수가 없습니다. 그런데 이 딥 머신러닝을 설계할 때 아직 컴퓨터가 아닌 '수학의 힘'을 빌립니다. 이유는 단순합니다. 여전히 컴퓨터가 스스로 인공지능을 설계할 수 없기 때문입니다. 컴퓨터의 성능과 상상력 그리고 창의력이 사람이 만든 수학의 수준에 도달하지 못했다는 말입니다. 수학의 역사는 2000년이 넘습니다. 하지만 딥 머신러닝의 역사는 채 10년 안팎에 불과합니다.

특히 인공지능의 학습에 쓰이는 데이터 자체가 수학의 벡터로 표현됩니다. 벡터는 다차원 공간에서의 디지털 숫자의 묶음입니다. 그리고 인공지능의 계산 결과도 결국 벡터로 출력합니다. 그런데 바로 이 행렬이 벡터의 공간 변환과 학습 계산을 가능하게 해주는 수학적 도구입니다. 쉽게 말해, 인공지능을 똑똑하게 만드는 수학이 행렬인 것입니다. 인공지능 내부에서 일어나는 데이터 공간 속에서의 데이터 변환 과정은 아직도 사람이 이해하거나 설명하기 어려운 블랙박스Black Box입니다. 어쩌면 인공지능 내부에서 사용되는 언어는 은하에서 온 외계인의 언어일 수 있습니다. 벡터와 행렬로 대표되는 선형대수 수학이 사람이 외계인과 만나는 열쇠가 될 수도 있습니다.

한편, 딥 머신러닝 인공지능은 무한에 가까운 학습 과정을 통해서 내부 연결망과 그 변수들을 최적화해 갑니다. 이 과정을 거쳐 결국 인공지능의 지적 능력이 인간의 영역을 넘어선 것입니다. 이때 인공지능의 최적화 과정에서 수학의 미분 개념이 사용됩니다. 그리고 인공지능의 최종적인 결과물이 확률로 표시되는 것이죠. 인공지능은 정답을 구하는 것이 아니라, 가장 정답 확률이 높은 답을 제시합니다. 인공지능의 불완전성을 '수학의 확률'이 보완하는 것입니다. 인공지능에는 확률이론, 통계이론, 정보이론, 게임이론, 이산수학 등 고급 수학들이 필요합니다. 한마디로 수학 없는 인공지능은 없습니다.

## 인공지능 시대에 수학 교육의 혁신

◇

《AI 슈퍼파워 AI Super Powers》의 저자이자 인공지능 전문가 리카이푸 Kai-Fu Lee 박사는 미국 CBS 방송에서 방영된 '60분'이라는 프로그램에서, 앞으로 15년 내 오늘날의 직업 40%가 인공지능으로 대체된다고 예측했습니다. 그뿐만 아니라 세계경제포럼 WEF 은 인공지능이 2022년까지 1억 3,300만 개의 새로운 일자리를 만들고 7,500만 개의 기존 일자리를 대체할 것으로 예측했습니다. 이런 예상이 맞다면 누구든 인공지능 지식과 관련 수학의 기초 없이는 부가가치를 내는 일을 할 수 없다는 결론에 이릅니다. 국가 전체의 이익은 말할 것도 없습니다. 따라서 인문계열, 자연계열, 예체능계열 등 분야와 상관없이 우리나라 모든 고등학교 졸업생들은 인공지능에 필요한 수학에 대한 기초 개념에 대한 교육을 받아야 한다고 생각합니다. 앞으로 인공지능 시대에는 영어 점수나 학점 또는 봉사활동과 인턴 등의 경력보다도 오히려 수학에 대한 이해도가 경쟁력의 원천이 될 것입니다.

이제 '수학 교육의 내용과 방식'이 변화되어야 합니다. 수업 진행도 개념 위주, 토론 위주, 문제 자체를 스스로 만드는 연습, 컴퓨터를 이용한 문제 풀이, 즐거운 협력이 가미된 수업 방식이 되어야 합니다. 진정한 수학 실력은 개념 정립과 논리적 사고의 확립에 있습니다. 왜 이런 결과가 나오고 어떤 상황에서 타개책이 있는지 생각할 도구로서 수학이 필요합니다. 인공지능과 관련한 수학 교육은 더욱 그렇습니다. 앞으로는 수학 문제를 직접 풀 일이 없습니다. 그렇지만 적절한 상황에서 원리를 적용하고 새로운 알고리즘에 응용할 수 있는 능력은 필요합니다. 현재 우리나라 고등학교 수학 교육의 문제는 모든 교육의 목적이 대학입시의 공정성과 변별력에 맞춰져 있습니다. 정시와 수시 비중의 논란은 영원히 결론이 나지 않는 소모적인 논쟁일 뿐입니다. 또 현행 대학입시 수학 시험은 짧은 시간에 틀리지 않고, 많은 문제를 푸는 기능 테스트에 불과합니다. 퇴행적 시험 방식입니다. 이러한 문제 풀이는 고성능 반도체와 컴퓨터, 그리고 네트워크로 무장한 인공지능이 훨씬 빠르고, 정확합니다. 맥락 없이 지나가는 숫자와 공식, 부호가 가득한 수학 교육으로 많은 학생을 '수포자'로 내몰 뿐입니다.

언어는 사람과 사람의 소통 수단입니다. 마찬가지로 수학도 사람과 자연이 나누는 대화의 한 방식입니다. 사람과 인공지능이 소통하는 가교 역할을 하는 수학이 되어야 합니다. 수학은 인공지능 시대의 혁신 방법이면서 동시에 개인과 국가 경쟁력의 원천입니다. 4차 산업 혁명에서는 소프트웨어 핵심은 인공지능이고 그 기초 하드웨어가 컴퓨터입니다. 지금 수학은 역사 이래 최전성기를 맞고 있습니다. 컴퓨터 없는 수학 없고 수학 없는 인공지능도 컴퓨터도 없습니다. 융합의 시대 통찰력, 이해력과 논리력 배양에는 수학만 한 학문이 없다고 강조하고 싶습니다. 다시 수학 전성시대가 열리고 있습니다.

# 유튜브에
# 행렬이 필요한 이유

행렬은 다차원적인 숫자의 나열로 2차원인 경우 $(x, y)$로 표현됩니다. 고등학교 때 행렬의 기본 연산 규칙을 배우고 계산하는 기초 문제를 풉니다. 사실 저 또한 학창시절에 행렬을 왜 배워야 하는지, 어디에 쓰는지 그 중요성을 잘 모르고 배웠습니다. 그런데 이 행렬 수학이 '인공지능 컴퓨터 계산'의 핵심 도구로 다시 등장한 것입니다.

대학 시절 이야기입니다. 2학년 때 '선형대수학'이라는 수학 과목을 수강했습니다. 행렬의 수학적 의미와 원리를 배우는 한 학기 과목이었습니다. 그런데 이 과목은 지금까지 공부한 것 중 가장 감동적이면서도 재미있게 공부한 수업으로 기억합니다. 수학 논리 전개의 아름다움을 깊이 느낄 수 있는 과목이었습니다. 다른 동기들과 달리 전기공학이나, 전자공학, 전산 과목 또는 물리학 과목이 아니라 '수학 과목'에 흥미를 느꼈던 것도, 그중에서도 '선형대수학'이라는 과목이라는 점은 지금도 신기합니다.

$$C = AB \quad \begin{bmatrix} a_{11} & a_{12} & \cdots & a_{1n} \\ a_{21} & \ddots & \cdots & \vdots \\ \vdots & \cdots & \cdots & \vdots \\ a_{m1} & \cdots & \cdots & a_{mn} \end{bmatrix} \begin{bmatrix} b_{11} & b_{12} & \cdots & b_{1y} \\ b_{21} & \ddots & \cdots & \vdots \\ \vdots & \cdots & \cdots & \vdots \\ b_{n1} & \cdots & \cdots & b_{ny} \end{bmatrix}$$

$$C_{ij} = a_{i1}b_{1j} + a_{i2}b_{2j} + \cdots + a_{in}b_{nj} = \sum_{k-1}^{n} a_{ik}b_{kj}$$

$$\underset{(m \times n)}{A} \quad \underset{(n \times y)}{B} = \underset{(m \times y)}{C}$$

(A의 열의 개수 n = B의 행의 개수 n)

| 행렬의 구성과 곱셈 공식 |

선형대수학은 벡터에서 출발해서 행렬을 정의하고, 행렬의 기본이 되는 원리들을 순서대로 제시하고 증명하는 과목입니다. 행렬 속 각 열의 벡터가 서로 상호 의존적인지 독립적인지를 논의합니다. 서로 선형적이면 종속적이고, 비선형적이면 독립적입니다. 각 열의 벡터가 독립적 벡터로 이루어진 행렬은 역행렬이 존재하고 구할 수 있습니다. 역행렬이 존재하는 행렬은 그 벡터들을 더하고 곱해서 변형하면 대각 행렬(Diagonal Matrix, 대각선 부분 숫자만 있고 나머지는 모두 '0'인 행렬)이 될 수 있습니다. 선형대수 과목에서는 이러한 이론들을 처음부터 끝까지 200여 페이지 책에서 순서대로 빈틈없이 증명합니다. 처음부터 끝까지 단 1개의 논리적 오점 없이 전체를 증명하고 전개해 갑니다. 이러한 논리의 완결성은 눈부시기까지 합니다. 완벽하게 논리적입니다. 독자의 이해를 돕기 위해 설명하자면, 선형대수학은 고등학교 때 배우는 '행렬'과 '벡터'를 심화한 것이자 모든 이공계열 학문 중에서 선형대수가 관여하지 않는 학문이 없는 기초 중의 기초라고 생각하시면 됩니다.

## 인공지능 알고리즘 CNN에 필요한 행렬 계산

◇

행렬 계산이 공학적으로 더욱 중요한 이유는 모든 빅데이터가 디지털로 기록되기 때문입니다. 그중에서도 데이터의 깊이가 크고 정보량이 많은 데이터는 영상 이미지입니다. 카메라에서 얻은 이미지는 카메라 센서가 2차원 평면 배열로 되어 있습니다. 배열 자체가 2차원(x, y)입니다. 여기에 색깔 정보, 밝기 정보, 빛의 세기 정보가 더해지면 N차원 정보가 되고 이를 수학적으로 표시하면 N차원 행렬이 됩니다. 그래서 유튜브의 사용이 더욱 확대되면 행렬 계산양도 늘어나게 됩니다.

인공지능 딥러닝 알고리즘 중에서 영상 이미지 판독에 가장 유효하게 쓰이는 방법이 앞서 설명했듯이 CNN 알고리즘입니다. CNN 알고리즘은 여러 개의 신경망 층으로 이루어져 있습니다. 쉽게 말해서 CNN 입력으로 사진이 들어가면 CNN이 강아지인지, 고양이인지, 곰인지, 사슴인지 찾아냅니다. 그런데 이 CNN은 여러 개의 신경망 층Layer을 지나면서 각 층의 출력이 단순화되고 추상화됩니다. 이러한 과정을 거치면서 입력이 수천 다차원 행렬이라고 하더라도 최종 출력은 '동물의 이름'이 되기 때문입니다. 이렇게 크기가 큰 행렬을 줄여나가는 과정이 수학적으로 함수의 합성곱Convolution입니다. 이 과정은 수식적으로 볼 때 크기가 큰 행렬에 작은 크기의 행렬을 계속 곱해서 얻습니다. 이 곱하는 작은 행렬을 필터 행렬이라고 하는 것이죠. 이렇게 되면 각 신경망 층이 추상화Abstraction 과정을 하게 됩니다. 첫 층의 입력이 사진이라면 2층은 윤곽을 표현하고, 3층은 코, 입, 귀를

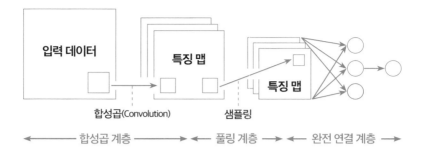

입력 데이터  특징 맵  특징 맵

합성곱(Convolution)          샘플링

◀── 합성곱 계층 ──▶ ◀── 풀링 계층 ──▶ ◀── 완전 연결 계층 ──▶

| 사진과 영상 분석에 유용한 CNN 인공지능 알고리즘의 구성 |

판단하고, 그다음 층은 남녀 인종 등을 파악하고, 최종적으로 누구인지 파악하는 과정을 거치는 것입니다. 이처럼 CNN 학습 과정에서 계속해서 행렬연산이 이루어집니다.

### 행렬과 텐서로 학습한다

◇

인공지능 프로그램을 만들기 위해 소프트웨어 코딩을 한다는 것은 수많은 행렬연산을 계획된 순서대로 짜는 것과 같습니다. 특히 인공지능의 학습과정과 '판단Decision' 혹은 '추론Inference'을 내릴 때 수많은 행렬연산을 합니다. 그래서 인공지능을 연구하고 개발한다는 의미는 행렬연산에 묻혀 사는 것과 같은 말입니다. 이와 같은 다차원 행렬을 수학에서 텐서Tensor라고 부릅니다. 그러므로 스칼라Scalar는 '0텐서', 벡터Vector는 '1텐서', 행렬은 '2텐서'라고 부르기도 합니다. 구글이 인공지능 계산 플랫폼을 텐서 플로우Tensor Flow라고 이름 지은 것도 이런 배경에서 비롯한 것입니다. 인공지능에서 다차원 행렬인 텐서 계산이 딥러닝 층을 지나가면서 쭉 흘러갑니다. 이 학습과 판단 과정이 수학적 과정입니다.

재미있는 드라마에는 '암시'를 주고 되살아나는 과정이 있으며, 이 요소가 드라마의 재미를 더해 줍니다. 암시는 장면, 만남, 표정, 대사에서 다양하게 나타납니다. 특히 드라마 초반에 나타나 미래 전개 과정을 암시합니다. 제가 대학 2학년 때 선형대수 과목에 푹 빠졌던 것은 40년 후 다가올 4차 산업혁명 시대와 인공지능 시대를 암시했는지도 모르겠습니다.

# 미래는
# 2진법의 세상이다

　　우리는 태어나서부터 자연스럽게 10진법을 기초로 해서 숫자를 배우고, 수를 계산합니다. 10진법은 우리가 잘 알다시피 0, 1, 2, 3, 4, 5, 6, 7, 8, 9라는 10가지 숫자를 사용합니다. 그리고 보통 초등학교 3학년 때 10진법 구구단을 외웁니다. 그러고는 평생을 10진법과 함께합니다.

　　우리의 계산과 수학이 대부분 10진법을 기반으로 하는 이유는 간단합니다. 사람의 손가락이 10개이기 때문입니다. 다른 이유는 없습니다. 아기에게 숫자를 가르치거나 손가락으로 숫자를 표현할 때 10개의 손가락으로 표현합니다. 만약 사람의 손가락 숫자가 달랐다면 10진법이 사용되지 않았을 것입니다. 손가락이 12개였다면 12진법이 주로 사용했겠죠.

　　10진법의 연장으로 대학에서 공학 관련 숫자를 표현할 때, 큰 범위의 숫자를 10의 지수로 표현합니다. 예를 들어, 10의 3승인 1,000의 단위를 킬로ᴷ로 표시하고, 10의 6승인 백만 단위를 메가ᴹ, 10의 9승인 10억 단위를 기가ᴳ로 표시합니다. K, M, G 단위 모두 10의 지수를 달리 표현한 것입니다. 스마트폰 등 메모리 제품사양으로 자주 들어보는 단위 맞습니다. 이렇게 아주 큰 자연의 숫자를 10이 몇 번 곱한 수인가 하는 기준으로 크기를 표현합니다. 그런데 빅데이터 시대를 맞아 더 큰 숫자가 필요하게 되었습니다. 이미 10의 12승인 테라 단위가 일상화되었고, 10의 15승인 페타 단위와 10의 18승인 제타 단위도 쓰이기 시작했습니다. 빅데이터 시대는 10의 100승 단위도 필요로 할 전망입니다. 이런 예는 공학에서 10의 지수가 유용하게 쓰이는 예입니다.

반대로 공학에서 큰 단위를 줄여 간단히 표현하고자 할 때 로그 함수를 사용합니다. 로그 함수를 사용하면 아주 큰 지수 함수를 단순한 대수 숫자로 표현할 수 있습니다. 그래서 로그 함수를 이용하면 복잡한 곱셈을 간단한 덧셈으로 변환해 계산하고, 복잡한 나눗셈을 간단한 뺄셈으로 변환해 계산할 수 있습니다. 더 나아가 로그 함수는 복잡한 삼각함수의 주파수와 위상 계산도 간단한 덧셈 뺄셈 계산으로 바꾸어 주는 편리한 함수입니다. 로그 함수의 밑수를 10으로 선택하면, log(10의 12승, 테라)=12가 됩니다. 즉 10의 12승이라는 큰 숫자를 간단히 12로 표현할 수 있습니다. 결국, 빅데이터인 테라 단위를 12라는 간단한 숫자로 바꿀 수 있게 되는 것입니다. 그 단위를 dB데시벨로 표현합니다. 그래서 빅데이터에서 자주 활용되는 제타 단위도 로그 함수 영역에서는 18밖에 되지 않습니다. 이는 결과적으로 빅데이터 연산을 쉽게 하면서 전기 사용을 크게 줄이는 효과를 가져옵니다. 하지만 10진법도 단점은 있습니다. 10진수 지수 함수나 로그 함수는 미적분이 불편하기 때문입니다. 따라서 자연 로그 밑 자연 상수인 (e=2.7182818284)를 기초로 지수나 로그 함수를 만들어야 미적분이 편해질 수 있습니다. 그러면 지수 함수의 미분도 자신의 지수 함수가 됩니다. 이는 공학에서 매우 편리한 성질입니다.

10진법에서는 10의 약수가 1, 2, 5, 10입니다. 10의 배수는 이들의 약수 조합의 곱으로 표현됩니다. 여기에 소수는 2와 5입니다. 그래서 2와 5의 곱 형태가 됩니다. 하지만 자연의 중요한 소수인 2, 3이 빠져 있습니다. 그래서 자연수를 완전히 표현하는 데 자연스럽지 못합니다. 반면에 12의 약수는 1, 2, 3, 4, 6, 12이고 여기에 포함된 소수가 2, 3입니다. 그래서 12진법이 유용한 때도 많습니다. 야드파운드 단위의 피트와 인치(1피트=12야드), 시간 등이 대표적인 12진법 활용의 사례입니다.

역사적으로 프랑스 혁명 시기에 도량형을 바꾸려고 했지만, 시간만큼은 10진법으로 바꾸지 못했습니다. 진법은 역사, 자연과 인간의 환경을 반영하기 때문입니다. 이러한 장단점에도 불구하고 우리가 실생활에서 10진법을 사용하는 이유는, 인공지능 시대에도 여전히 우리의 손가락이 10개이기 때문입니다.

## 인공지능은 2개의 손가락을 가졌다

◇

인공지능은 우리와 달리 손가락이 단 2개입니다. 그래서 0과 1 디지털 숫자만 있는 2진법을 사용합니다. 그 이유는 당연한 말이지만 인공지능을 학습에 필요한 데이터 자체가 디지털로 표현되어 있기 때문입니다. 데이터를 표현할 때 2진수인 데이터값은 0과 1로 표현합니다. 데이터의 생산자인 센서도 물리값 자체는 아날로그지만, 결과는 디지털 값으로 변환합니다. 그래서 센서 출력을 디지털로 표시하고, 저장장치인 메모리에도 0과 1로 표현합니다. 센서와 저장장치 사이의 데이터 통신도 그대로 디지털로 합니다. 4차 산업혁명 데이터 전체가 디지털로 이루어져 있고, 디지털은 2진수입니다.

또한, 인공지능 계산을 2진수로 계산할 수밖에 없는 것은 그 계산 장치인 실리콘 프로세서와 메모리가 2진수 계산만 할 수 있기 때문입니다. 사람처럼 10진수 계산을 하지 못합니다. 실리콘 반도체의 스위칭 특성과 메모리는 0과 1만 생산하고 보관할 수 있습니다.

이후, 인공지능 알고리즘을 계산하기 위해서 행렬의 곱셈과 덧셈, 저장이 순차적으로 진행됩니다. 이 인공지능 계산도 실리콘 프로세서 내에서 2진수 논리 연산의 연속으로 이루어집니다. 이러한 2진수 연산은 2진수의 논리인 AND, OR, NOT 조합으로 이루어집니다.

| NOT | | AND | | | OR | | | XOR | | |
|---|---|---|---|---|---|---|---|---|---|---|
| $x$ | $x'$ | $x$ | $y$ | $xy$ | $x$ | $y$ | $x+y$ | $x$ | $y$ | $x \oplus y$ |
| 0 | 1 | 0 | 0 | 0 | 0 | 0 | 0 | 0 | 0 | 0 |
| 1 | 0 | 0 | 1 | 0 | 0 | 1 | 1 | 0 | 1 | 1 |
| | | 1 | 0 | 0 | 1 | 0 | 1 | 1 | 0 | 1 |
| | | 1 | 1 | 1 | 1 | 1 | 1 | 1 | 1 | 0 |

| **2진수 수학**(Boolean Algebra)**의 기본 논리** |

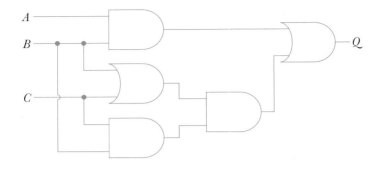

| **2진법 수학을 이용해 설계한 기초 컴퓨터 논리회로도** |

컴퓨터 내에서는 이렇게 2진수의 논리를 실리콘 트랜지스터 회로로 구현하고, 그 묶음으로 곱셈, 덧셈을 합니다. 이를 모아서 인공지능 계산 학습과 판단을 합니다. 그러니 인공지능은 완전히 2진법 세상입니다.

## 2진법 산수도 가르쳐야 한다

◇

인공지능 시대인 미래에는 4가지 직업만 남을 전망입니다. 아주 기초적인 육체노동을 하거나, 소프트웨어 코딩을 하거나, 소프트웨어 관리를 하거나, 소프트웨어를 이용한 사업을 운영하는 4가지 직업입니다. 그러기 위해서는 소프트웨어 코딩 능력이 필요하고, 인공지능 알고리즘과 컴퓨터에 대한 이해가 필수적으로 필요합니다. 그런데 위에서 제시한 직업 중 대부분이 2진법으로 운용된다는 것입니다.

따라서 미래를 살아갈 젊은 청년들이 직업을 갖기 위해서는 10진법처럼 2진법을 자연스럽게 이해하고 써야 할 수도 있습니다. 초등학생이 10진법 구구단을 외우듯이 미래에는 초등학생이 2진법 구구단을 외워야 할 필요도 있습니다. 세상에 고정된 것은 없습니다. 상상력과 창의력, 유연함이 직업의 경쟁력이 됩니다. 2진법 세계에서는 10개 손가락이 나오는 장갑보다 엄지장갑이 더 어울립니다.

# 이산수학이
# 머신러닝을 이끈다

전자공학과에서 2, 3학년 때 배우는 가장 기초적인 과목이 전자기학, 전기회로, 전자공학입니다. 그리고 반도체 물성 이론도 같이 배웁니다. 이 과목들에서는 반도체로 이루어진 프로세서, 센서, 메모리, 무선통신 반도체 회로를 설계하고 제작하는 데 필요한 기본 이론을 얻습니다. 그래서 2, 3학년 과목들이 어찌 보면 제일 중요합니다.

이러한 과목에 사용되는 가장 중요한 수학적 방법론이 미적분학입니다. 단순히 미분, 적분 문제 해법을 넘어서 미분으로 이루어진 미분 방정식, 적분으로 이루어진 적분방정식을 푸는 연습을 하게 됩니다. 특히 전자기학에서는 경계 조건과 구조의 대칭을 이용한 벡터의 미분 방정식을 많이 풀게 됩니다. 이러한 이론은 5G 무선통신용 전송선, 안테나 설계에 활용됩니다. 전기 및 전자 회로 문제에서는 시간의 변화에 대한 미분 방정식을 많이 풉니다. 전자 소자의 특성이 전압 또는 전류의 미분으로 표현되기 때문입니다. 회로 미분 방정식은 초기 시작점의 전류 전압 조건을 이용해서 미분 방정식 문제를 푸는데, 때에 따라 주파수 영역으로 이동해서 대수적으로 문제를 풀기도 합니다.

이처럼 기존의 공학에 필요한 수학은 미적분이 많이 활용되었습니다. 미적분학이 자연과 공학 문제에 대한 모델 수립, 수학적 해법을 제공하면서 동시에 공학 문제에 대한 통찰력과 이해력을 키워주기 때문입니다. 하지만 최근에는 실제 공학 문제가 이렇게 단순한 선형 미분 방정식으로 표현되는 경우가 거의 없습니다. 예를 들어, 반도체 내부만 하더라도 수억, 수조 개의 트랜지스터가 있는데, 사람이 미분 방정식으로 동시에 모두 풀기가 불가능합니다. 따라서 요즘은 대부분 컴퓨터로 미분 방정식을 풀어냅니다. 일반적으로 매트랩MATLAB으로 알려진 수학 전용 소프트웨어를 사용해야 합니다. 그렇다고 해서 수학에 소홀해져야 한다는 말은 아닙니다. 오히려 미적분의 개념을 잘 이해하고 활용할 수 있는 능력치를 끌어올려야 한다는 말입니다.

## 인공지능 알고리즘에 필요한 이산수학

◇

4차 산업혁명에 필요한 빅데이터는 모두 0과 1의 2진수로 표현되는 디지털 신호로 표시됩니다. 특히 인공지능을 위한 알고리즘 계산도 컴퓨터 내에서 디지털 신호 계산으로 이루어집니다. 신경세포Perceptron를 모델화한 소자에서의 덧셈, 곱셈 작업도 모두 디지털 계산으로 구현됩니다. 데이터도 계산도 저장도 모두 디지털 반도체에서 이루어집니다. 이처럼 모든 데이터가 디지털인 이유는 반도체 메모리 저장장치 자체가 디지털 소자이기 때문입니다. 또한, 데이터 전송을 위한 광통신 네트워크, 무선통신도 모두 디지털 신호 전송으로 수행됩니다. 따라서 4차 산업혁명의 토대는 0과 1로 표현되는 2진수 수학에 있다고 봐도 무방합니다. 그 수학이 '이산수학 Discrete Mathematics'입니다.

전통적인 공학에서 활용되던 미적분학은 연속되는 함수의 기울기를 구하거나 면적을 구합니다. 그런데 디지털 신호는 0과 1로 표현되며 급격하게 불연속적으로 신호가 변화합니다. 그 변화 시점에서 함숫값은 당연히 불연속적입니다. 그러니 그 불연속 시점에서 함수를 미분해 보면 무한대가 됩니다. 따라서 디지털 신호 처리와 인공지능 알고리즘의 구현과 해석은 기존의 미적분으로 해결할 수가 없습니다. 이산수학이 디지털 신호의 해석에 가장 필요한 수학으로 올라선 이유입니다. 그래서 이산수학은 '디지털 수학'이라고 부르기도 합니다.

이산수학은 디지털 세계의 기본적인 개념, 원리, 법칙을 활용해 실생활에서 일어나는 디지털 상황의 문제를 수학적으로 정의할 능력을 갖추게 합니다. 그리고 이를 바탕으로 논리적으로 사고하고 합리적으로 문제를 해결하는 능력과 태도를 기를 수 있습니다. 특히 인공지능을 비롯한 디지털 기술 사용이 계속해서 증가함에 따라 요구되는 컴퓨터공학, 정보통신, 소프트웨어 등의 정보기술 분야에서 활용의 폭이 넓습니다. 시스템을 설계하거나 컴퓨터를 이용해 문제를 해결하는 방법에 두루 활용됩니다. 무엇보다도 인공지능 알고리즘과 학습 방법을 개발하고, 인공지능 머신러닝의 구조를 설계하는 데 학

| 연속적 개념 | 이산적 개념 | |
|---|---|---|
| 미적분학 | 논리 | 명제 |
| 위상수학 | 집합 | 증명법 |
| 복소수론 | 관계 | 함수 |
| 추상대수학 | 그래프 | 트리 |
| 해석학 | 순열 | 이산적 확률 |
| … | 재귀법 | 행렬 / 행렬식 |
| | 부울 대수 | 논리 회로 |
| | 오토마타 | 형식 언어 … |

**| 연속 함수 수학과 이산수학의 비교 |**

문적 기반이 된다는 것입니다. 예를 들어, 디지털 행렬 계산과 논리회로도 이산수학에 포함됩니다. 이산수학이 인공지능의 수학적 토대라고 해도 과언이 아닙니다.

## 수학의 지도가 바뀐다

◇

컴퓨터 소프트웨어의 가장 기본적인 구조인 제어문, 반복문, 서브루틴의 개념에는 순차적인 논리 사고가 필요합니다. 이때 이산수학으로 단련되어 논리적 사고를 할 수 있는 프로그래머가 더 높은 생산성과 훌륭한 성과물을 보일 수밖에 없습니다. 컴퓨터 프로그램 제작을 위한 추상화와 알고리즘에 이산수학의 이론들이 주로 사용되기 때문입니다.

이산수학은 디지털 정보이론, 그래프이론, 알고리즘과 같은 이산적인 분야를 다룹니다. 이처럼 이산 수학은 컴퓨터 과학의 기초이론으로서 가장 중요한 위치를 차지합니다. 나아가 이산수학의 개념은 4차 산업혁명의 빅데이터, 인공지능에 필요한 수학적 근간이 된다고 말할 수 있습니다. 특히 인공지능 연구에 필요한 기초 수학이 디지털 미적분, 행렬, 확률과 통계입니다. 여기에 더해 수준 높은 전문가가 되기 위해서는 디지털 게임이론, 정보이론 등도 필요합니다. 이산수학은 이제 전공을 불문하고 대학 1, 2학년 때 꼭 필수적으로 알아두어야 할 과목입니다. 1, 2, 3차 산업혁명에 필요한 수학이 있고, 4차 산업혁명에 더욱 중요한 수학이 있습니다. 바야흐로 미적분의 시대에서 이산수학의 시대로 이행하고 있는 것입니다.

# '잘 찍는'
# 인재가 성공한다

골프에서 얻을 수 있는 재미있는 교훈 한 가지가 있습니다. 티 박스에서 드라이버로 골프공을 힘껏 날리다 보면 공이 페어웨이를 벗어나 소나무 밑 숲속에 떨어지는 경우가 있습니다. 공이 떨어진 지점이 해저드는 아니니 다행히 벌타는 없습니다. 이때 90타급 플레이어는 공을 소나무 사이로 앞 방향으로, 80타급 플레이어는 공을 직각 방향으로 가까운 페어웨이 방향으로 보내는 습관이 있습니다. 그런데 70대 싱글 스코어 플레이어는 더 안전하게 공을 뒤편으로 뺍니다. 공을 옆이나 뒤로 안전하게 빼내면 좋은 위치에서 다음 샷을 노릴 수 있기 때문입니다. 그래서 스코어 손해를 최소화하거나 만회할 수 있습니다. 골프 샷의 결과는 바람, 채, 공, 경사, 잔디 등 자연 상태에 의해 영향을 받기도 하지만, 플레이어의 멘탈 상태와 기분에 더 큰 영향을 받습니다. 이처럼 수많은 변수로 이루어진 골프의 결과를 정확하게 예측하기 어렵습니다. 사람들이 골프를 좋아하는 이유는 매 순간

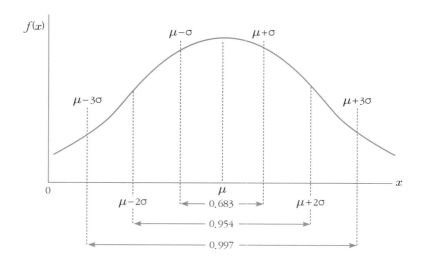

**| 추출된 측정값의 확률 밀도 분포의 한 사례인 정규분포 함수의 모습 |**

이 짜릿한 확률이 지배하는 게임이기 때문입니다. 이 확률 게임은 삶을 살아가는 데 큰 도움과 교훈을 줍니다.

　알파고가 인공지능으로 바둑을 둘 때도 수많은 경우의 수를 줄이기 위해 확률이론인 몬테 카를로 시뮬레이션 기법Monte Carlo Simulation Method을 사용합니다. 이 방법은 자유도가 매우 높거나 닫힌 꼴의 함수해Closed form equations가 없는 문제들의 답을 구하기 위한 확률적 방법입니다. 시뮬레이션 기반 방법이기 때문에, 해석적인 방법과 달리 항상 어느 정도 오차를 감수해야 합니다.

## '미적분의 시대'에서 '확률의 시대'로

◇

요즘의 고등학교 수학 과목은 대수, 기하, 삼각함수, 벡터, 수열, 미적분, 복소수, 확률 등의 순서로 구성되어 있습니다. 곰곰이 생각해 보면 수학 과목의 구성과 순서가 꼭 이래야 하나 의문이 듭니다. 누군가 과거에 처음 이렇게 만들고 지금 우리가 습관적으로 받아들였을 뿐인 것 아닌가 싶습니다.

현재 우리의 수학 교과서의 내용이나 설명 방식, 문제 풀이 등은 일제 강점기 당시 일본으로부터 받아들여진 그대로입니다. 또 그 일본 교과서는 원래 독일로부터 수입된 것입니다. 과거 세계대전 당시 독일과 일본의 상황을 생각해 볼 필요가 있습니다. 1, 2차 세계대전 기간, 독일과 일본은 효율적으로 군사 무기를 개발하고, 군수 물자를 생산하기 위한 기술자를 길러내야 했습니다. 수학 교과 과정도 마찬가지로 대량 공업 생산력에 맞춰서 편성된 것입니다. 이후 모두가 잘 알다시피 독일은 자동차 산업의 강자가 되었고, 일본도 세계적인 제조 강국으로 성장했습니다. 하지만 이제 자동차가 전자화되고 환경 규제가 강화되고, 자율주행의 시대가 임박하면서 독일 자동차의 명성이 언제까지 이어질지 장담하기 어려워졌습니다. 일본도 마찬가지로 소프트 파워 부재로 산업 전반이 침체에 빠져 있습니다.

현행 수학 교과서의 내용은 지적, 논리적 훈련에는 좋은 측면이 많습니다. 그러나 미적분을 중심에 둔 지금의 고교 수학 내용은 산업화 시대에 딱 맞는 교과 과정일 뿐입니다. 이미 행렬과 확률의 시대로 들어섰습니다. 그러나 아쉽게도 확률은 수학책 맨 마지막에 조금 나와 있기도 하거니와 그나마 시험 범위에서 벗어나 있습니다.

## 확률을 알아야 좋은 인재

◇

이공계 대학에 입학하면 미적분을 이용해 다양한 방정식을 푸는 훈련을 합니다. 대학 교과 과정에서는 많은 전기공학 문제, 기계공학 문제를 미적분 방정식으로 해결합니다. 그런데 기껏해야 변수 3, 4개 $(x, y, z, t)$ 수준이고, 연립방정식 숫자도 2개 정도 수준입니다. 그러니 조 단위의 빅데이터가 포함된 실제 문제는 풀지 못하고, 기초 개념 정립에 도움이 되는 간단한 연습 문제들만 풀 뿐입니다. 그래서 사실 이 공계 대학에 필요한 가장 기초적인 실력이 미적분 능력이라고 말하는 것도 이제 맞지 않습니다.

'인생은 성적순이 아니다'라는 말이 있습니다. 학교에서 수학 잘한다고 연구 잘하고, 결혼 잘하고, 사업 잘하고, 정치 잘하는 것은 아닙니다. 학교에서 배우는 내용은 대부분 단순하고, 이미 정답이 있는 문제들입니다. 그런데 실제 세상은 그렇지 않죠. 문제가 무엇인지도 모르고, 정답도 없고, 변수가 너무 많습니다. 공식을 달달 외우는 것이 중요한 것이 아니라, 공식의 원리를 이해하고 그것을 응용하는 능력이 중요합니다. 학창시절 공부하지 않은 학생들이 연필을 굴리면서 4가지 중에 답을 찍는 경우가 많았습니다. 그런데 만약 연필로 찍어 답을 찾을 확률을 높일 수 있는 인재라면, 어쩌면 4차 산업혁명 시대에 맞는 좋은 인재로 평가받을지도 모릅니다. 농담이 아니라 인생은 성적순이 아니라 잘 찍기 순서입니다.

# 불확정성 이론과
# 4차 산업혁명

양자역학에 따르면 전자의 운동은 입자성과 파동성이라는 양면성을 갖습니다. 높은 에너지의 전자가 원자와 충돌할 때 일어나는 물리적 현상은 입자의 충돌로 설명 가능합니다. 하지만 전자가 반도체 결정 사이로 헤엄치면서 이동할 때 전자가 갖는 에너지와 성질은 빛과 같은 파동으로 설명 가능합니다. 이때 전자의 성질은 파동으로 설명되고, 그 에너지 크기에 따라 각각 다른 크기의 파동을 갖습니다.

그런데 전자를 파동 방정식으로 풀면, 전자의 위치를 정확하게 측정할 수가 없습니다. 양자역학에서 설명하는 이 이론을 불확정성 이론Uncertainty Principle이라고 부릅니다. 불확정성 이론에서는 전자의 위치를 정확하게 알려고 하면 할수록 전자의 운동량(질량과 속도의 곱)을 동시에 정확히 측정할 수 없습니다. 또는 전자의 운동량을 정확히 알려고 하면, 전자의 위치를 동시에 정확히 측정할 수 없습니다. 쉽게 말하면 전자의 위치와 운동량을 동시에 정확하게 측정할 수 없다는 말입니다. 그 이유는, 하나를 먼저 측정하면 두 번째 물리량이 그 측정 과정에서 영향을 받기 때문입니다. 이 이론을 다른 관점에서 보면, 전자는 손에 잡히지 않는 입자이자 파동입니다. 그래서 매우 불확실하고 단지 특정 위치나 운동량을 가질 확률만 계산할 수 있습니다. 단지 그냥 그럴 가능성이 높다는 것만 아는 것입니다. 이것이 현대 물리학인 양자역학의 핵심입니다. 이러한 양자역학에 기초한 반도체 이론이 오늘날의 4차 산업혁명의 기초가 되고 있습니다.

## 양자역학의 전자 터널링 이론

◇

전자 행동을 양자역학에서 설명하는 것처럼 파동으로 이해하면, 기존의 고전역학에서 설명할 수 없는 반도체 내에서 일어나는 전자의 터널링Tunneling 현상도 설명할 수 있습니다. 고전역학에서는 입자가 어느 특정 에너지를 가지면 그보다 높은 에너지 벽을 넘어 존재할 수 없습니다. 쉽게 설명하자면 우물 안에서 우물 밖으로 공을 던지려면 우물 벽 높이 이상의 높은 에너지로 공을 바깥으로 던져야 합니다. 그런데 양자역학에서는 전자가 파동으로 표현됩니다. 이 경우 파동 방정식을 풀어보면, 전자의 에너지가 우물 벽을 넘을 에너지를 갖고 있지 못하더라도, 우물 밖으로 튀어나올 확률이 존재합니다. 이 현상을 터널링 현상이라고 부릅니다. 전자를 파동으로 보고, 그 존재를 확률로 표현하기 때문에 이 불가사의해 보이는 현상을 설명할 수 있습니다.

데이터 센터나, 인공지능 서버에는 지워지지 않는 메모리인 낸

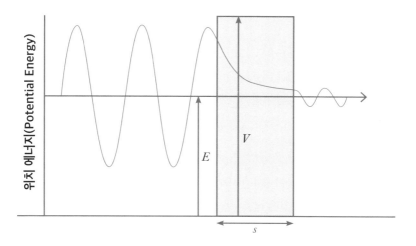

| 에너지 벽을 넘는 전자 파동의 터널링 현상 |

드 플래시 반도체 메모리가 많이 사용됩니다. 이 낸드 플래시 메모리에 데이터를 기록하는 방식에서 양자역학이 설명하는 전자의 터널링현상을 이용합니다. 예를 들어, 데이터 1 또는 0을 기록하기 위해서는실리콘 웨이퍼에 만들어진 수억 개 혹은 수조 개의 트랜지스터 내부에 전자를 담아 두어야 합니다. 그런데 이 전자를 담아 두는 공간으로전자가 넘어갈 때 전자의 파동 특징을 살려, 에너지 벽을 뚫고 들어가게 집어넣습니다. 바로 전자의 터널링 현상을 이용하는 것입니다. 여기에 에너지 우물 벽 구조에 해당하는 것이 반도체 내의 절연 물질 Tunnel Oxide이고 이 전자를 담아두는 저장 공간이 플로팅 게이트 Polysilicon Floating Gate 전극입니다. 그리고 이 터널링 현상을 돕기 위해서 높은 전압을 가하는 또 다른 전극을 제어 게이트 Polysilicon Control Gate라고 합니

다. 이렇게 고전역학에서 설명할 수 없는 양자역학 현상인 전자의 파동성과 터널링 현상으로 전자를 가두고 꺼냅니다. 그 결과 디지털 데이터인 1과 0이 저장됩니다. 그렇기에 낸드 플래시 메모리는 전원이 꺼져도 데이터가 지워지지 않고 저장될 수 있는 것입니다.

4차 산업혁명 시대에 이제 확실한 것은 아무것도 없습니다. 모두 불확실합니다. 다만 확률만 존재할 뿐입니다. 이러한 불확실성 속에서도 4차 산업혁명이 가져올 미래를 예측하고, 그에 기반해서 새로운 국가, 사회, 기업을 설계해야 합니다.

# 축적의 시간,
# 축적의 수학

KAIST는 최근 '초세대 협업연구실 제도'를 국내 처음으로 시행했습니다. 이를 위해 2개의 연구실을 선정, 발표했습니다. 앞으로 수년에 걸쳐서 30여 개가 선정될 것으로 계획하고 있습니다. 초세대 협업연구실에는 1명의 시니어 교수를 중심으로 2, 3명의 주니어 교수들이 모여 협업 연구를 진행하며, 5년여 동안 연구 공간과 운영비를 학교로부터 지원받습니다. 그리고 필요할 경우 그 기간을 계속 연장할 수 있습니다.

그동안에는 학교에서 교수들끼리의 협력이 매우 어려웠습니다. 새로운 제도를 도입하는 이유는 세대를 뛰어넘는 교수 간 협력을 도모하려는 것입니다. 이렇게 되면 그동안 교수가 65세에 은퇴하면 함께 사라지던 연구 업적과 노하우 등 학문적 유산을 후배 교수들이 이어받아 발전시킬 수 있습니다. 그 결과, 세대를 뛰어넘어 상호 보완적, 연속적 협력을 통해 학문의 대를 잇게 할 수 있을 것으로 기대할

수 있습니다. 이렇게 2, 3세대에 걸쳐 우수한 연구가 한 분야로 지속
된다면 언젠가는 우리나라에서도 노벨상 수상자가 나올 수 있을 것
으로 기대합니다. 특히, 자연과학 분야의 노벨상은 단기간에 이루어
지는 것이 아니라 오랜 기간 '축적의 과정'이 필요하기 때문입니다.

## 축적의 수학, 복소수 수열

◇

축적의 효과를 수학적으로 표현하는 방법으로 '등비수열'이 있습
니다. 일정 부분 곱으로 계속 늘어나는 비율을 갖고 계속 곱해지면 그
크기가 늘어나는 현상입니다. 일상생활에서 가장 흔한 예가 은행 복
리 이자입니다. 은행 예금의 원금이 계속 매년 일정 비율로 곱해서 추
가로 늘어나게 되며, 늘어난 예금은 '등비수열'로 늘어나게 됩니다. 등
비수열의 합 $S_n$은 대단한 축적의 효과를 표현합니다. 이처럼 일정 증
가 비율은 축적된 시간과 결합해 강력한 결과를 만들어냅니다. 이때
등비 r이 1보다 크면 등비수열의 총합 $S_n$은 n이 증가함에 따라 무한

$$S_n = \frac{a(r^n-1)}{r-1}$$
$$= \frac{ar^n-a}{r-1}$$
$$= \frac{ar^{n-1} \cdot r-a}{r-1}$$
$$= \frac{rl-a}{r-1} \qquad (\because ar^{n-1} = l)$$

| 등비수열의 합 $S_n$ 계산식 (a는 초기값, r은 등비, l은 등비수열의 마지막 항) |

대를 향해 급격하게 증가하게 됩니다. 무섭고 놀라운 등비수열의 합 $S_n$의 법칙입니다.

자연과학에서 등비수열의 합 $S_n$ 수식이 사용되는 경우 중 하나가 안경 코팅층의 물질과 두께 설계 분야입니다. 빛은 다른 매질을 만나면 전자기적 특징인 '임피던스Impedance'가 바뀌게 되면서 반사가 일어납니다. 이 임피던스 차이가 반사 계수 r을 결정합니다. 그런데 이 반사된 빛이 반대편 코팅층에서 다시 반사가 일어납니다. 이러한 과정에서 안경 코팅 필름 안에서 무한대의 반사가 일어납니다. 이 반사파의 총합을 구하면 최종적으로 투과된 빛의 크기, 반사된 빛의 크기를 구할 수 있습니다.

이때 코팅층의 두께에 따라 빛의 전파 속도가 달라지는데, 이 효과는 반사 계수를 복소수 '$r = R + jX$'로 표현하는 방식으로 계산합니다. 여기서 R은 실수Real를 표시하고 X는 허수Imaginary를 표시합니다. 코팅층을 통과하면서 위상차 X가 생깁니다. 그래서 두께와 그로부터 발생하는 합해진 복소수 X의 합을 조절하면 전반사를 만들거나 특정한 파장의 빛이 통과하지 못하게 설계할 수 있습니다. 자외선 필터 기능을 가진 선글라스 설계도 가능합니다. 등비수열의 합 이론과 복소수 등비를 이용하면 이러한 효과를 표현할 수 있습니다.


고주파 통신 회로에서도 이러한 축적의 이론이 사용됩니다. 회로의 구조를 바꾸면 고주파의 반사가 일어납니다. 이때 선의 길이가 고주파 전자파의 위상 변화를 일으킵니다. 그 결과 연속적으로 반사하는 전자파의 복소수 등비수열 합의 결과는 특정 주파수는 통과하고,

다른 모든 전자파는 반사를 일으킬 수 있습니다. 이러한 기능의 소자를 필터라고 합니다. 4차 산업혁명에 필요한 5G 통신의 28기가헤르츠 전자파의 경우 기지국과 스마트폰에도 반드시 이러한 원리의 필터가 필요합니다.

## 공짜는 없다, 시간과 실패의 축적이 필요하다

◇

외국인이 제일 먼저 배우는 한국말이 '빨리빨리'라는 얘기가 있었습니다. 지금까지 우리는 빠른 추격자 전략으로 성공적으로 발전해 왔습니다. 하지만 4차 산업혁명을 맞아 이제 그러한 접근 방법에는 한계가 다가왔습니다. 이제는 창조적 리더Creative Leader 전략이 필요합니다. 창조적 리더는 새로운 발상, 시도가 필요하고 수많은 실패를 거쳐야 탄생할 수 있습니다. 다양한 분야끼리의 융합과 세대를 뛰어넘는 협업이 필요합니다. 이 과정은 시행착오와 시간을 거쳐야 합니다. 시간은 공짜가 아닙니다. 이러한 문화를 구축하는 데는 축적의 과정이 필요합니다. 복소수 수열의 합 $S_n$ 수학으로부터 지혜를 배울 수 있습니다.

# 자연계의
# 위대한 곡선, 삼각함수

삼각함수와 오랜 인연이 있습니다. 중학교 2학년 때로 기억하는데, 그때 처음으로 피타고라스 정리를 공부했습니다. 주로 학기 시작 전에 미리 수학 교과서를 받고 방학 때 미리 새 책 냄새를 맡으면서 혼자서 곧잘 공부했던 기억이 납니다. 이론을 공부하고, 정리를 증명해 보고, 연습 문제도 풀면 재미가 쏠쏠했습니다. 정리를 증명하는 쾌감은 수학의 꽃입니다. 그리고 나서 학기가 시작하면 수학 수업 시간이 엄청 재미있었습니다. 피타고라스 정리도 중학교 2학년 여름 방학 때 혼자서 공부하고 증명하면서 재미에 푹 빠졌습니다. 삼각형의 각종 원리를 이용해서 증명하는데, 그중 하나가 밑변이 같고 높이가 같으면 모양과 관계없이 삼각형 면적이 같다는 원리입니다.

이후 삼각함수 공부는 $\sin(x)$, $\cos(x)$, $\tan(x)$ 함수로 불리는 함수를 정의하고, 그 성질을 이용해서 간단한 물리 문제를 푸는 연습이었습니다. 예를 들어, x가 60도의 경우 각 함숫값을 구했습니다.

x는 각도로 표시되기도 하고, 라디안$^{Radian}$이라고 하는 원주율($\pi$,파이, 3.141592654)의 곱으로 표시하기도 합니다. 이때 피타고라스 원리를 사용합니다. 이 삼각함수의 값을 이용해서 기울기 경사면에 물체가 놓여 있을 때 바닥으로 받는 힘과 경사면으로 받는 힘을 계산하는 문제를 푸는 데 사용했습니다. 고등학교 때는 삼각함수의 미적분을 수식으로 풀기도 했습니다. 그리고 $\sin(x)$의 미분은 $\cos(x)$가 되고 $\cos(x)$ 미분은 $-\sin(x)$가 된다는 것도 이용했습니다. 특히 삼각함수끼리의 곱은 복잡한 수식으로 표현되어 매우 복잡한데, 단순히 수식을 외워서 응용했습니다. 이후 대학에 가서 복소수를 이용하면 삼각함수의 수식이 너무나 단순해진다는 것을 알기 전까지 말입니다.

사실 그때까지 삼각함수의 본질을 잘 알지 못했고, 왜 배우는지 가르쳐 주는 선생님이 없었습니다. 대학에서도 문제 풀이는 했지만, 강의에서 전체적으로 의미를 설명하지 않았습니다. 단지 문제만 풀었습니다. 삼각함수는 복잡한 함수일 뿐 얼마나 아름다운 함수인지 알지 못했습니다. 그런데 그 시절부터 지금까지 삼각함수와 30년 이상 운명을 함께하고 있습니다. 특히 전자공학을 공부하며 전자파 분야가 핵심 연구 분야가 되면서 더 그렇게 되었는지도 모르겠습니다. 그런데 마침내 다른 곳에서 깨달음을 깨우치게 되었습니다.

진실은 이렇습니다. 대부분의 자연 현상은 일정한 주기를 갖고 반복되는 주기성을 갖고 있는데, 이러한 주기성을 갖는 자연 현상을 가장 잘 표현하는 함수가 $\sin(x)$, $\cos(x)$로 표현되는 삼각함수입니다. 주기성을 설명할 수 있는 가장 가까운 예가 심장입니다. 시간 간격을

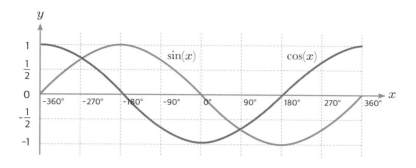

| 자연계의 모든 주기가 담긴 삼각함수 그래프 |

갖고 심장이 뜁니다. 심장이 멎으면 죽습니다. 우리가 살아 있음을 증명하는 것은 우리 몸이 주기성을 유지하고 있다는 것입니다. 또 지구가 돌고 해가 뜨고 지고, 달이 뜨고 지고 등 우주와 은하수가 주기성을 갖습니다. 그뿐만 아니라 정보 전달의 핵심인 빛과 전자가 파동성을 갖는 순간, 바로 주기를 갖습니다. 빛과 전자는 파동성과 입자성을 함께 갖는 이중적 성격의 소유자입니다. 결과적으로 원자 내의 전자 활동, 반도체 내의 격자 구조, 그곳에서 움직이는 전자의 활동 등이 모두 주기성을 갖습니다.

전자공학은 삼각함수 없이 할 수 있는 일이 거의 없습니다. 전자공학은, 달리 말하면 신호를 발생하고, 처리하고, 저장하고, 전송할 뿐 아니라 그에 필요한 전력을 공급하는 학문으로 정의할 수 있습니다. 무선통신에 필요한 전자파도 주기성을 갖는 파동입니다. 이 무선통신 회로의 동작에 sin(x), cos(x)로 표현되는 삼각함수를 사용합니다. 일정한 시간 후에 같은 현상이 반복되는 주기성을 활용하는 것이

지요. 이렇게 삼각함수를 사용하면 최적의 조건 속에서 최고의 효율로 신호를 사용하거나 전력을 공급할 수 있습니다. 회로와 안테나의 크기도 줄일 수 있습니다. 특히 주기를 갖는다는 것은 역수(어떤 수와 곱해서 1이 되는 수)로 주파수를 정의할 수 있다는 말입니다. 주파수는 전자공학의 핵심 변수이고 이 주파수에 따라 회로 설계, 부품 설계, 시스템 설계가 완전히 달라집니다. 주기와 주파수가 우리 심장의 박동 수처럼 핵심 설계 변수가 되는 것입니다. 의사가 환자의 상태를 볼 때 청진기를 이용해 심장의 맥박을 읽듯이 전자공학자도 오실로스코프나 스펙트럼 분석기, 네트워크 분석 측정기로 회로나 소자의 주기와 주파수를 읽고 파형을 분석합니다. 주기가 변하거나 성분이 바뀌면 사람 몸과 마찬가지로 회로에 병이 난 것입니다.

이러한 주기성을 갖는 자연 현상이나, 전자공학의 신호 또는 전력 전달 현상의 표현에 $\sin(x)$, $\cos(x)$로 표현되는 삼각함수는 자연계에서 가장 효과적인 함수입니다. $\sin(x)$ 함수를 그래프로 그려보면 곡선이 아주 유려합니다. 모나지 않고 우아한 곡선을 그립니다.

삼각함수 여러 개를 조합하면 그 어떤 주기 함수도 다 표현할 수 있습니다. 이것을 수학자 푸리에Jean Baptiste Joseph Fourier 이름을 따서 푸리에 시리즈 함수Fourier series function라고 합니다. 그러니 전자회로의 신호 및 전력뿐만 아니라 심장 박동의 파동 모양도 기본 주기만 알면 삼각함수의 시리즈로 표현할 수 있습니다. 그래서 자연과학 공학 문제를 풀거나 솔루션을 내어놓는 데 절대적으로 삼각함수가 유용합니다. 첨단 반도체 설계, 메모리 설계, 스마트폰 설계, 자율주행차 설계 등 모든 분야에 핵심적으로 사용됩니다. 과학자, 공학 연구원이 되거나 제품 개발자가 된다면 삼각함수와 평생을 살게 됩니다. 이러한 이유로 중학교부터 삼각함수를 배우는 것입니다. 그걸 아무도 가르쳐 주지 않았던 것입니다.

$\sin(x) \cos(x)$로 표현되는 삼각함수는 여러 가지 아름다운 특징이 있습니다. 올라가면 반드시 내려온다는 진리를 일깨워 줍니다. 우리 인생도 비슷합니다. 인생이 현재 아주 성공적이고 만족스럽다 하더라도 언젠가는 어려운 점이 있으면서 다시 상승세가 꺾이고 내려오게 됩니다. 잘 나갈 때 조심하라는 말도 같습니다. 반대로 현재 인생이 바닥이라 느껴지더라도 언젠가 다시 올라가게 됩니다. 삼각함수 $\sin(90°)$일 때 1로 최대가 되고 $\sin(270°)$일 때 −1로 최저가 됩니다. 시간에 따라 최댓값과 최솟값을 반복합니다. 어떤 날 일이 정말 잘 풀릴 때가 있습니다. 그런 때는 다음날 어려운 일을 겪을 것을 염두에 두어야 합니다. 너무 들뜨지도 말고 너무 우울해할 필요도 없습니다. 인생은 삼각함수처럼 주기를 갖고 오르락내리락합니다.

삼각함수의 교훈은 현재 값보다 미분이 중요하다는 점을 일깨웁니다. 그래서 현재의 값보다는 기울기가 중요합니다. 기울기인 미분이 더 중요합니다. $\sin(x)$보다 미분인 $\cos(x)$를 유심히 살펴야 합니다. 함수의 기울기가 0보다 큰 양의 구간이 행복한 기간입니다. 기울기가 0보다 작은 음의 기울기인 구간은 열심히 해서 기울기를 바꾸는 노력이 필요합니다. 또 다른 삼각함수의 가르침은 삼각함수를 시간을 충분히 갖고 적분하면 모두 상쇄되어 합이 0이 된다는 사실입니다. 양인 영역과 음인 영역의 면적은 같습니다. 결국, 인생에서도 즐거움과 괴로움의 총합은 같다는 말입니다. 그러면 욕망, 애착, 애증 등 미련을 떨쳐 버릴 수 있습니다. 빈손으로 왔다가 빈손으로 가는 것이 인생이라는데, 삼각함수는 그 진리를 일깨워줍니다. 자연과 인생을 이렇게 완벽하게 표현하는 삼각함수는 진정 아름다운 함수라고 할 수 있습니다.

# CHAPTER 6

# 인재

누구를 어떻게 길러야 하는가

◆

경제 현장에 인공지능 과학자나 공학자들이 할 일이 너무나
도 많습니다. '인공지능 응용'과 '인공지능 융합' 기술력을 갖
춘 인재가 매우 필요합니다. 특히 응용 기술력이 강한 우리
인재들이 이미 잘 발달한 인터넷 인프라와 나아가 5G, 스마
트 시티 등 인프라를 활용하면 탁월한 결과물들을 만들어
낼 수 있습니다. 또 스마트폰, TV, 냉장고, 에어컨, 가전 등 기
존의 경쟁력 있는 하드웨어 산업과 인공지능 기술을 결합하
면 세계 최고의 응용 기술을 개척할 수 있습니다.

# 성적에 갇힌
# 공학의 딜레마

　반도체를 비롯한 전자 부품을 설계하기 위해서는 회로의 기능과 성능을 먼저 정하고, 그다음 단계로 회로를 구성하면서 설계를 진행합니다. 이렇게 설계된 회로가 원하는 성능을 얻을 수 있는지 확인해야 합니다. 일반적으로 수식을 이용한 회로 해석이나 컴퓨터 시뮬레이션을 이용해서 해석하고 최종적으로 주어진 기능과 성능을 만족하는지 확인하게 됩니다. 그런 후에 모델을 제작하고, 측정을 통해서 확인합니다. 이렇게 확인한 회로는 동작 신뢰성을 검증하고, 그 이후 대량 생산하게 됩니다.

　전자 회로의 기능은 일반적으로 디지털 회로의 경우 프로세서, 메모리, 입출력 기능 등이 있고, 아날로그 회로에는 디지털 아날로그 변환기, 증폭회로, 센서 회로, 전력 공급 회로 등이 있고, RF 회로에서는 신호 발진기, 증폭기, 필터, 신호 믹서기 등이 있으며, 전력 회로로는 정류회로, 인버터, 컨버터 등이 있습니다. 이러한 회로가 조합을 이루어 사물인터넷 단말기가 되고, 스마트폰이 되고, 인공지능 서버가 되고, 데이터 센터의 저장장치가 됩니다. 이 모든 것이 4차 산업혁명의 핵심 요소가 되는 것입니다.

그런데 이러한 기능을 수행하는 회로들은 집적도 높은 아주 미세한 구조로 이뤄져 있습니다. 이 경우 회로의 크기는 100마이크로미터[0.1밀리미터] 단위의 머리카락 굵기가 됩니다. 특히 모바일 기기 등 스마트폰에 들어가는 회로는 반도체로 구현되어 있습니다. 그래야 작고, 전력 소모가 적고, 성능도 향상됩니다. 또는 컴퓨터나 서버 등에는 이러한 반도체가 모여 회로 기판이라고 해서 PCB 위에 구현합니다. 회로 내부의 구성은 일반적으로 반도체 트랜지스터, 저항[R], 커패시터[C], 인덕터와 그것들을 서로 연결하는 연결선으로 구성되는데, 일종의 회로망을 형성합니다.

보통 사람에게는 낯선 용어입니다만, 4차 산업혁명을 이루기 위한 센서, 사물인터넷, 인공지능 서버, 데이터 센터, 클라우드 컴퓨팅 시스템은 모두 이들 회로로 만들어집니다. 따라서 4차 산업혁명을 위한 시스템을 하드웨어를 구현할 때 전자공학에서는 앞서 나열한 회로 설계가 핵심적인 부분이라고 할 수 있습니다. 전통적으로 전자공학 과정으로 대학 2학년 때 기본 과목으로 배웁니다.

즉, 전자공학도라면 이 회로의 동작을 이해하고, 더 나아가 설계하기 위해서 각 회로의 동작 원리를 이해하고 파악해야 하는 과정입니다. 그래서 각 회로의 동작 상황을 삼각함수를 활용해 전류, 전압을 구하는 연습을 합니다. 회로에서 전원이 특정 주파수 전원이라고 가정하고, 각 전류와 전압의 크기와 위상을 구하는 것입니다. 삼각함수는 크기와 위상으로 그 함수의 상태를 나타낼 수 있습니다. 그 해를 구할 때 보통 2차 미분 방정식으로 구하게 되는데, 그 결과도 전류 전압 파형이 사인파 삼각함수가 됩니다. 이밖에도 미분 방정식을 활용하기도 하고, 주파수 영역으로 변환해 해를 구하기도 합니다. 전압 전류의 크기와 위상을 알면, 부하에 걸리는 파형과 전력을 계산할 수 있습니다.

주로 이러한 해석은 연속적인 아날로그 회로 해석에 사용됩니다. 전력 회로, 디지털 회로, 고주파 회로는 또 다른 해석 방법을 사용합니다. 대학 중간고사 기말고사 시험 문제도 이러한 방법을 이용해서 연필로 미분 방정식을 풀어서 답을 구합니다. 그래야 A, B, C, D 성적도 받고, 학기 말에 학점이 정해집니다. 졸업할 때 총 학점도 계산해서 대학원 진학 시, 그리고 취업 시에도 사용됩니다. 그런데 진짜 문제는 이처럼 학교에서 배우고, 연습하고, 시험 봐서 성적을 얻는 데 사용한 회로 이론이 실제 현장에서는 무용지물이라는 것입니다.


바야흐로 4차 산업혁명 시대로 가속화된 요즘에는 회로가 기가헤르츠를 넘어서 테라헤르츠의 시대로 접어들고 있습니다. 테라헤르츠는 기가헤르츠보다 1,000배나 빠른 고주파 신호입니다. 더 많은 정보를 주고받고, 계산하고 저장하기 위해서 더 높은 고주파를 쓸 수밖에 없습니다. 센서 회로, 아날로그 회로, 무선통신 회로, 네트워크 회로, GPU 회로, 메모리 회로, 데이터 저장 회로, 서버 회로, 스마트폰 회로 모두에 해당하는 말입니다. 그런데 대학에서 배운 대로 설계해서 동작하는 회로는 하나도 없다고 보면 됩니다. 과연 얼마나 대학 교

과목 수업과 시험이 효과적인가 의문이 듭니다. 그뿐만 아니라 그것에 바탕을 둔 시험 성적이 과연 개인의 실제 능력을 재는 방법으로 의미가 있는지 회의가 듭니다. 시험 성적이 높다고 GPU와 메모리를 더 잘 설계한다는 보장이 없는 것입니다. 이처럼 적용할 수 없는 지식에 고착되면 오히려 남다른 창의적 방법과 개념, 발상에는 오히려 방해될 뿐입니다.

## 현장과 동떨어진 교과서

◇

대학에서 배운 회로 이론이 맞지 않는 이유는 여러 가지가 있지만 가장 먼저 저항, 커패시터, 인덕터로 표현되는 회로 모델의 값이 틀리기 때문입니다. 모델이 틀리면 수식이 틀리고, 당연히 계산과 예측 결과가 틀립니다. 회로에서 저항이라고 하더라도 고주파가 되면 이 모델이 실제로는 바뀝니다. 저항이 커패시터가 되기도 하고 인덕터가 되기도 합니다. 그 이유는 저항이 물리적으로 구현되면 저항 성분만 있는 것이 아니라 기생 성분이 존재하는데, 이 기생 성분에는 아주 작은 인덕턴스 또는 커패시터 성분이 있습니다. 저주파에서는 이 기생 성분이 무시되지만, 고주파가 되면 오히려 이 기생 성분이 주된 회로 모델로 바뀌게 됩니다. 그러니 주파수에 따라서 저항도 되고 인덕터도 되다가 커패시터도 됩니다. 저항이 회로도에 나와 있고, 그에 따라 계산기를 두들겨 해석해 봐야 고주파로 동작하는 고성능 회로에서는 전혀 맞지 않게 되는 것입니다. 마찬가지로 커패시터도 주파수에 따라 인덕터로 바뀌고, 인덕터도 주파수에 따라 커패시터로 바뀝니다. 모델이 고정되어 있지 않습니다. 아주 다양하게 변화합니다. 변화하는 지점에 커패시터와 인덕터가 만나서 공진이 일어납니다. 이 공진 주파수에서는 신호나 에너지가 전달되지 못하고 에너지가 오히려 발산합니다. 오히려 회로가 안테나가 되어 외부로 불필요한 전자파 에너지를 발생시킵니다. 그러니 교과서를 열심히 배우고 시험 치고 성적 잘 받아봐야, 실제에서는 과거 100년 전 문제를 풀고, 실제 세상에는 없는 수학 놀이를 하는 것입니다.

그뿐만 아닙니다. 회로에는 연결선이라는 구조가 있습니다. 보통 구리 선으로 만듭니다. 반도체 내부에도 구리 금속으로 구현하고, PCB에도 금이나 구리 박막으로 구현합니다. 극단적인 저주파 회로는 구리 선이나 케이블로 만듭니다. 그런데 대학 교과서나 문제에서는 이 연결선을 1개의 점으로 해석할 뿐입니다. 여기서 점이 의미하는 것은 전파 현상이나 전파하면서 생기는 위상 변화를 전혀 고려하지 않는다는 말과 같습니다. 전기 신호가 정지해 있다고 보는 것입니다. 그러나 고주파 회로가 되면 이 연결선을 통해서 전자파 신호 형태로 신호와 에너지가 전달됩니다. 구리나 금으로 된 연결선이 1개의 점이 아니라 전자파 통로로 봐야 합니다. 그래서 회로를 해석할 때 신호가 연결선으로 전파하면서 생기는 위상의 변화를 추가해야 합니다. 연결선을 1개의 점으로 해석하고, 표현하고, 문제를 풀면 실제 필요한 해로 해석과 다른 결론이 나옵니다. 당연히 해석 결과가 틀리게 됩니다. 고성능 디지털 회로나 아날로그 회로, 혹은 RF 회로 모두 마찬가지입니다. 대학에서 배우는 이론과 해석은 극단적인 경우이고, 99% 실제 문제와는 전혀 다릅니다.

또 다른 교과서 회로 이론의 한계는 소자의 모델이 회로 동작 조건에 따라 변화한다는 사실입니다. 흐르는 전류 또는 전압에 따라 저항 커패시터, 인덕터 모델이 바뀝니다. 이러한 모델을 비선형 모델이라고 합니다. 더 어려운 점은 온도에 따라서도 모델이 바뀝니다. 인공지능 서버나 데이터 센터 메모리가 수많은 작업을 하면 온도가 올라가고 그 결과 모델이 바뀌고 당연히 낮은 온도의 예측과 다르게 됩니다. 즉, 주변 상황에 따라 회로 모델이 바뀔 수밖에 없고, 그러니 상온에서 해석한 것과 실제 사이에 큰 차이가 발생하는 것입니다.

마지막 한계는 실제 회로가 몇 개의 간단한 방정식으로 풀 수 없다는 사실입니다. 반도체 내에는 수조 개 단위의 회로가 있습니다. 몇개의 수식만으로 풀기 불가능합니다. 그리고 서로 인접한 소자, 트랜지스터, 연결선이 서로 영향을 미칩니다. 그래서 서로 방정식이 연결되어 있기 때문에 실제 회로는 컴퓨터로 해석할 수밖에 없습니다.

## 대입 시험의 한계

◇

해마다 대입 시험을 치릅니다. 코로나19 바이러스가 기승을 부려도 그 사실에 변함은 없습니다. 수십만 명의 학생들과 수험생 학부모들이 수험장 밖에서 마음을 졸입니다. 이 시험 결과에 따라 지망하는 학교, 학과가 달라집니다. 그런데 아쉽고 안타까운 점은 입학시험 성적이 실제 산업이나 연구 현장에서의 작업 수행능력과는 아무 상관이 없다는 것입니다. 누가 누가 전 과목을 빠짐없이 공부했나를 평가하기에 급급하다는 인상을 지울 수 없습니다. 경영학 학점이 높다고 스티브 잡스가 되는 것도, 경제학 학점이 높다고 주식투자를 잘하는 것도 아닙니다. 오늘날 학교 시험은 세상에 없는 단순한 문제를 풀고 평가합니다. 오히려 학점이나 성적이 높으면 자기 고집에 갇혀 협동 능력, 창의 능력, 소통 능력이 더 떨어질 위험성을 앉고 있습니다.

앞으로 우리가 살아가야 하는 세상에서 더는 사람과의 경쟁과 순위는 의미가 없습니다. 경쟁이 목적이고 순위가 목적이어서는 경쟁자를 이길 수 없습니다. 시험도 인공지능이 사람보다 더 나은 능력을 발휘하는 영역이 늘고 있습니다. 이제 사람의 평가 기준에서 중요한 점은 그 사람만의 독창성에 더해 타인과의 협동이 가능하냐가 가장 중요한 부분으로 보입니다. 인공지능을 잘 활용해 인류를 위한 새로운 기술을 실현해낼 수 있느냐가 중요한 문제입니다. 학교 성적 무용론을 주장하는 것은 아닙니다. 다만 성적은 하나의 기준점일 뿐, 그 이상 이하도 아니라는 사실을 기억해야 한다는 것입니다. 더 큰 길을 가야 하는 인재는 인식의 한계를 깨닫고, 그 깨달음을 타인과 협력해 메우는 사람들이라는 것을 명심해야 합니다.

# 창의력 고갈과
# 블록체인의 발상

비트코인과 블록체인이 추구하는 방향은 무엇일까요? 거래 장부를 분산 저장함으로써 화폐와 금융 권한을 민주화하자는 철학적 의도를 담고 있다고 볼 수 있습니다. 그렇지만 또 다른 숨은 의도는 금융 비용을 줄이려는 4차 산업혁명의 방향과 맞물려 있습니다. 즉 인공지능과 빅데이터, 로봇이 가져오는 재고 비용, 인건비, 에너지 비용, 재료비, 물류비 절감에 더해서 금융 비용까지 줄이자는 노력으로 볼 수 있습니다. 은행으로부터 대출받으면서 지출하는 이자 비용, 거래에 필요한 수수료, 환율 비용 등은 상당 부분 차지합니다.

만약 블록체인 기술을 이용한 스마트 계약이 가능하게 되면 부동산 중개 사무실, 변호사 사무실 등 계약을 대행하거나 지원해 주는 일도 컴퓨터와 네트워크로 대체할 수 있게 됩니다. 블록체인이 자리 잡게 되면 이자와 수수료로 먹고사는 직업도 사라질 전망입니다. 그렇게 되면 마지막 남게 되는 비용은 세금이 될 것입니다.

## 블록체인 기술에 담긴 창의적 발상

◇

사회적 논란이 컸음에도 비트코인은 여전히 주목해야 할 블록체인 암호화폐입니다. 블록체인에 기반한 비트코인 기술을 살펴보면 몇 가지 아주 독특한 창의적 발상을 발견하게 됩니다. 거래 장부를 중앙 집권화하지 않고 분산하겠다는 것은 철학적, 사회적 발상으로 이해할 수 있습니다. 그러나 그 거래 내역Transaction을 생산하고, 암호화된 블록Block으로 만들고, 체인Chaning으로 서로 연결하고, 그러고 나서 전파Propagation를 통해 분산 저장하는 4단계를 거칠 때, 전 세계 수십만 대의 컴퓨터가 이 작업을 자발적으로 참여한다는 사실은 매우 독특합니다. 게다가 자신의 컴퓨터와 저장장치 자원을 공급하고, 전기요금을 희생하면서까지 동참해서 참가한다는 사실이 매우 흥미롭습니다. 중앙집권적 효율에 익숙한 사고에 물든 사람에게는 흔하지 않은 발상입니다.

비트코인은 자발적인 참여를 '채굴'이라는 이름으로 개념화하고, 그에 대한 보답으로 비트코인을 제공합니다. 사실 이렇게 얻어낸 비트코인의 본질 가치, 화폐와의 교환 가치는 상당히 불확실합니다. 그러나 비트코인으로 물건을 살 수 있다는 창의적 발상은 기술적인 측면으로만 살펴봐도 미래에 충분히 활용될 것으로 보입니다. 또 거래 내역의 손실이나 변조를 막기 위해서 암호 기법을 쓰는 점도 특이합니다. 암호 수학인 SHA-256 해시함수를 이용해 자료를 암호화합니다. 전 세계 모든 거래 내역을 서로 다 같이 암호화하는 것입니다. 그 과정에서 참여 중인 각자의 컴퓨터로 수학 문제를 풀게 됩니다. 그리고 그 거래 내역을 서로 엮어 블록체인으로 만듭니다. 1개의 블록 자료가 변조되면 체인으로 연결되어 금방 확인됩니다. 서로 협동해서 자료 변조를 방지할 수 있게 된 것입니다.

놀라운 점은 이게 끝이 아니라는 점입니다. 비트코인의 불완전성을 인정하고 개선할 여지를 둔 것입니다. 비트코인 프로그램을 업그레이드할 수 있습니다. 그래서 지금도 누군가는 계속 새로운 버전의 프로그램을 공개합니다. 중앙집권적인 권한을 가진 조직이나 사람에 의해 지배되는 것이 아니라 비트코인 참여자 각각이 프로그램을 계속 진화시키는 것입니다. 이러한 에너지가 선순환 구조를 만들어낸다면, 지금보다 기술적 파급력을 확대하리라고 예상합니다.

## 척박한 군국주의식 교육 환경
◇

우리나라에서 비트코인이나 블록체인과 같은 창의적 발상이 어려운 이유가 무엇일까요? 바로 교육 환경입니다. 첫 출발부터 잘못되었고, 그것들이 지금도 성경처럼 당연한 것으로 받아들여지는 데 있다고 생각합니다. 수학 교과서만 해도 일제 군국시대의 교육 방식에서 벗어나지 못했습니다. 조금씩 나아지고 있다고 해도, 여전히 전기 에너지를 기반으로 한 대량 생산 체제인 2차 산업혁명 시대에 딱 맞은 교과 환경에 놓여 있습니다.

교실을 생각해 봅시다. 일렬로 쭉 맞혀진 책상 모양과 배치가 규격화되어 있습니다. 지금은 없어졌지만, 학생 머리도 다 같이 짧게 단발하고 교복도 똑같이 입었습니다. 다양성과 다름이 들어갈 틈이 없습니다. 모두 똑같은 지식과 정답을 알아야 합니다. 선생님이 칠판에 적으면 이해하는 것보다 따라서 적고 외울 뿐입니다. 논의와 토론이라는 중요한 사회적 학습이 부족합니다. 학교 건물은 일자로 있고, 그 앞에 큰 운동장이 있습니다. 대개의 학교가 개성은 없고 거의 같습니다. 토론과 배움보다 가르침이 우선하는 분위기입니다. 여전히 선택의 여지가 없습니다.

## 교육 환경을 위한 혁신 필요

◇

교실과 교육 문화가 동시에 바뀌어야 합니다. 교실의 모양도 용도에 맞게 바꾸고, 책상 배치도 동그랗게 둘러앉아 마주 보며 토론하는 모습으로 바뀌야 합니다. 선생님이 가르치는 것이 아니라 동반자이자 조언자가 되어야 합니다. 지식은 인터넷만 연결해 주면 학생 스스로 충분히 찾을 수 있습니다. 무엇을 토론해야 하는지 스스로 선택할 수 있도록 해야 합니다. 어떤 주제가 시의적절하며, 우리가 살아가는 데 의미 있는 토론이 무엇인지 자기 결정권을 가져야 합니다. 시험을 잘 보는 학생보다 차별화된 생각을 만들 수 있는 학생을 길러내야 합니다. 교육 인프라에 대한 대대적인 재설계가 필요합니다. 교육 내용도 중요하고 방식도 중요합니다. 환경이 바뀌어야 생각이 바뀝니다. 아예 교실 없는 학교, 책걸상이 없는 학교도 생각해 볼 수 있습니다. 소파와 카펫만 있으면 됩니다. 칠판 대신에 인터넷을 연결하고 모든 벽면은 유리로 만들어 자유롭게 소통하고, 그 위에 글자를 쓰거나 낙서를 할 수 있게 해야 합니다. 안타깝게도 학생 수가 줄고 있습니다. 분명한 위기지만 이것을 기회로 활용해야 합니다. 학생 수가 줄면서 학교를 줄이고, 선생님을 줄입니다. 그러나 이는 정답이 아닙니다. 다양한 학교 공간을 설계해 적성과 가능성을 키워줄 배움의 공간을 키우는 데 힘을 모아야 합니다.

비트코인을 고안한 사토시 나카모토라는 사람은 아직 정체가 밝혀지지 않았습니다. 그가 누군지는 아무도 모릅니다. 하지만 수학을 아주 좋아하는 암호학자일 것으로 추정합니다. 그러면서도 네트워크를 잘 이해하고, 컴퓨터 프로그램에도 흥미가 있을 것입니다. 그러나 무엇보다 그는 공상하기를 좋아하는 독특한 취향을 소유자일 것입니다. 만약 그가 우리나라에서 수학을 배우고 대학에 들어갔다면, 수학을 통한 새로운 시스템을 만들 수 있었을까요? 과감한 교육 혁신 없이 4차 산업혁명이 없는 이유입니다.

# 미국 박사학위가
# 기술 진보를 막는다

1990년대 초반 박사학위를 위해 미국에서 지냈습니다. 유학을 준비하면서 미국 대학에서 나온 논문을 살피면서 꿈을 키웠습니다. 반도체 양자역학에 대한 관심이 많았으므로 유학 이후 줄곧 관련 분야 연구로 시간을 보냈습니다. 특히 반도체 양자 현상은 화합물 반도체에서 잘 나타나는데, 화합물 반도체 내에서 전기 신호가 만들어지고 전파되는 메커니즘을 연구했습니다. 펄스 레이저를 활용해 테라헤르츠 영역의 전기 신호를 발생하고, 전파하고, 그 파형의 변화를 측정하는 것이었습니다. 한참 뒤인 지금도 기가헤르츠 전자파를 사용하고 있으니 대단히 앞선 연구였다고 볼 수 있습니다.

레이저를 이용해서 테라헤르츠 전자파를 생성하기 위해 화합물 반도체를 사용했는데, 화합물 반도체는 기존 실리콘 기반의 반도체보다 빛에 대한 반응이 빠르고, 다양한 양자 물리 현상을 구현할 수 있습니다. 그래서 화합물 반도체는 양자 영역에서의 자연 현상을 탐구하는 데 최적의 반도체라고 볼 수 있습니다. 이러한 화합물 반도체는 주기율표상에서 보면 III족 반도체와 V족 반도체를 결정으로 화합해서 제조합니다. 반면에 실리콘 반도체는 IV족 반도체입니다.

그 시기에 저와 함께 반도체를 연구한 한국 유학생들은 주로 화합물 기반의 반도체 설계, 제조공정, 물질 성장과 같은 분야를 연구했습니다. 설계로 보면, 이 화합물 반도체를 이용해서 레이저나 광센서를 개발했습니다. 이러한 소자는 광통신에 널리 사용됩니다. 또한, 화합물 반도체는 속도가 실리콘 반도체보다 빨라 고주파 즉 밀리미터파 대역의 통신용 또는 군사용, 우주용 반도체에 사용됩니다. 이때 유학생들은 지도교수로부터 장학금을 받으면서 연구했습니다. 이 연구 장학금은 주로 미국의 과학재단에서 지원하는 기초 연구 지원금 또는 DARPA(다르파, 미국 국방성 연구 기관), NASA 등 군수용, 우주 기술 연구 등 프로젝트 목적으로 유입된 것이었습니다.

그런데 아쉽게도 함께 연구했던 동료 한국 유학생 대부분이 귀국 후 연구 분야를 바꿀 수밖에 없었습니다. 미국에서 받은 박사학위 주제가 국내 기업 또는 사회적 요구와 맞지 않은 연구주제였기 때문입니다. 실리콘 기반의 반도체 설계, 공정, 재료 연구를 해야 했습니다. 미국에서 받은 박사 연구주제와 한국 기업의 수요 사이에서 미스매치가 발생한 것입니다. 사실 4차 산업혁명에 필요한 센서, 프로세서, 메모리는 대부분 실리콘으로 구현됩니다. 국내에 군사, 우주 반도체 산업 시장이 없으므로 화합물 기반의 반도체 시장이 없는 것이나 다름없던 것입니다. 특히 인공지능 서버와 빅데이터 센터에 필요한 반도체는 값싸고 대량 생산이 가능하고 전력 소모가 적어야 하는데, 화합물 반도체는 이러한 기능을 할 수 없습니다. 또 다른 이유는 화합물 반도체가 매우 불안정하고, 대량 생산이 어렵습니다. 화합물 반도체는 공기 중 산소에 의한 산화가 일어나기 쉽고, 구현하고자 하는 양자 현상이 주변의 동작 온도, 공정 조건에 매우 민감하게 반응합니다. 성능은 좋지만 대량 생산에는 맞지 않는 것이죠.

그러나 실리콘 반도체의 경우 약 1조 개 이상의 트랜지스터가 동시에 정상적으로 동작합니다. 실리콘 반도체의 경우 모든 반도체 트랜지스터가 완벽히 동작해야 하고, 불량이 없도록 회로, 공정, 수율을 안정화해야 하는 조건이 붙긴 합니다만, 12인치 웨이퍼 공정을 하므로 1번의 공정에서 나오는 반도체 수가 많습니다. 반면에 화합물 반도체는 반도체 회로 내 10개의 트랜지스터조차 완벽하게 작동시키기 쉽지 않습니다. 박사학위 받을 때도, 정상적으로 작동하는 딱 1번의 기회에서 파형이 잘 나오면 논문으로 인정됩니다. 반복성과 수율은 2차적인 문제입니다. 그러니 화합물 반도체는 아주 고가의 비용을 낼 수 있는 우주나 군사용밖에 쓸 수가 없습니다.

전부라고 단정할 수는 없습니다만, 제가 아는 대부분의 미국 박사학위 주제는 대량 생산성과는 무관하게 기초 탐구를 합니다. 아이러니하게도 미국 학생들은 잘 연구하지 않는 분야입니다. 그러니 미국 대학원은 외국 유학생들로 채워집니다. 돈이 되는 진짜 중요한 주제는 기업에서 하고, 유학생에게 별다른 기회가 찾아오지 않습니다. 당연한 말이지만, 비밀이 많기 때문입니다. 돈 되는 연구는 실리콘밸리 기업에서 합니다. 그런 탓인지 미국 보스턴 지역에 박사 후 과정 유학생들만 1,000명이 넘는다는 이야기도 있습니다. 미국인 학생들만이 4차 산업혁명의 핵심적인 소프트웨어 분야에 주로 진출하는 것이 냉정한 현실입니다.

상당수의 미국 유학파 박사들이 귀국 후 20~30년간 유학 시절 지도교수가 주었던 주제로 계속 연구하는 것을 목격합니다. 본인이 익숙한 분야이기도 하고, 미국 학회 주류 사회에 참여하기가 쉽기 때문입니다. 쉽게 말해 '등재하기 좋은 논문'을 쓸 수 있기 때문입니다. 일종의 설거지 연구입니다. 국내 산업환경과 유리된 연구를 계속하는 것입니다. 그 분야의 학생도 배출합니다. 그러니 그들은 기업에 진출한 이후 다시 새롭게 시작해야 하는 악순환이 반복되는 것입니다.

하나 더 지적하자면, 미국 유학파들의 박사학위 주제가 이미 미국 지도교수에 의해 선점된 주제라는 것도 문제입니다. 그 제자가 아무리 잘해도 어쩔 수 없이 2, 3인자가 될 수밖에 없습니다. 국내에서 노벨상이 나오지 않는 이유로 이 부분도 무시할 수 없을 것입니다. 연구자 스스로 하나의 분야를 개척하고 발견해야 하는데, 이미 나와 있던 것을 한국에 가져와 발표해봤자 세계 최초가 될 수는 없습니다. 이러한 근본적인 문제가 해결되지 않는다면 노벨상도 없다고 봐야 합니다. 미국의 연구 결과물을 학습했던 인재가 만들어낸 제품이 세계 시장에서 독특함으로 평가받기 어려운 것도 마찬가지입니다.

다시 강조하지만, 미국에서는 진짜 중요한 일을 기업에서 합니다. 유학생이 가득한 대학에 기밀 프로젝트를 맡기지 않습니다. 특히 비밀이 많은 국방 우주 관련한 프로젝트는 외국 유학생이 참여하기도 어렵습니다. 더군다나 시민권이나 영주권 없이 국방 우주 관련 분야는 졸업 후 미국 취업이 어렵습니다. 결국, 미국 학생들이 하기 싫

어하는 과제를 외국 유학생에게 값싼 인건비 주고 시키는 꼴입니다. 그리고 프로젝트가 끝나면 본국으로 돌려보냅니다. 이것이 중국, 인도, 한국 등 아시아계 학생들로 채워져 있는 미국 대학원의 공공연한 비밀입니다.

이제 미국 박사학위에 대한 막연한 환상을 버릴 때가 되었습니다. 미국에서 우수한 박사학위를 받았더라도 학업 방법, 예를 들어 성실성, 학자적 엄밀성 그리고 연구 방법론 등만 참고해야 하는 것이 아닌지 모르겠습니다. 이제 한국이 진짜 필요한 일을 찾아야 할 때입니다. 미국 교수들이 던지는 주제를 추종하지 말고 4차 산업혁명에 필요한 차별화되고 창의적이며 모험적인 연구에 나서야 할 때입니다. 그 어느 때보다 다음 사회를 바라보는 안목과 통찰력 그리고 주류 학계에서 벗어날 수 있는 용기가 필요한 때입니다.

# 창의의 시대,
## '거꾸로 강의'가 이끈다

　　제가 중고등학교 다니던 시절에는 월요일 아침 학교 운동장에서 '애국조회'라는 행사가 있었습니다. 전교생이 반별, 학년별로 운동장에 줄 맞춰 서서 교장 선생님 말씀을 다 같이 들었습니다. 각 반 학생 행렬 맨 뒤에는 해당 학급 선생님이 뒷짐을 지고 학생들이 딴짓하지 않는지 매의 눈으로 쳐다보곤 했습니다.

　　그리고 고등학교 때는 학교 운동장에서 학생 군사 훈련 수업인 '교련 수업'을 받았습니다. 먼지가 폴폴 나는 운동장에서 제식 훈련, 총검술 훈련을 받았습니다. 한 달에 한 번 월요일 아침이면 운동장에서 전교생이 교련 행진 및 분열 훈련을 받았습니다. 모두 위장 무늬가 새겨진 교련복을 입고 행사에 참석했습니다. 학생 밴드부 행진곡 연주에 맞추어 다 같이 줄 맞춰 교장님이 앞 본부석 앞을 지나가는 행진을 했습니다. 국군의 날 행사 축소판 행사였죠. 이렇게 운동장에서 실시된 애국조회와 교련 훈련을 통해 줄을 똑바로 서고 발맞춰 행진하는 훈련을 했던 것입니다. 교련 선생님은 군복을 입고 지도했으며, 학생들은 흡사 잘 훈련된 군대와 비슷했습니다.

그 시절 학교 운동장의 모습을 상상해 보면 학교와 군대 병영의 구분이 크게 없었습니다. 학교 운동장과 군대 연병장이 똑 닮아 있었습니다. 운동장 끝에 일렬로 서 있는 학교 건물과 교실의 모습도 군대 막사와 내무반 모습과 그다지 차이가 없었습니다. 교실 안에는 학생들이 쭉 줄 맞추어진 책상 앞에 머리를 짧게 깎고 앉아 있었고, 모두 똑같은 검은 색 일제 군국시대 풍의 교복을 입고 있었습니다. 교실 맨 앞에 칠판이 있고 일방적으로 주입하는 선생님 수업이 있었습니다.

## 스승도 배우는 거꾸로 강의 시대

◇

최근에 보직 활동을 마무리하고 다시 연구실로 돌아왔습니다. 항상 느끼는 감정이지만 학생들을 만나는 일만큼 설레는 일은 없습니다. 그중 가장 기쁜 일은 아무래도 새 학기 강의를 할 수 있다는 일입니다. 보통 대학원 수업을 맡는데, 대학원 고학년 수업이라 학생 수는 많지 않습니다. 하지만 개강일 아침 학생들과 눈빛을 마주치고, 질문을 주고받는 시간은 교수가 느낄 수 있는 귀중한 특권이 아닐까 싶습니다. 학생들을 보면 참 신기할 정도로 맑고 명석합니다. 수업은 영어로 진행하는데, 그런대로 수업 내용을 잘 전달하고 같이 웃고 떠들곤 합니다. 아마도 우리말로 강의했다면 2배는 더 재미있었을 것 같습니다.

강의를 준비하면서 다시 내용을 살피는 것도, 그 분야를 정리할 기회가 됩니다. 특히 학생들에게 정확하게 의미를 전달하기 위해서는 강의 내용을 관통해야 하고, 무엇보다도 깊고 진지하게 내용을 파악해야 합니다. 따끈따끈한 이론이나 기술도 챙겨야 합니다. 그래야 자신 있게 강의할 수 있습니다. 얕게 준비하면 학생들이 먼저 알고 수업에 집중하지 않습니다.

그런데 무엇보다도 그 의미를 정확하게 전달할 수 있어야 합니다. 왜 이 이론이 필요하고, 어디에 쓸 수 있고, 다른 학문 분야와 어떻게 연결되는지 재미있게 설명해야 합니다. 특히 개념은 최대한 단순하고 쉽게 설명할 수 있어야 합니다. 알기 쉬운 비유를 들어가면서 설명할 수 있다는 것은 내용을 완전히 파악하고 있다는 의미이기도 합니다. 그래야 좋은 강의가 될 수 있고, 학생들도 재미있게 받아들일 수 있습니다. 비유와 그림, 그래프 자료를 활용하기도 하고, 때로는 무대 앞의 배우처럼 행동해야 할 때도 있습니다. 무대 위의 배우처럼 재미와 감동을 함께 주면 최고의 강의가 됩니다. 그래야 오래 기억되고 감동이 남습니다.

교수들에게 강의는 학생을 가르치는 본업으로 규정할 수 없습니다. 교수는 강의라는 형식을 빌려서 이론을 다시 살피고, 학생들과 의견을 나누고 지식 체계를 단단히 합니다. 매년 반복됩니다. 그래서 저는 수년간 한 과목을 강의한 다음에는 새로운 과목 강의를 맡거나 새로운 대학원 과목을 발굴합니다. 새로운 분야를 공부하고 연구하고 싶을 때 새로운 주제의 과목을 개설하는 것입니다. 그러면 처음에는 고생스럽지만 새로운 다른 분야 공부가 확실히 됩니다. 그러니 교수가 강의하는 것은 가르치는 작업이 아니라 거꾸로 배우는 작업이라는 것입니다. 그것도 월급을 받으면서 하니 참으로 행운입니다.

# 플립 러닝(Flipped Learning)과 거꾸로 강의

◇

가장 빨리 배우는 방법은 다른 사람에게 강의를 듣는 것이고, 그 다음이 노트에 써서 익히는 것입니다. 그런데 더 깊이 아는 방법은 그 내용을 남에게 말하고 발표하는 것입니다. 이렇게 학습하고 그것을 오래 기억하는 측면에서 강의는 최고의 학습 방법입니다.

그래서 고안된 것이 '플립 러닝Flipped Learning'이라고 부르는 '거꾸로 강의'입니다. 교수가 가르치는 대신에 학생이 스스로 미리 공부하고, 수업 시간에 서로 발표하고 토론하는 방법입니다. 교수의 역할은 단지 토론의 동반자가 될 뿐입니다. 최근 우리 사회에 불고 있는 '자기 주도 학습'의 다른 모습이기도 합니다. 이 수업의 장점은 학생들의 참여율과 집중도가 높고, 무엇보다도 학생들의 창의성이 높아진다는 점입니다.

학생들은 사전 예습을 책이나 교재뿐 아니라 유튜브로 해오기도 합니다. 요즘에는 웬만한 중요한 주제에 관한 전 세계 교수들의 강의를 얼마든지 유튜브에서 시청할 수 있습니다. 인공지능 분야만 하더라도 MIT와 스탠퍼드 대학 강의를 유튜브에서 쉽고 편하게 볼 수 있습니다. 그 분야 최고 대가들의 강의를 누구나 책상 앞에서 볼 수 있다는 뜻입니다. 교수의 강의도 전 세계 대가와 경쟁하는 시대가 된 셈입니다. MIT 교수들과도 바로 비교가 되는 것이지요.

유튜브를 이용한 예습의 장점은 아주 많습니다. 일단 강의의 수준과 질이 매우 우수합니다. 그리고 언제 어디서나 수강할 수 있습니다. 카페, 식당, 집, 사무실, 도서관 등 어디에서나 인터넷만 연결되면 언제나 틀어 볼 수 있습니다. 유튜브에 올라온 인공지능 강의들을 서로 비교해서 보면 더욱 재미있습니다. 서로 설명이 달라 이해하는 데 도움이 됩니다. 그리고 언제든지 멈출 수 있고, 다시 틀어 볼 수도 있습니다. 직접 대면 강의에 비해 확실한 장점이 있습니다. 학생들이 이러한 방법으로 예습하고 온 터라 수업 시간의 토론과 질의응답은 더욱 불이 붙습니다. 그것이 플립 러닝의 진면목입니다.

대학가에 플립 러닝이 확산하면서 좋은 점은 또 있습니다. 플립 러닝에서 교수는 교과 내용을 중심으로 가르치기보다 학생들과 상호작용하거나 심화된 학습활동을 하는 데 더 많은 시간을 할애할 수 있습니다. 교수는 학생들의 학습을 이끄는 데 더 많은 시간을 할애하게 되며, 또한 학생들이 강의 내용을 이해하고 새로운 아이디어를 만들

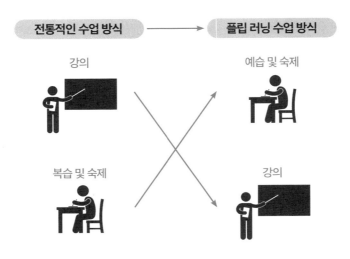

| 플립 러닝(Flipped Learning)의 순서와 개념 |

어내고, 촉진시키는 데 주된 역할을 할 수 있습니다.

## 교육 방식을 개혁하자

◇

우리 사회는 일자리 창출의 어려움, 출산율 저하, 부동산 문제 등 매우 심각한 도전에 직면하고 있습니다. 앞으로 이 문제들은 더 심각해질 것입니다. 그중에서도 출산율 저하는 우리의 생존권마저 위협하고 있습니다. 이 상황에서 교육 문제는 더는 미룰 수 없는 개혁 과제입니다. 더욱이 4차 산업혁명 시대를 맞아 더욱 명확해졌습니다. 미래는 추격자형 사람보다는 창조적 리더 혹은 개척자만 살아 남을 수 있습니다. 단순 학습을 통해서 길러진 실력은 빅데이터로 무장한 인공지능에 비교하기 어렵게 되었습니다. 대학입시에 매몰된 한국 교육의 문제를 해결하려면 혁신적인 새로운 시도가 필요합니다. 그 첫 방법으로 고려할 수 있는 것이 플립 러닝입니다.

우리 사회에서는 부모가 자녀가 학교에 갔다가 오면 '무엇을 배웠는가'라고 질문합니다. 하지만 유대인들은 자녀에게 '학교에서 무슨 질문을 했는가'라고 질문합니다. 질문은 호기심의 발로이고, 동기를 유발하면서, 동시에 주도적인 학습의 출발점입니다. 질문 없는 학습에 발전이 있을 리 없습니다. 질문 없는 학습은 죽은 지식일 뿐입니다. 현행 교육제도에서는 질문이 그다지 필요 없습니다. 선생님 강의에 집중하고, 노트 필기만 열심히 해도 됩니다. 그러고는 집에서 복습하면 좋은 성적을 낼 수 있습니다. 그러나 이러한 방식으로 배운 학생들은 새로운 의제를 만들 수도, 창조적인 아이디어를 낼 수도 없습니다.

앞으로의 창조적 리더는 끊임없이 질문을 던지면서 새로운 지식을 창조해야 합니다. '거꾸로 강의'가 교육 혁신의 시작일 수 있습니다.

# 우리는
# 2차 산업혁명에 멈춰 있다

매년 겨울이 되면 수백만 명의 학생과 학부모를 힘겹게 하는 추운 입시 계절이 돌아옵니다. 지금의 대학입시와 그에 따른 교육은 4차 산업혁명에 맞는 인재를 길러내기보다는 2차 산업혁명 시대에 필요했던 대량 생산 체계에 맞는 지나간 역사 속의 구시대 인재를 길러내고 있습니다. 그 결과로 현재의 교육이 암기식, 주입식, 일방통행 방식으로 고정되어 있습니다. 오히려 학생들의 창의성을 말살하고 있습니다.

4차 산업혁명 시대에 이르러 과연 이러한 대학입학 시험의 가치와 방식이 옳은지 다시 논의해 보아야 합니다. 4차 산업혁명 시대에는 빅데이터 플랫폼과 인공지능으로 무장한 강력한 국가와 기업이 등장합니다. 당연히 인공지능이 사람보다 계산 능력과 판단력이 앞섭니다. 인공지능은 세상의 모든 데이터와 지식을 겸비해서 모든 것을 알고 미래를 예측하는 신의 영역에 도전하고 있습니다. 인공지능은 외국어 동시통역도 가능합니다. 수학 문제 풀이는 보통 사람보다 수학자보다 컴퓨터가 더 빨리 신속하게 풉니다. 실수가 없는 것은 당연합니다. 안타깝게도 인공지능으로 무장한 구글은 학교 선생님보다 많이 알고 현명합니다. 당연히 대학입시 출제위원보다 지식의 범위가 넓고 깊고 정확합니다.

### '문제'를 만들 줄 아는 인재가 필요하다

◇

앞으로 4차 산업혁명 시대에는 사람 간에 우열을 가리는 시험은 무의미합니다. 이제는 빅데이터로 무장한 인공지능과 경쟁하는 방법을 찾아야 합니다. 답을 찾지 못하면 사람은 인공지능에 종속되고 단순노동만 하게 됩니다. 게다가 입시 문제라는 것도 이미 정답이 나와 있는 문제일 뿐입니다. 그건 인공지능이 훨씬 잘해냅니다. 구글 검색기에 탐색하면 모두 답이 나옵니다. 그러나 우리가 살아가야 할 시대는 정답이 없는 문제가 대부분입니다. 인공지능도 풀기 어려운 문제를 풀 수 있어야 합니다. 그래서 대학입시 방식도 과감하게 바꿀 필요가 있습니다.

먼저 수험장에 교육 당국에서 제공하는 노트북, 계산기 등을 들고 들어갈 수 있도록 해야 합니다. 문제 풀이를 위해 구글이나 네이버, 유튜브 검색창을 활용할 수 있게 하는 것입니다. 인터넷에 올라와 있는 자료를 이용해도 좋고, 머릿속에 있는 공식을 활용해서 풀어도 됩니다. 영어도 마찬가지입니다. 해석 문제도 인공지능 번역기를 이용해서 시험을 보게 하고, 번역기를 활용한 소통의 질을 평가해야 합니다. 수학의 계산 문제는 계산기를 이용해서 답을 구하고 복잡한 미적분 문제나 확률 문제는 클라우드 컴퓨팅 네트워크에 연결된 인공지능 컴퓨터를 활용해 풀 수 있게 해야 합니다. 시험에 빅데이터와 인공지능 알고리즘이 들어간 소프트웨어를 제공해야 하는 것은 물론입니다.

문제를 푸는 시간도 충분히 줘야 합니다. 빠른 시간에 연습한 기계처럼 누가 누가 빨리 푸는가 하는 현재의 대학입시 시험 방식은 전혀 가치가 없습니다. 빨리 하는 것은 사람이 컴퓨터를 당해낼 재간이 없습니다. 더 나아가 여러 명이 같이 그룹으로 시험을 보는 것도 방법입니다. 그룹이 토론하면서 문제를 풀어나가는 협동 능력이 개인 간의 경쟁보다 4차 산업혁명에 더 맞습니다.

이러한 조건이 만족된다면, 최종적으로 아예 문제 자체를 제시하는 시험을 보는 것입니다. 앞으로 젊은 인재들이 살아갈 세상은 문제를 푸는 능력만큼이나 문제를 제시하는 능력도 중요합니다. 적절한 문제를 제시하기 위해서는 사회, 경제, 정치, 문화, 과학, 기술 전체를 통합적으로 이해하는 융합 능력이 필요하고, 사회적 공감 능력도 필요합니다. 정답은 있어도 좋고, 오히려 없는 것이 더 독창적이며 유의미할 수 있습니다.

모두가 알다시피 인공지능은 '슈퍼파워'를 가집니다. 무한대의 데이터를 갖고 있고, 이 데이터는 데이터 센터의 메모리에 저장되어 있으며, 지워지지 않습니다. 알파고에 사용되는 프로세서는 수천 대가 병렬로 협동해서 계산합니다. 사람이 정답이 있는 문제 풀이로 인공지능을 이길 방법이란 없습니다. 지금처럼 틀에 박힌 교육에 집착하면 인공지능에게 노동력을 제공하는 노예로 전락할 뿐입니다. 대학입시 방식의 변화 없이 한국 교육 변화가 없고, 교육에 변화가 없으면 인재 혁신이 없습니다. 대학입시 방법을 하루라도 빨리 바꿔야 합니다. 우리의 생존이 달린 문제입니다.

# 코딩은
# 대화의 방법일 뿐이다

아기가 처음 태어나서 배우는 말이 '엄마'와 '아빠'입니다. 처음 태어나서 대화하는 대상이 엄마와 아빠여서 그렇습니다. 천사 같은 아기는 엄마, 아빠와 눈빛을 맞추고, 옹알이하고, 웃고, 그래서 크나큰 기쁨을 줍니다. 그리고 아이는 초등학교에 들어갈 무렵 한글을 배우기 시작합니다. 무언가를 쓰기 시작합니다. 고사리 같은 손으로 글을 읽고 씁니다. 동화책을 읽고 만화를 봅니다. 이렇게 보면 우리는 태어나면서부터 대화를 시작합니다. 글을 읽고 쓰고 하는 것도 간접적이기는 하지만 '타인과의 소통' 그리고 '대화의 방법'입니다. 대화를 통해서 감정과 느낌, 의지를 표현합니다. 그래서 함께 살 수 있고, 같이 사는 의미가 더욱 커집니다. 손짓, 발짓, 표정, 눈빛 모두 사회 속에서 함께 살고 있는 사람이 필요한 타인과의 대화 방법입니다.

외국어도 마찬가지입니다. '외국인과의 소통' 방법입니다. 여행할 때, 학술 교류할 때, 개인적인 만남에서 필요합니다. 그런데 외국인과의 대화 때 더 중요한 것은 외국어 기술보다는 대화의 내용입니다. 좋은 주제의 대화로 서로 이해하고 공감해야 웃고 떠들 수 있습니다. 언어 이전에 문화적 소통이 되어야 외국어도 더 잘됩니다.

소통의 개념을 더욱 확장해 보면, 수학은 자연과의 대화 방법입니다. 자연 현상을 수학으로 모델링하는 작업은 자연을 우리의 논리로 이해해 보려는 시도입니다. 검증된 모델을 확립하면 자연 현상을 수학으로 표현할 수 있습니다. 그러면 물리적인 현상을 예측하고 계산할 수 있습니다. 이러한 자연과의 대화를 가능하게 하는 수학적 방법으로 수식이 있고, 그래프가 있고, 다이어그램 등이 있습니다. 그래서 수학책에는 이러한 기호와 그림들이 가득 차 있습니다. 이 모든 수학 과정이 결국엔 자연을 이해하고 소통하려는 방법입니다. 그래서 수학이라는 과목도 다르게 보면 '자연과의 대화' 방법입니다.

## 코딩은 컴퓨터와의 대화 방법

◇

4차 산업혁명 시대는 컴퓨터와 데이터의 전성시대입니다. 사람이 컴퓨터에 의해 지배받지 않고, 컴퓨터를 효율적으로 이용하려면 컴퓨터와의 대화 능력이 필요합니다. 바로 코딩이 '컴퓨터와의 대화 방법'입니다.

제가 1980년대 처음 컴퓨터를 시작했을 무렵에는 베이식, 포트란이라는 프로그램이 있었습니다. 과학기술 계산용 코딩 방법인 포트란으로 다양한 수학 문제를 풀어냈습니다. 지금이라도 포트란으로 프로그램을 짜라면 금방 다시 할 수 있을 것만 같습니다. 또 기계어라

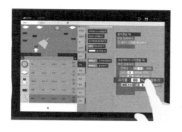

| KAIST 졸업생들이 만든 어린이용 코딩 언어인 'Entry' |

고 해서 순전히 2진수로 표현된 컴퓨터 언어를 배우고 연습하기도 했습니다. 2진수는 사람에게 익숙하지 않아 배우기에 복잡합니다. 이 기계어는 진짜 컴퓨터가 기계적으로 알아들을 수 있는 언어라서 그렇습니다. 물론 이 기계어 프로그램 덕분에 컴퓨터와 CPU 구조를 이해하게 되었습니다. 하지만 이제 컴퓨터와의 대화에 필요한 코딩 방법은 과학기술 언어나, 논리 언어, 혹은 2진수 기계어에 국한되지 않습니다. 사람에게 더 익숙하고 친숙한 방식으로 진화하고 있습니다.

이제는 논리 흐름도만 그려도 컴퓨터가 이해하고 명령을 수행할 수 있습니다. 나아가 삽화나 만화 그림으로만 그려도 됩니다. 종이에 낙서만 해도 컴퓨터가 이해하는 시대가 곧 올 것입니다. 요즘 초등학생들이 많이 사용하는 코딩 언어는 그림으로 표현한 언어입니다. 코딩이라고 하면 사람들이 덮어놓고 어렵다고 생각하지만, 본질은 컴퓨터가 그 뜻을 이해만 하면 되는 것입니다. 인공지능 기술이 발전하면 말만 해도 컴퓨터가 이해하고 원하는 동작을 수행할 것으로 예측됩니다. 사람의 표정과 몸짓을 컴퓨터가 이해할 날이 온다면 '표정과 몸짓'이 '코딩'이 될 날도 머지않았습니다.

## 새로운 코딩 계층의 탄생

◇

4차 산업혁명 시대에 인공지능, 빅데이터, 클라우드 컴퓨팅, 블록체인을 다루기 위해서는 원하는 명령을 컴퓨터에 입력하고 결과를 이해하는 능력이 필요합니다. 코딩 능력이 없으면 앞으로 신산업도 없고, 벤처 창업도 없고, 취업도 없고, 혁신성장도 없습니다.

미래에는 코딩할 수 있는 사람과 그렇지 못하는 사람으로 나뉠 것입니다. 직업도 코딩할 수 있는 직업과 그렇지 못한 직업으로 나뉩니다. 그래서 미래에는 수능 점수, 토플 점수보다 코딩 능력이 대학 입학, 취업, 연봉, 결혼에 더 필요한 능력이 될 수 있습니다. 하지만 앞서 살폈던 것처럼 코딩 스킬 자체가 중요한 것은 아닙니다. 스킬은 스킬에 불과합니다. 결국, 코딩에 대한 이해도를 높이고 창의적 역량이라는 그릇을 키워야 좋은 프로그램을 만들어낼 수 있을 것입니다. 아파트 평수, 학벌, 재산이 아니라 창의적 코딩 능력이 새로운 사회 계층을 만들 것입니다. 그래서 수학 교육처럼 초등학생 1학년부터 전 국민이 간단한 코딩을 배울 필요가 있습니다. 4차 산업혁명 시대를 맞아 사람이 컴퓨터에 의해 지배되는 것이 아니라 사람이 컴퓨터를 지배하는 세상을 만들어야 합니다.

# 세계는 지금
# 우리의 인재를 빼앗고 있다

1차 산업혁명은 증기기관에 의한 기계혁명, 2차 산업혁명은 전기 에너지를 기반으로 한 대량생산혁명, 3차 산업혁명은 인터넷에 기초한 정보혁명이라고 부를 수 있고, 4차 산업혁명은 빅데이터를 기반으로 한 인공지능혁명으로 정의할 수 있습니다. 결국, 4차 산업혁명 시대에는 빅데이터로 학습한 인공지능의 인지능력, 판단능력, 예측 능력이 사람을 뛰어넘게 되고, 인공지능을 보유한 집단과 기업이 경쟁에서 확실한 차별적 우위를 갖게 됩니다. 그 결과 가까운 미래에는 4가지 직업만이 존재할 것입니다. 인공지능 소프트웨어를 개발하는 개발자, 인공지능 소프트웨어 관리자, 인공지능을 이용한 서비스 사업자, 그리고 마지막으로 로봇이 대체하기 어려운 단순 육체노동자입니다.

이러한 배경에서 전 세계는 인공지능 기술과 인력을 확보하기 위해 치열한 경쟁을 하고 있습니다. 미국은 연방정부 차원에서 인공지능 전략을 수립하고 인재 육성에 총력을 기울이고 있으며, MIT는 인공지능 대학 설립을 발표하기도 했습니다. 중국도 시진핑 주석이 직접 주도해 인공지능 집체교육에 나섰습니다. 특히 중국의 대표적 통신기업인 화웨이Huawei는 3년간 인공지능 인력 100만 명을 양성한다고 밝혔습니다. 일본도 이에 뒤질세라 연간 25만 명의 인공지능 인력을 양성할 계획을 발표했습니다.

그뿐만이 아닙니다. 우리의 인공지능 관련 우수 연구자들을 자국으로 유치하려는 노력도 매우 적극적입니다. KAIST 연구실의 학생들만 해도 박사학위를 받자마자 애플, 인텔, 엔비디아, 구글과 같은 미국 실리콘밸리 기업으로 바로 스카우트됩니다. 연봉도 연봉이지만 비자도 기존의 취업 비자가 아니라 특수 비자O-1, Extra-ordinary를 발급해 주고, 보통 6개월 이내면 가족 전체에게 영주권도 부여합니다. O-1 비자는 과학, 예술, 교육, 사업 그리고 체육 분야에서 탁월한 능력을 보유한 외국인의 미국 체류를 허가해 주는 비자로, 해당 분야에서 국제적으로 탁월한 업적을 보인 전문가에게만 주는 비자입니다. 일본도 우수 과학자 유치에 아주 적극적입니다. 최근 연구실 학생이 일본 대학의 조교수로 부임했는데, 1년 이내에 한해서 가족 전체에 영주권을 부여하고, 주택 대출까지 제공하기도 했습니다. 일반적으로 일본은 외국인에게 배타적인 경향이 강한 나라로, 영주권을 받으려면 10년 이상 체류해야 합니다.

그러다 보니 국내 전문인력이 양과 질 측면에서 터무니없이 부족합니다. 독일 통계 포털 스타티스타Statista 2018년 자료에 따르면, 미국의 인공지능 전문가는 우리나라의 10.7배, 중국은 6.8배, 일본은

1.2배 수준에 이릅니다. 특히 연구능력 상위 10% 이내 톱 전문가는 미국이 5,158명, 중국 977명, 일본 651명으로 집계되었는데, 우리는 이와 관련한 데이터조차 제대로 없어 0명으로 기록되어 있습니다.

4차 산업혁명에 관한 관심이 전 사회적으로 확산된 것치고는 너무나 보잘것없는 결과입니다. 그러나 위기는 기회라는 말이 있듯이 기회가 없는 것은 아닙니다. 코로나19로 전 세계가 위축된 지금이 도약의 기회가 될 것이라고 믿습니다. 바이러스가 불러온 새로운 도전과 위기를 능동적으로 극복하기 위해서라도, 국가 차원에서 10년 내 인공지능 우수 인재 10만 명을 육성하는 계획을 제시하고, 과감하고 신속하게 실행할 것을 촉구합니다. 현실적인 방법이 없는 것은 아닙니다. 먼저 전국 주요 연구중심 대학에 20개의 인공지능 대학원을 설립해 매년 인공지능 석박사 고급 연구개발 인력을 각각 50명씩 배출하는 것입니다. 그러면 10년 동안 1만 명의 인공지능 석박사 전문인력이 배출된다는 계산이 나옵니다. 만약 전국의 4년제 일반 공대 안에 총 50개의 인공지능 학과를 신설하고, 매년 60명을 배출한다면 10년 동안 총 3만 명의 인공지능 관련 학사를 배출할 수 있게 됩니다.

이렇게 설계된 인공지능 교육과정에서 학생들은 최신 딥러닝을 포함해 인공지능 알고리즘과 학습 이론을 공부하고, 개발 경험을 쌓고, 이를 기반으로 해서 응용과 융합 능력을 배양해야 합니다. 여기에 인공지능 구조와 변수를 최적화할 수 있는 능력이 필요합니다. 각각 개발된 인공지능 모델들을 통합하고 확장해 일반인공지능[AGI]으로 발전시킬 능력도 키워야 합니다. 수학 교육도 중요합니다. 인공지능 알고리즘에 꼭 필요한 선형대수, 미적분학, 확률과 통계 과목들도 함께 공부해야 합니다. 코딩으로 표현되는 프로그래밍 능력도 필요하고, 데이터 구조도 이해할 수 있도록 해야 합니다.

## 인공지능 '10만 양병'이 번영을 이끈다

◇

인공지능은 다양한 분야와 융합해서 새로운 가치를 창출할 수 있습니다. 보건, 의료, 생명, 환경, 제약, 에너지, 교통, 안전, 국방, 금융, 농업, 재료뿐만 아니라 인문, 문화, 예술 등 모든 분야와의 융합이 가능합니다. 인공지능은 이러한 분야에서 사람이 하던 작업의 효율을 증대하고 창조 과정을 보조할 수도 있습니다.

인공지능 교육과정들이 다양한 융합 분야의 학과에 기본 커리큘럼으로 포함되어야 합니다. 예를 들어, 전국 4년제 대학의 일반 학과 중 연관성이 높은 200여 개 학과에서 인공지능 융합 교육을 병행하는 것입니다. 인공지능 이론과 실습, 응용 과목들을 6개 필수 과목으로 편성할 수 있습니다. 2학년 때는 인공지능 기본 수학과 소프트웨어 코딩 능력을 배우고, 3, 4학년 때는 인공지능 이론과 다양한 실습 과목들을 단계별로 이해할 수 있도록 해야 합니다. 각 학과 학생이 30명이라고 한다면 매년 6,000명, 10년간 6만 명의 인공지능 응용과 융합 능력을 가진 인재를 배출할 수 있습니다.

경제 현장에 인공지능 과학자나 공학자들이 할 일이 너무나도 많습니다. '인공지능 응용'과 '인공지능 융합' 기술력을 갖춘 인재가 매우 필요합니다. 특히 응용 기술력이 강한 우리 인재들이 이미 잘 발달한 인터넷 인프라와 나아가 5G, 스마트 시티 등 인프라를 활용하면

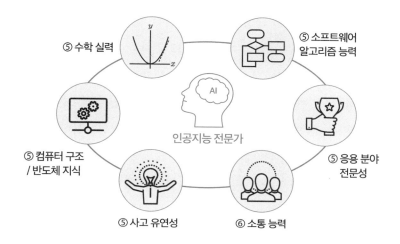

⑤ 수학 실력

⑤ 소프트웨어 알고리즘 능력

AI

인공지능 전문가

⑤ 컴퓨터 구조 / 반도체 지식

⑤ 응용 분야 전문성

⑤ 사고 유연성

⑥ 소통 능력

| 인공지능 전문가의 조건 |

탁월한 결과물들을 만들어 낼 수 있습니다. 또 스마트폰, TV, 냉장고, 에어컨, 가전 등 기존의 경쟁력 있는 하드웨어 산업과 인공지능 기술을 결합하면 세계 최고의 응용 기술을 개척할 수 있습니다. 급성장 중인 자율주행차에도 다양한 인공지능 기술이 필요합니다. 국내 산업에서 인공지능 분야 고급 인력의 수요와 공급의 부조화가 심각합니다. 그 현상은 우리 교육계의 유연성 부족과 사회 변화에 대응하는 교육 당국의 비전 부족도 한 가지 원인이 아닐까 싶습니다. 현실에 만약이라는 말은 없지만, 만약 보건 및 의료 분야 전문가 양성 과정에 인공지능 이론과 실습 과정이 이미 융합되어 있었다면, 오늘날 코로나19 상황에서 톡톡한 효과를 거두지 않았을까요.

여기에 더해 한마디 보태면, 우리 기업의 근무 환경이 젊고 우수한 인재들에게 최선의 직장으로 만족스러운가라는 의문이 남습니다. 우리 기업들이 과거의 빠른 추격자 모델에 빠져 기존의 일하던 방식에 멈춰 있는 것은 아닌지 의문입니다. 오랜 기간 축적을 바탕으로 기술을 개발하고 사업화하기보다는 이미 검증된 기술을 받아들여 신속하게 낮은 가격으로 개발하고 생산하려는 관행이 여전합니다. 그러니 개인의 창의성보다는 집단의 조직력이 더 중요하고, 그 결과 구조가 권위적일 수밖에 없습니다. 일과 가정이 병립하기를 원하는 새로운 세대에게 국내 기업은 여전히 매력적이지 못한 상황입니다.

앞으로는 권위가 권력이나 직책보다 창조와 혁신의 역량, 의지, 실천에서 나올 것입니다. 발전적인 토론을 중시하고, 위험을 무릅쓴 도전을 존중하면서, 벽을 넘어 상호 소통하는 투명한 조직 문화가 필요합니다. 또한, 추격자 모델을 지양하고 미지의 기술과 시장을 개척하는 '창조적 개척' 문화가 존중되어야 합니다. 4차 산업혁명 시대에 특히 실력을 갖춘 창조적이고 도전적인 인재의 확보가 우리 국가, 사회, 기업의 생존을 결정할 전망입니다. 그러기 위해서는 창의적이고 도전적인 인재를 존중하고, 교육과 기업 문화의 변화가 절실합니다. 우수 인력의 해외 유출에 대해 나가는 인재들을 지적하기보다 인재들이 해외보다 국내를 선택할 수 있는 환경을 조성하는 것이 더욱 중요합니다.

# 추격자 모델에서
# 선도자 모델로 가자

4차 산업혁명 환경에서 새로운 연구나 사업을 추진할 때 중요한 것은 '속도'가 아니라 '방향'이라는 사실입니다. 우리 사회는 지금까지 '빠른 추격자 Fast Follower' 성장 모델을 지향해 왔습니다. 남들이 정해준 방향을 우리는 그걸 정답으로 믿고 열심히 따라갔을 뿐입니다. 그래서 근면과 성실이 최고 인재의 자질로 제시되었습니다. 해외 신기술이 개발되면 밤을 지새워 최대한 비슷한 제품을 만들어 낮은 가격에 내다 팔았습니다. 이것은 과거 우리에게 가장 적합한 성장 모델이었고, 그러한 노력이 있어서 오늘의 우리가 있다는 점은 부인할 수 없습니다. 그러나 앞으로는 아닙니다. 그런 방식으로 시장에서 살아남을 수 없습니다. 4차 산업혁명의 최전선에 있는 우리가 성공하기 위해서는 우리 스스로 방향을 정해 새로운 표준을 선점하는 것뿐입니다. 새로운 기술과 표준을 선점하기 위해서는 방향을 정하는 훈련과 실습에 더 많은 노력을 기울여야 합니다. 물론 확실하다 싶은 최고의 방향은 없습니다. 다만 성공 확률이 높은 선택은 있습니다.

## 세상에 없는 연구를 해야 할 때

◇

공대 교수가 연구주제의 방향을 잡는 데는 여러 가지 방법이 있습니다. 오래전 유학 때 배운 연구주제로 평생을 연구할 수도 있습니다. 그러면 한 분야를 꾸준히 개척하는 장점이 없는 것은 아니지만, 이미 그 연구는 10년, 20년 이전에 지도교수가 개척한 분야를 따라가는 연구일 뿐입니다. 잘해야 영원한 2인자 역할 그 이상 그 이하도 아닙니다. 다른 방법으로, 다른 그룹이 출판한 논문을 보고 그 연구를 개선하는 연구입니다. 보통 연구주제를 잡고, 결과를 내고, 논문을 발표하는 데 5년 이상이 걸립니다. 특히 공학 분야에서는 시간이 조금만 지체되어도 가치가 떨어집니다. 하루라도 최신 연구 동향을 파악하고, 아이디어를 얻고 싶다면 국제학회에 참석하는 방법도 한 가지 방법입니다. 분야에 따라서 학회는 논문보다 더 수준 높은 결과를 발표하는 장소가 됩니다. 그런데 조금만 생각해 보면 알 수 있겠지만, 애플과 같은 기업들은 연구 아이디어나 결과를 논문이나 학회에 발표하지 않습니다. 회사의 중요한 기술, 전략, 정책, 방향이 노출될 수 있기 때문입니다. 오직 상품 발표회에서만 공개합니다. 따라서 논문을 보고, 학회에 참석해서 연구 방향을 설정하는 것은 가치 측면에서 재고해볼 요소가 많습니다. 특히 추격자 모델에서 선도자 모델, 즉 기존 시장을 파괴하면서 등장하는 창조적 리더를 양성하려면 지금보다 훨씬 적극적인 자세로 접근해야 합니다.

## 산학협력에서 길을 찾는다

◇

보통 반도체 관련 연구주제를 선정할 때 차별적인 접근 방법이 있습니다. 계측기기 회사들의 신제품과 기능들을 유심히 관찰하는 것이 한 가지 방법입니다. 텍트로닉스Tektronix, 에질런트Agilent, 르크로이LeCroy 등 대표적인 기술 선도 기업들이 만들어 낸 제품을 살펴보는 것입니다. 이 회사들은 주로 고속 디지털 신호 측정, 무선통신용 고주파 측정 기기들을 제공합니다. 이 첨단 장비들에 새로이 추가된 기능들을 주목해야 합니다. 보통 IBM, 인텔, 퀄컴 등 글로벌 반도체 회사들이 새로운 기술을 개발하고 제품을 개발하기 위해서는 반드시 측정해야 합니다. 반도체 회사들은 계측기기 회사들에 추가로 기능을 요구하고, 또는 공동 개발도 하게 됩니다. 따라서 측정기기의 흐름을 보면 반도체와 연관된 최신 기술의 수요와 흐름을 잡을 수 있습니다.

최근에는 CAD 회사의 기술 흐름도 유심히 살펴보고 있습니다. CAD 기업의 소프트웨어들은 반도체, 스마트폰, 안테나, 자율주행차, 드론 등 전자기기에 들어가는 부품의 전기적, 물리적, 기계적 현상을 해석하고 컴퓨터로 계산합니다. 최적 설계를 하고 안정적인 동작을 보장하기 위한 확인 작업입니다. 특히 반도체를 만들기 전에 미리 측정 결과를 예측해 주기 때문에 설계와 제작 비용을 획기적으로 줄이는 데 필수적입니다. 이때 반도체의 전기적인 현상뿐만 아니라 기계적, 열적 현상이 주는 효과는 물론, 인쇄회로 기판, 케이블, 새시, 모터, 디스플레이뿐만 아니라 인버터 등 전원 장치까지 같이 시뮬레이션하므로, 반도체 개발의 방향성을 발견할 수 있습니다. 말하자면,

CAD 툴에 새롭게 추가된 기능을 유심히 관찰하는 것입니다. 새로운 기능이 들어갔다는 의미는 기업들이 필요로 한 추가 기능이고, 이는 곧 반도체에 탑재되어야 할 기술이라는 말입니다. 이처럼 연관된 연구를 첨단 반도체 업계가 하고 있다는 사실을 간접적으로 잡을 수 있습니다.

물론 더 좋은 방법이 있습니다. 기업의 실제 목소리를 들을 수 있는 산학협력입니다. 가능하다면 최선의 연구 방법입니다. 산학협력은 기업과 연구실이 공동 워크숍을 할 수도 있고, 주제 미팅을 통해 진행합니다. 또 기업이 연구실과 과제 계약을 맺고 해결하고 싶은 문제를 학교 연구실에 의뢰하기도 합니다. 기업이 실제 필요로 하는 연구 방향을 제시하고, 연구비를 지원하는 방법입니다. 기업이 비용을 들여 연구주제를 준다는 것 자체로 의미가 큽니다. 말 그대로 살아 있는 연구가 진행됩니다. 결과가 좋으면 연구자가 기업에 스카우트되기도 합니다. 학생들에게 이보다 더 좋은 방법은 없습니다. 산학협력 미팅이나 과제 발표회를 진행할 때 많은 질문과 답이 오가며 실제 제품의 핵심적인 흐름을 파악할 수 있습니다.

## 대화와 협력이 답이다

◇

찾아보면 국내에 우수한 공학 인재들이 많습니다. 이들은 기업의 핵심적인 설계, 공정개발, 제품개발을 담당합니다. 입사할 때 기준으로 각각 개인의 면면으로 보면 미국 실리콘밸리 인력보다 더 우수합니다. 그런데 시간이 지나고, 그 경쟁력이 유지되는지 묻는다면 긍정하기 어렵습니다. 그 이유는 국내 기업들의 승진제도에 있습니다. 과거에 유망했던 우리 연구자들을 10년쯤 추적해보면, 내로라하는 기업들의 중요한 자리에 올라 있습니다. 태반이 임원입니다. 더는 첨단 기술자로 남아 있기보다 경영 관리자가 되어 있는 것입니다. 그러다 보니 꾸준하게 연구자로서 가치를 키우지 못하고 경쟁력을 잃어가는 모습을 목격하게 됩니다. 회사에 오래 몸담을수록 점점 정체되는 아이러니한 상황이 연출되는 것입니다.

반면에 실리콘밸리 기술자들은 시간이 지나도 끊임없이 서로 기술적인 교류를 나눕니다. 회사를 옮기기도 하면서 또 섞입니다. 실리콘밸리 기업들이 모여 있는 엘카미노El Camino 거리에는 많은 한국 식당이 있습니다. 그곳으로 출장을 갈 때면 국내외 기술자들을 만납니다. 자유로운 분위기 속에서 서로 기술적 난점에 대한 의견을 나누고, 협력 방안을 모색하곤 합니다. 최신 동향을 주고받는 데 인색함이 없습니다. 이들은 실리콘밸리 내 기업에서 중요한 기술적 역할을 하며, 관리자 역할에 깊이 관여하지 않습니다. 보수가 적지도 않습니다. 기술자는 기술자로서 정체성을 가져야 자극을 받고, 혁신을 일으킵니다. 이점이 국내 기술자와 장기적으로 격차가 생기는 문화적 차이가 아닐까 생각합니다.

제가 몸담은 연구실에서는 기회가 될 때마다 대학원 석박사 과정 학생들과 함께 미국 실리콘밸리 기업들을 방문하고 세미나를 진행합니다. 첨단 기업을 방문해서 학생들이 각자의 연구 결과를 발표합니다. 인텔, 엔비디아, 애플, 구글, 테슬라 같은 기업들을 약 일주일 동안 방문해 그들과 섞여 시간을 보냅니다. 이 과정에서 기술적 정보를 공유하고 서로 마주한 난제를 두고 열띠게 토론합니다. 여기에서 다음 연구주제와 방향을 잡기도 합니다. 학교에만 머물 때와 비교할 수 없을 만큼 학생들의 열기가 뜨겁습니다. 게다가 일부 학생들은 이 기회를 활용해 실리콘밸리 기업에 취업하기도 합니다.

당연한 말이지만, 취업이 학문의 목표는 아닙니다. 기초 분야는 여전히 기업의 논리가 아닌 공공의 목적에 맞게 꾸준히 지원되어야 합니다. 다만 강조하고 싶은 것은 기술자가 혁신에 매진할 수 있는 환경과 그들이 기술적 관심사를 두고 대화를 나눌 수 있는 풍토가 마련되기를 원합니다. 나이와 경력에 상관없이 기술자는 기술자로서 얼굴을 맞대고, 차를 마시고, 식사해야 합니다. 특히 학교 연구실 책상에 앉아 컴퓨터 모니터를 보고, 논문 검색하는 것만 연구는 아닙니다. 더 큰 그림을 그려야 할 때입니다.

EPILOGUE

# 공학의 미래에는
# '따뜻한 인간'이 있다

새벽에 배달되는 신문이 문 앞에 떨어지는 소리와 함께 잠을 깹니다. 쪽잠이 많아 잠에서 일찍 깨는 편입니다. 그리고는 아침 출근전 시간을 활용해 맑은 정신으로 할 수 있는 일을 처리합니다. 특히 새로운 아이디어를 내거나 연구 구상, 방향, 결과를 생각합니다. 새로운 발표자료나 써야 할 글도 정리하곤 합니다. 새벽은 가장 많은 생각이 떠오르는 시간입니다. 그런 면에서 제게 가장 소중한 시간입니다. 이 시간을 위해 저녁 약속을 자제하고, 조금 일찍 자려고 노력합니다. 특히 새벽에 샤워할 때면 생각이 수없이 떠올라, 샤워를 몇 번이나 멈추고 메모하고 다시 샤워하기도 합니다. 출근길에 차를 몇 번이나 길가나 주차장에 세우고 스마트폰 메모장에 메모를 남기기도 합니다. 이렇게 떠오른 생각을 전파하고, 결과로 내고 하는 일이 꿈같이 행복합니다. 그래서 시간이 너무 아깝습니다. 스스로 열정적일 때 가장 행복하고, 최선을 다해 오늘을 사는 데 큰 에너지원이 됩니다.

열정은 호기심, 탐험, 융합, 인간 그리고 미래에 대한 관심에서 비롯합니다. 이것들이 모여 세상을 바꿀 수 있습니다. 여기서 가장 중요한 것은 호기심입니다. 호기심은 질문을 불러일으킵니다. 이건 뭘까, 저건 뭘까, 왜 그럴까 하는 질문입니다. 위대한 과학의 발견은 사소한 질문에서 시작되었다는 걸 잊으면 안 됩니다. 제 경우엔 중고등학교 때 다음 학기 책을 받으면 내용이 궁금해서 몇 주 만에 혼자 다 읽고 문제를 풀어보기도 했습니다. 대학 때는 도서관 열람실에서 공부하는 옆 학생의 책 제목도 유심히 봤습니다. 그게 정말 궁금해서 서점에서 같은 책을 사서 방학 내내 들여다봤습니다. 그러고는 다음 학기에 그 학과 과목을 수강했습니다. 대학 때 전기전자공학 관련 과목만이 아니라, 전산학, 수학, 물리학 과목을 많이 들었습니다. 처음에는 한 분야를 10년 이상하지 못하고 새로운 분야에 도전만 하다가 끝나는 것이 아닌가 해서 두렵기도 했습니다. 그런데 훗날 동시에 두세 가지 분야를 함께 연구하는 것이 창의적인 결과물을 내는 데 큰 도움이 된다는 걸 깨달았습니다. 교수가 된 지금도 제 버릇 남 못 준 탓에, 몰랐던 분야가 궁금하면 아예 그 과목을 새롭게 엽니다. 강의하려면 공부를 제대로 할 수밖에 없습니다. 석사학위 때는 인류의 에너지 해결책을 찾아보고 싶어서 '플라즈마' 공학을 전공했습니다. 박사학위 때는 시간의 극단까지 가보는 '펨토초 레이저Femtosecond Laser'를 이용하는 기술을 연구했고, 박사 후에는 미래 반도체 특히 메모리 반도체 발전에 기여하고 싶어 삼성전자 반도체 설계 팀에서 근무했습니다. 이후 KAIST에서는 반도체 패키지 설계, 자동차 전자파, 무선전력 전송, 인공지능 반도체를 연구했고, 요즘에는 인공지능 설계AI Engineering 분야를 개척하고 있습니다. 호기심이 열정의 동력입니다.

　요즘은 또 다른 호기심으로 새로운 '탐험'을 시작하려고 합니다. 최근까지 국내외 기업들과 차세대 고성능 반도체 개발 프로젝트를 진행했습니다. 그 과정에서 개발하는 반도체가 어디에 쓰일지 깊은 관심을 갖게 되었습니다. 자연스럽게 인공지능 시대의 파괴력을 먼저 알게 되었습니다. 처음 머신러닝을 알게 되었을 때만 해도 반도체 설계와는 용어와 문화, 개념부터 완전히 달랐습니다. 기본 개념을 잡고 이론을 파악하는 데만 꼬박 3년이 걸렸습니다. 반도체에 더해 인공지능의 개념이 조화되면서 새로운 세계가 펼쳐졌습니다. 새로운 영역에 대한 아이디어가 샘 솟았습니다.

　인공지능은 4차 산업혁명은 물론, 지금 우리가 겪는 코로나19로 인한 비대면 사회에서 가장 유의미한 영향력을 끼칠 기술입니다. 지금의 바이러스가 사라진다 해도 제2, 제3의 바이러스가 언제든 우리에게 어둠을 드리울 것입니다. 바이오 분야도 마찬가지겠지만 우리 공학계도 그에 관한 선제적 준비가 되어 있어야 합니다. 또한 인공지능 기술에 대한 이해와 활용 없이는 미래의 정치, 사회, 경제, 환경 문제를 해결할 수 없습니다. 호기심 어린 탐험으로 인공지능 세계를 알고 사람 냄새 나는 미래를 준비해야 합니다. 제 탐험의 다음 행로는 생명과의 융합입니다. 분자 생물학, 면역학 공부도 시작해야 할 듯합니다. 기술은 기술 안에 갇히지 않기 때문입니다. 항상 그렇듯 탐험은 희망과 발견의 기쁨을 줍니다. 탐험의 결과는 새로운 융합의 형태로 나타납니다. 새로운 영역의 기술, 문화, 언어를 알게 되면, 그 분야와 소통이 가능합니다. 융합은 공학적 창조의 가장 확실한 방법입니다. 융합하려면 먼저 자신의 벽을 깰 수 있어야 합니다. 탐험과 융합에는 용기가 필요합니다. 그것을 도전이라고 부릅니다.

익숙한 세상을 호기심 어리게 바라보고 미지의 경로를 탐험하며, 그 경험을 또 다른 것으로 융합하는 데, 제일 중요한 도구가 수학입니다. 제 경우에는 호기심으로 이끄는 에너지가 수학이었습니다. 그래서 이 책에 수학 이야기가 많이 나옵니다. 수학은 아름답습니다. 고등학교 다닐 때는 수업 사이 쉬는 시간에 한 문제, 새롭고 어려운 문제를 골라서 풀었습니다. 그래서 대학에서도 선형대수, 미분방정식, 복소수 분석학, 미분 기하학, 공업 수학, 물리 수학 같은 과목을 수강하거나 혼자 공부했습니다. 모두 재미있고 값진 경험이었고, 지금은 호기심, 탐험 그리고 융합을 가능하게 하는 제 바탕이 되어주었습니다. 수학은 지금 4차 산업혁명을 타고 도도히 비상하고 있습니다. 따지고 보면 공학은 컴퓨터로 복잡한 수학 문제를 풀고 최적화하는 과정입니다. 인공지능도 기본은 수학입니다. 컴퓨터와 알고리즘의 한계를 수학으로 해결합니다. 따라서 수학 없이는 4차 산업혁명도 없고, 인공지능도 없고, 공학도 없습니다. 수학을 좋아하고 수학을 즐기는 태도와 감성이 지금의 저를 이끄는 또 다른 동력 중 하나입니다.

공학자로서 다음 추진력은 '인간'입니다. 석사를 플라즈마 공학을 했던 이유도 인류의 에너지 문제에 관심이 많아서 그랬습니다. 반도체 메모리 분야에서 근무했던 이유도 미래에 빅데이터가 인간에게 중요하고 그 저장장치가 궁금해서 시작했습니다. 'HDMI High Definition Multimedia Interface' 분야를 20년 넘게 연구하며 제품 개발에 참여했던 이유는 사람이 보는 영상 매체에 관심이 많아서였습니다. HDMI 반도체가 TV, 플레이스테이션 같은 수많은 기기에 수억 개씩 들어간다는 자부심도 큽니다. 자동차 급발진 문제를 풀고 싶어서 자동차 전자, 자율주행차 컴퓨터 구조도 연구합니다. 연구의 동기는 기술 자체보다 그 기술이 인간에게 이롭게 미치는 영향입니다. 인간에 대한 관심은 여기에 머물지 않습니다.

요즘에는 학생들의 성장을 지켜보는 것이 최대의 기쁨이자 활력입니다. KAIST에서 과거에도 그랬고 지금도 최고의 인재들과 함께하고 있습니다. 주로 석박사 과정 학생들 20여 명과 매일 함께합니다. 지금까지 80여 명의 학생들이 석박사 과정을 거쳐 갔고, 지금의 학생들이 졸업하면 100여 명의 인재가 모두 저와 함께 연구하고 사회로 진출하게 됩니다. 이들은 제 '호기심 여정'의 동반자이자 지원자들입니다. 이들은 삼성전자, SK하이닉스뿐만 아니라 실리콘밸리 기업인 구글, 테슬라, 엔비디아, 애플 같은 회사에서 반도체 관련된 일을 합니다. 서로 글로벌 네트워크를 이루어 세계 반도체 설계 분야를 이끌어 갑니다. 그들의 순수하고 열정적인 모습은 항상 제게 자극을 줍니다. 연구자이자 교육자로서 최고의 만족감을 얻곤 합니다. 저는 과거, 현재보다는 내일에 더 관심이 갑니다. 미래를 예측하는 작업에 머물지 않고 만들어 가는 일을 하고 싶습니다. 4차 산업혁명과 코로나19로 인해서 기술이 사회에 미치는 영향이 더욱 커졌습니다. 이제 공학이 인류를 위해 제대로 기여할 때가 왔습니다. 공학을 전공으로 하는 공학자로서, 공학 인재를 길러내는 교육자로 그러합니다.

　미래를 만드는 데는 또 다른 조력자들이 필요합니다. 바로 기업들입니다. 그들은 일자리를 만들고 새로운 제품도 만듭니다. 제품은 서비스를 창출합니다. 이러한 구조를 '플랫폼 X'라고 부릅니다. 그 중심에 반도체, 컴퓨터, 인공지능, 콘텐츠 그리고 서비스가 피라미드처럼 쌓입니다. 이를 설계하고 실현하는 데 한국 공학계가 큰 힘을 보태야 합니다. 온라인 비대면 플랫폼 X는 생산, 유통, 판매, 교육, 의료, 문화, 스포츠 등 사회 전 영역에 변화를 주도할 것입니다. 여기에 일자리와 산업 성장의 기회가 있습니다. 이를 구현하고자 국내 10여 곳의 기업들과 공동연구를 해왔습니다. 삼성전자, SK하이닉스, LG전자, 한국단자를 포함합니다. 실리콘밸리 플랫폼과 반도체 기업들과도 협업합니다. 공동 프로젝트도 수행하고, 공동 포럼도 개최하고, 학생들이 인턴으로 참여도 합니다. 구글, 테슬라, 엔비디아, 애플, 아날로그 디바이스도 여기에 포함됩니다. 혼자라면 미래를 개척할 수 없습니다. 이 플랫폼 X로 밝고 희망찬 미래를 만들고자 합니다. 이제 더는 추격자가 아니라 선도자의 모델을 제시하고자 합니다.

　공학자로서 제 여정은 이렇게 항해했고 앞으로도 그럴 예정입니다. 그 힘은 앞서 말씀드린 호기심, 탐험, 융합, 인간 그리고 미래에 대한 열정입니다. 이러한 제 경험과 비전을 공유하고자 이 책을 내게 되었습니다. 호기심은 제 공학 인생의 가장 강력한 힘입니다. 궁금한 것만큼 가슴 떨리는 것이 없고, 그 궁금증이 풀릴 때의 감격은 매 순간 잊히지 않습니다. 이 책에서 그 감동을 나누고 싶었습니다. 특히 자라나는 청소년, 청년들에게 꿈을 심어주고 싶었습니다. 미래를 꿈꾸는 젊은이들에게 제 경험을 디딤돌 삼아 공학도의 꿈을 드리고자 합니다. 이러한 제 여정을 격려하고, 지원하고, 사랑의 보금자리를 마련해 준 가족에게 고맙다는 말을 전하고 싶습니다. 가족에는 함께 연구한 학생들도 포함됩니다. 특히 이러한 오늘의 저를 있게 해준 아내는 세상에서 가장 소중한 보물이자 천사입니다.

도룡동 공부방에서
김정호 드림

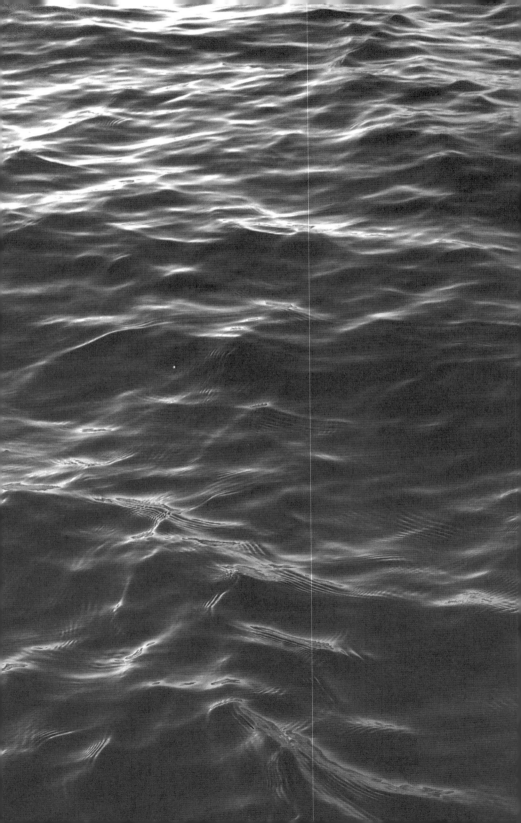

지은이 **김정호**

세계적인 인공지능 반도체 컴퓨팅 융합 연구의 선구자이자 고속 반도체 설계 전문가이다. 인공지능 컴퓨터에 필요한 반도체 HBM(high bandwidth memory)을 개척하였다. 특히 마이크로소프트 아카데믹(Microsoft Academic)에서 HBM 메모리 반도체 분야 세계 1위 연구자로 선정되었다. 무어의 법칙(Moore's Law)을 극복할 3차원 구조의 반도체를 제안해 인공지능 반도체의 새로운 장을 개척했다는 평가를 받는다. KAIST에서 80여 명의 석박사 졸업생을 배출하였으며, 이들 대부분이 테슬라, 애플, 구글, 엔비디아, 삼성전자, SK하이닉스에서 인공지능과 빅데이터 관련 반도체 설계 업무를 담당하고 있다. 또한, 총 600편 이상의 관련 분야 학술논문을 발표하였다.

EBS '클래스e', 〈조선일보〉 등 다양한 매체를 통해 4차 산업혁명과 인공지능이 우리 삶에 끼치는 영향을 알기 쉽게 소개하는 등 대중을 위한 강연과 기고 활동도 활발하다. 특히 인공지능 반도체 관련해서 구글, 애플, 엔비디아, 퀄컴, 인텔, 램버스, 삼성전자 등 글로벌 기업 초청 강연에 나서기도 했으며, 코로나19가 확산된 2020년에는 세계적인 석학들과 함께 팬데믹을 극복하기 위한 과학과 공학의 실천적 역할을 모색한 GSI-IF 2020 온라인 국제포럼 시리즈를 성공적으로 개최한 바 있다.

서울대학교 전기공학과에서 학부와 석사과정을 거쳐, 미국 미시건대학교에서 박사과정을 마쳤다. 이후 삼성전자 메모리사업부에서 D램 설계 업무를 수행하였으며, 현재는 KAIST 전기 및 전자공학과 교수, AI 대학원 겸임교수, 글로벌 전략연구소(GSI) 소장, 삼성전자 산학협력센터 센터장, 한화 국방인공지능 융합연구센터 센터장을 맡고 있다. 미국 전자공학회 석학회원(IEEE Fellow)이다.

# 공학의 미래

2021년 1월 29일 초판 1쇄 | 2024년 7월 26일 5쇄 발행

**지은이** 김정호
**펴낸이** 이원주, 최세현 **경영고문** 박시형

**기획개발실** 강소라, 김유경, 강동욱, 박인애, 류지혜, 이채은, 조아라, 최연서, 고정용, 박현조
**마케팅실** 권금숙, 양근모, 양봉호, 이도경 **온라인홍보팀** 신하은, 현나래, 최혜빈
**디자인실** 진미나, 윤민지, 정은예 **디지털콘텐츠팀** 최은정 **해외기획팀** 우정민, 배혜림
**경영지원실** 홍성택, 강신우, 이윤재, 김현우 **제작팀** 이진영
**펴낸곳** (주)쌤앤파커스 **출판신고** 2006년 9월 25일 제406-2006-000210호
**주소** 서울시 마포구 월드컵북로 396 누리꿈스퀘어 비즈니스타워 18층
**전화** 02-6712-9800 **팩스** 02-6712-9810 **이메일** info@smpk.kr

ⓒ 김정호 (저작권자와 맺은 특약에 따라 검인을 생략합니다)
ISBN 979-11-6534-296-8 (03320)

- 이 책은 저작권법에 따라 보호받는 저작물이므로 무단전재와 무단복제를 금지하며, 이 책 내용의 전부 또는 일부를 이용하려면 반드시 저작권자와 (주)쌤앤파커스의 서면동의를 받아야 합니다.
- 이 책의 국립중앙도서관 출판시도서목록은 서지정보유통지원시스템 홈페이지(http://seoji.nl.go.kr)와 국가자료공동목록시스템(http://www.nl.go.kr/kolisnet)에서 이용하실 수 있습니다.
- 잘못된 책은 구입하신 서점에서 바꿔드립니다.
- 책값은 뒤표지에 있습니다.

쌤앤파커스(Sam&Parkers)는 독자 여러분의 책에 관한 아이디어와 원고 투고를 설레는 마음으로 기다리고 있습니다. 책으로 엮기를 원하는 아이디어가 있으신 분은 이메일 book@smpk.kr로 간단한 개요와 취지, 연락처 등을 보내주세요. 머뭇거리지 말고 문을 두드리세요. 길이 열립니다.